ERIKA BRÖDNER

DIE RÖMISCHEN THERMEN UND DAS ANTIKE BADEWESEN

EINE KULTURHISTORISCHE BETRACHTUNG

1983
WISSENSCHAFTLICHE BUCHGESELLSCHAFT
DARMSTADT

CIP-Kurztitelaufnahme der Deutschen Bibliothek

Brödner, Erika:
Die römischen Thermen und das antike Badewesen:
e. kulturhistor. Betrachtung / Erika Brödner. –
Darmstadt: Wissenschaftliche Buchgesellschaft,
1983.
ISBN 3-534-08783-6

1 2 3 4 5

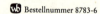 Bestellnummer 8783-6

© 1983 by Wissenschaftliche Buchgesellschaft, Darmstadt
Satz: Maschinensetzerei Janß, Pfungstadt
Druck und Einband: Wissenschaftliche Buchgesellschaft, Darmstadt
Printed in Germany
Schrift: Linotype Garamond, 10/12

ISBN 3-534-08783-6

INHALT

Vorwort IX

I. *Die Entstehung des antiken Badewesens* . . . 1
  Wurzeln in früher Zeit 2
  Das Bad im griechischen Kulturkreis 6
  Das Heißluftbad 12
  Das griechisch-hellenistische Bad 16
  Die Hypokausten 18

II. *Bemerkungen zur Thermenarchäologie* . . . 24
  Erste Funde in Herculaneum 24
  Erste grundlegende Veröffentlichungen . . . 26
  Forschungen in den verschiedenen Regionen des Römischen Reiches (Europäische Provinzen. Außereuropäische Provinzen) 26

III. *Die Entwicklung der römischen Bäder bis in die Mitte des 2. Jh. n. Chr.* 37
  Die Bädertypen 39
  Die Agrippathermen in Rom 42
  Die Villa Jovis auf Capri (Tiberius) 43
  Seneca über das Badeleben 46
  Die Thermen Neros in Rom (Nerothermen und Domus Aurea) 48
  Frühkaiserzeitliche Thermen (Vindonissa, Augusta Raurica, Coriovallum, Faesulae, Masada, Milet, Ephesos) 51
  Die Vesuvstädte (Pompeji, Herculaneum, Stabiae) 56

Zeitgenossen über die Bäderbauten (Martialis,
Statius, Seneca, Celsus)   62

IV. *Trajan und die Trajansthermen*   66
Der Briefwechsel zwischen Trajan und Plinius .   66
Die Trajansthermen in Rom   70
Gymnasion und Palästra (Eretria, Athen, Olympia,
Priene, Pergamon)   75
Die Basilica Thermarum   85
Die Palästra der Kaiserthermen   91
Spiel- und Sportarten   92

V. *Raumgruppierung, Gestaltung und Betrieb
der großen Thermen*   94
Ein Rundgang durch die Thermen mit Lukianos .   94
Die Raumgruppen der Thermen und ihre Bestimmung   96
Die Einzelräume (caldarium, tepidarium, frigidarium, laconicum, destrictarium, natatio) . .   99
Die Körperreinigung 106
Die Temperatur in den Baderäumen 108
Umkleideräume und Kleidung 110
Frauenbäder 113
Abortanlagen 116
Die Bäder als Dienstleistungsbetriebe (Eine Badeordnung aus Vipascum. Etwas über Geld) . . 118
Zeitgenossen über das Leben in den Bädern (Plutarch, Lukianos, Petronius, Martial, Juvenal) . 122
Die ungleichen Stunden der Römer 127

VI. *Die Ausstattung der Thermen* 130
Mosaiken und Bodenbeläge 130
Götterbilder und Skulpturen 132
Innenausstattung und Wandschmuck 133

Inhalt VII

  Die Verwendung von Glas 136
  Die Beleuchtung 137
  Baustoffe und Konstruktionen 139

VII. *Wasserversorgung und Heizung* 145
  Allgemeine Wasserversorgung 145
  Wasseranschlüsse und Abflüsse in den Thermen –
    Warmwasserbereitung 152
  Die Heizung in den Thermen 155
  Zentralheizungssysteme der Römer 158

VIII. *Heilbäder – Militärbäder – Privatbäder* . . . 163
  Die Heilbäder (Bajae, Badenweiler, Bath, Pauta-
    lia, Djebel Oust, Hierapolis, Kos, Pergamon,
    Epidauros). 163
  Die Militärbäder (Vindonissa, Aventicum, Mo-
    guntiacum, Coriovallum, Lambaesis, Frank-
    furt, Walldürn 179
  Die Privatbäder (Plinius-Briefe, Pompeji, Oplon-
    tis, Fishbourne, Aquincum, Piazza Armerina,
    Seeb) 186

IX. *Die Bäder in der römischen Stadtkultur* 198
  Die römische Stadtkultur 198
  Die Städte Nordafrikas und ihre Thermen (Dug-
    ga, Thuburbo, Timgad, Lambaesis, Leptis
    Magna). 204
  Kleinasien (Vediusgymnasium in Ephesos) . . 213

X. *Die großen Kaiserthermen des Caracalla und Dio-
    kletian in Rom und des Constantin in Trier* . . 218
  Die Caracallathermen 220
  Die Diokletiansthermen 229
  Die Constantinsthermen 234

XI. Bäderbauten und Badewesen nach Trajan . . . 242
　Das Römische Reich im 2. und 3. Jh. (Hadriansvilla, Alexandria, Karthago, Milet, Djemila, Cherchel, Timgad, Lambaesis, Cyrene, Bulla Regia, Bougrara, Madaurus, Thysdros, Thaenae, Ankara, Odessos, Leptis Magna, Ephesos, Pergamon, Salamis, Aizanoi, Hierapolis, Sardes) 242
　Westrom in der Spätzeit (4. und 5. Jh.) (Trier, Arles, Rom. Ausonius, Sidonius) 257
　Byzanz und Ostrom 265
　Christliche Taufkirchen (Baptisterien) und jüdische Bäder (Mikwe) (Djemila, Riva S. Vitale, Thessalonike, Masada, Friedberg, Köln, Speyer, Worms) 267

XII. Die islamischen Bäder 271
　Omajadenschlösser (Khirbat al Mafjar, Quasr Amrah) 271
　Bäder in der osmanischen Türkei (Istanbul, Bursa. H. v. Moltke) 272

Glossar 281

Literaturverzeichnis 289

Register 299

Abbildungsnachweis 307

Tafelteil

VORWORT

Die Beschäftigung mit den Thermen, jenen in den Abmessungen größten Bauten der römischen Antike, ist faszinierend nicht nur für den Bauforscher und Archäologen, sondern auch für den Architekten und den Ingenieur. Seit ich 1938 gewisse Probleme der Caracallathermen in Rom untersuchte, hat mich das Thema „Thermen" nicht mehr losgelassen.

Wenn schon die Ruinen dieser Bauten den Besucher so stark beeindrucken, wie mögen sie gewirkt haben, als sie noch intakt waren, als sie noch die Höhe und Größe ihrer Räume, die Pracht ihrer Ausstattung, die vollendeten technischen Einrichtungen ihres Betriebs, die Atmosphäre ihrer Gesellschaftsräume den Zeitgenossen darboten? Ballte sich in diesen Bauten nicht alles zusammen, was das Römische Reich an kulturellen Leistungen in Baukunst, Malerei, Bildhauerkunst, an Raumschmuck, an technischem Können aufweisen konnte? Waren dies nicht „Kommunikationszentren" besonderer Art? Mußte es sich nicht lohnen, die Ursprünge des antiken Badewesens zu verfolgen und seine technische Entwicklung aufzuzeigen?

Dieses Buch wendet sich nicht in erster Linie an einige hundert Archäologen, ein Spezialthema für Spezialisten abhandelnd, sondern an die nach vielen Tausenden zählende Gruppe gebildeter Laien, die im Zeitalter des Massentourismus, der zunehmenden Bedeutung von Badekuren in der Gesundheitspflege und des sich erneuernden Interesses an der Geschichte gediegene Informationen über das Gesehene und Gelesene in einem kulturgeschichtlichen Zusammenhang haben wollen. Über das Thema gibt es eine Vielzahl von Grabungsberichten und Spezialliteratur zu Einzelfragen. Es fehlt aber an Überblicken über das Ganze und ihre Zusammenhänge im geschichtlichen Ablauf.

Seit mehr als vierzig Jahren habe ich mich wissenschaftlich durch eigene Forschungsarbeiten, durch das Studium der Spezialliteratur unserer Epoche und der antiken Schriften, vor allem aber durch Reisen zu den Objekten selbst mit diesem Thema beschäftigt. Praktisch alle der in diesem Buch genannten Anlagen und einige mehr habe ich, oft in mehreren Besuchen, kennengelernt, oft unter erheblichen Strapazen, mitunter in gefährlichen Situationen.

Um ein leicht lesbares Buch zu schreiben, habe ich bewußt auf Anmerkungen und Literaturhinweise im einzelnen verzichtet. Die antiken Tat- und Augenzeugen wirken in ihren Briefen und Berichten nach rund zweitausend Jahren äußerst lebendig. Sie – nicht die Ausgräber von heute – haben das Ganze, das Intakte noch gesehen. Deshalb kommen sie durch Zitate ausführlich zu Wort. Mir geht es um die Darstellung der kulturgeschichtlichen Zusammenhänge mit Bezug auf das Badewesen. Hier interessiert den Leser nicht nur die Meinung der Verfasserin, sondern auch die Ansichten angesehener Historiker, die ich zitiere.

Es wird auf vieles eingegangen, was zum Thema „Thermen" nicht unmittelbar gehört und deshalb für den Thermen„fachmann" nicht wichtig erscheint, was aber kulturgeschichtlich interessieren muß. Deshalb die Bemerkungen beispielsweise zu geistesgeschichtlichen Hintergründen, zur Ingenieurtechnik der Wasserversorgung, zu Baustoffen und Bauweisen, zur Kleidung, zu Geld und Militärwesen, zu antiken Ärzten und Gesundheitswesen, zur römischen Zeitrechnung mit ihren ungleichen Stunden und vieles andere mehr. Diese Bemerkungen konnten natürlich nicht mehr als Hinweise sein, keinesfalls eine auch nur einigermaßen erschöpfende Darstellung. Aber ich hoffe, daß doch etwas vom Alltag in der Antike mit seinem Badewesen lebendig wird.

Aus einem schier unübersehbaren Bildmaterial mußte ich eine

Auswahl treffen, die dank der Großzügigkeit des Verlags sehr umfangreich sein konnte. Auswahl – auch der Beispiele der Thermen – ist immer subjektiv. Ich hoffe, daß die Kriterien meiner Auswahl dem Ziel des Buches dienen.

Da das Imperium Romanum im Mittelmeerraum von Byzanz und den islamischen Reichen abgelöst wurde, war es reizvoll, als Ausklang der Betrachtungen kurze Hinweise auf das islamische Badewesen zu geben, zumal die neuen Herren im Mittelmeerraum vorhandene Einrichtungen weiter benutzten und neue Badeanlagen vielfach auf römischen Grundmauern errichteten. In solchen Anlagen konnte ich in Bursa in Zusammenarbeit mit Heizungsingenieuren Messungen in unzerstörten Räumen während des Betriebs durchführen und dadurch Klarheit gewinnen, wie die physikalischen und betrieblichen Vorgänge sich in der römischen Zeit abgespielt haben mußten, deren Heizungsanlagen in diesen islamischen Bädern einschließlich ihres Heizmaterials Holz weiter benutzt wurden. Die Beschäftigung mit dem antiken Heizungssystem als Ganzem führte mich an Hand der Funde dazu, die Hinweise und Indizien für die Verwendung der Luftheizung in Wohnungen und Großbauten durch ein Experiment zu untersuchen, das ich in einem rekonstruierten Raum der Saalburg durchführen konnte. Die wesentlichen Erkenntnisse aus diesen Untersuchungen sind hier erwähnt.

Ich widme dieses Buch Daniel Krencker, dem ich wissenschaftlich, beruflich und menschlich sehr viel verdanke. Seine Arbeit ›Die Trierer Kaiserthermen‹ (zusammen mit E. Krüger, H. Lehmann, H. Wachtler) ist nach 54 Jahren noch unübertroffen und für den Forscher von heute unentbehrlich.

I. DIE ENTSTEHUNG DES ANTIKEN BADEWESENS

Innerhalb der Grenzen des *Imperium Romanum* – sei es in Europa, von England bis Sizilien, von Frankreich bis Rumänien und Bulgarien, sei es im Vorderen Orient oder in Nordafrika – begegnen wir in den antiken Städten Ruinen von oft riesenhaften Ausmaßen, den Thermen, den römischen Luxusbädern aus der Kaiserzeit. Man kann daher von einer eigentlichen Thermenarchitektur sprechen. Gigantische Räume in unabsehbarer Reihenfolge; Gewölbekompositionen, wie sie erst wieder in der Zeit der Renaissance und des Barock geschaffen wurden; Säulenarkaden um weitläufige Plätze, Bogenfolgen von gewaltigen Aquädukten und nicht zuletzt unzählige Pfeiler der Hypokaustenheizungen zeugen heute noch von der Bedeutung dieser Badeanlagen im römischen Alltag.

Ein Historiker unserer Zeit hat sie einmal als „Kathedralen des Fleisches" bezeichnet, nicht ganz zu Unrecht, wenn auch die Pflege des Körpers nur eine der Funktionen darstellte, denen diese riesigen Bauwerke dienten. In gleichem Maße erfüllten sie auch wichtige soziale und kommunikative Aufgaben: als Einrichtung für Erziehung, Sport und für Vorführungen aller Art. Sie waren seit dem Ende des 1. Jh. n. Chr. sozusagen Brennpunkte des gesellschaftlichen Lebens im römischen Kaiserreich. Darüber hinaus aber waren diese Anlagen auch Zentren vielfältigen kulturellen Lebens. Nirgendwo anders sind so viele Statuen gefunden worden wie in den Säulenumgängen und Exedren der Thermen. Häufig waren auch Bibliotheken angeschlossen. Für Vorträge standen gesonderte Räume zur Verfügung. Sporteinrichtungen aller Art waren in der großen Palästra vorhanden, teilweise in Verbindung mit Zuschauertribünen. Gedeckte Hallen ermöglichten Bewegungsspiele auch während der ungünstigen Wetterperioden.

Wurzeln in früher Zeit

Wo sind die Ursprünge der Entwicklung eines so ausgedehnten, üppigen und luxuriösen Badelebens zu suchen, das im römischen Gesellschaftsgefüge bis in die späte Kaiserzeit eine wichtige Rolle gespielt hat?

Um diese Wurzeln aufzuspüren, müssen wir weit in die Vergangenheit zurückgreifen. Schon in den bronzezeitlichen Hochkulturen des Orients und der Ägäis spielte das Ritualbad im menschlichen Leben eine große Rolle. Feierliche Reinigungszeremonien aller Art wurden in der Nähe von Tempeln, Kultstätten, Palästen, an heiligen Quellen und im künstlich geschaffenen Badebecken vollzogen. Bäder finden wir im Umkreis der *Industalkultur*, in *Mohenjo-Daro*, in Mesopotamien (z. B. im Palast von *Mari*), im *Reich Dilmun*, in den *Niltalkulturen*, aber auch in der prähistorischen *Nuragenkultur auf Sardinien*.

Das spätere kultische Tauchbad der Juden, die Mikwe, hatte in den Ritualbädern dieser Kulturen ihren Vorläufer. In den *Büchern Mose* des Alten Testamentes können wir an zahlreichen Stellen die Bedeutung erkennen, die der rituellen Reinigung durch Waschen und Baden beigemessen wurde. Zwei Zitate mögen als Beispiele dienen:

„Und Jehova redete ferner zu Moses, indem er sprach: Du sollst ein Becken von Kupfer machen und dessen Gestell aus Kupfer zum Waschen, und du sollst es zwischen das Zelt der Zusammenkunft und den Altar stellen und Wasser hineintun. Und Aron und seine Söhne sollen sich daraus ihre Hände und ihre Füße waschen. Wenn sie in das Zelt der Zusammenkunft hineingehen, werden sie sich mit Wasser waschen, damit sie nicht sterben, oder wenn sie dem Altar nahen, um Dienst zu tun, um dem

Wurzeln in früher Zeit

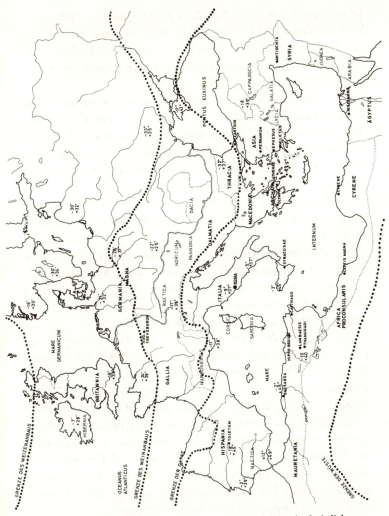

Karte des römischen Reiches. Die Zahlen geben die durchschnittlichen Maximal- und Minimaltemperaturen an [83].

Jehova ein Feueropfer in Rauch aufgehen zu lassen. Und sie sollen ihm Hände und Füße waschen, damit sie nicht sterben, und es soll für sie als eine Bestimmung dienen auf unabsehbare Zeit für ihn und seine Nachkommen durch ihre Generationen hindurch." (2. Mose 30, 17–23)

„Und der sich Reinigende soll seine Kleider waschen und all sein Haar abscheren und sich im Wasser baden und rein sein, und danach kann er ins Lager kommen. Und er soll sieben Tage außerhalb seines Zeltes wohnen. Und am siebenten Tag soll es geschehen, daß er all sein Haar auf seinem Kopf und an seinem Kinn und seine Augenbrauen abscheren sollte. Er sollte all sein Haar abscheren, und er soll seine Kleider waschen und sein Fleisch im Wasser baden, und er soll rein sein." (3. Mose 14, 8–9)

In vulkanischen Gebieten sind häufig Thermalquellen zu finden. Schon in prähistorischer Zeit wird der Mensch die heilende Wirkung dieses warmen Wassers erprobt haben. Er wird aber auch dort, wo dieses aus der Erde quellende heiße Wasser fehlte, solches auf einem Feuer erwärmt haben.

Die Wirkung des warmen Bades ist nur dann günstig, wenn man sich in einem angemessen warmen Raum befindet. In vielen Gebieten reichte die Sonnenstrahlung für die Erwärmung kleiner Baderäume aus. Doch auf den hochgelegenen Flächen Anatoliens und in den gebirgigen der ägäischen Welt herrschte im Winter ein Klima, das eine künstliche Erwärmung der Baderäume erforderlich machte. Solche Bäder, aus einem oder meist zwei kleinen Räumen bestehend, hat man in Palästen und Tempelanlagen gefunden. In dem einen Raum entkleidete man sich, im zweiten wurde gebadet. Die Schilderungen *Homers* in der ›Odyssee‹ geben ein lebendiges Bild des Badevorganges:

„Doch zu Arete begann Alkinoos also zu sprechen: Bringe nur hurtig, Arete, die beste der glänzenden Laden, lege sorglich darein die blanken Gewande dem Gastfreund, laß auch den Kessel, den ehernen, heizen und Wasser erwärmen, daß er im Bade sich labe und dann die Geschenke beschaue, die ihm in stattlicher Zahl der Phäaken Fürsten verehren. Also sprach der Fürst und Arete winkte den Mädchen, stracks ans Feuer zu rücken den hochaufragenden Dreifuß. Alsdann stellten zur Flamme sie hin das Badegeschirre, gossen Wasser hinein und legten die Scheite darunter, daß die Glut sie umschwoll und rasch das Feuer erwärmte. Nunmehr führte die Schaffnerin ihn zu dem Ort, wo die Wanne schon ihm bereit war. Erfreut im innersten Herzen schaut er das wärmende Bad. Denn nur wenig ward ihm von Pflege, seit er die Grotte verlassen der lockenumwallten Kalypso. Fröhlich genoß er des Bades, des stärkenden, nun in der Kammer, stieg aus der Wanne sodann und kleidete sich mit dem Leibrock und mit dem prächtigen Mantel, den zechenden Männer im Saal sich zu gesellen..."

Das warme Wasser konnte also in der Nähe der Wanne auf einem Herd oder Ofen, jedoch auch im Baderaum selbst auf einem Holzkohlenbecken oder einem Ofen bereitet werden. Daneben gab es aber auch tragbare und fahrbare Holzkohlenbecken. Wenn das warme Wasser im Baderaum selbst bereitet wurde, diente das Feuer gleichzeitig der Raumerwärmung. Nachteilig war, daß die Feuerstelle im Raum bedient werden mußte und daß deshalb die Rauchgase aus dem Raum zu entfernen waren. Dies wird wohl im Laufe der Zeit zu der Überlegung geführt haben, Heizstelle und Ofen voneinander zu trennen. Erstere wurde in einem benachbarten Wirtschaftsraum oder im Freien angelegt und durch einen Kanal mit dem Ofen verbunden. In Gegenden intensiver Sonnenstrahlung konnte man auf flachen Dächern oder Höfen in entsprechend gestalteten Metallgefäßen die Sonnenenergie zur Bereitung des heißen Wassers ausnutzen, wie es z. B. in Israel heute wieder üblich ist.

T 12 b

Ein solches Warmwasserbad erforderte bereits allerhand technische Einrichtungen: Wasserversorgung und -ableitung und feuchtigkeitsdichte Baumaterialien. Die Ausstattung solcher Badeanlagen war recht unterschiedlich. Es gab längliche Wannen

T 5 b

aus Stein oder Ton, manchmal in Verbindung mit einer Duschvorrichtung. Sitzwannen mit einer Schöpfmulde begegnen uns bei zahlreichen Bädern, meist zu mehreren aneinandergereiht. Daneben kommen Becken und Schalen auf Standsockeln verschiedener Höhe zum Waschen einzelner Körperteile vor. Auch Tauchbecken sind festzustellen. Auf Vasenbildern finden sich Darstellungen von Duschanlagen. Größere Badebecken, wie sie in den Palästen auf Kreta gefunden wurden, lassen sich noch nicht als Warmwasserwannen erklären. Im übrigen befanden sich in den Warmwasserräumen Behälter unterschiedlicher Größe und Gestalt aus verschiedenartigem Material wie Keramik, Metall, Leder und Holz. Sie dienten zum Schöpfen und Gießen. Vermutlich war es üblich, sich gründlich zu reinigen, bevor man das Warmbad in der Wanne genoß, eine hygienisch sehr begrüßenswerte Sitte, die wir in Japan heute noch antreffen.

Das Bad im griechischen Kulturkreis

Die Griechen übernahmen die Badegewohnheiten der alten Hochkulturen und formten sie ihren Gebräuchen entsprechend um. Im griechischen Kulturkreis tauchen zum ersten Mal öffentliche Badeanlagen auf, die außer kultischen Zwecken der Körperpflege – vor allem nach sportlicher Betätigung – und der Behandlung von Krankheiten dienten. Diese Entwicklung mag ein Zitat von *Platon* aus dem ›Kritias‹ zeigen:

„Von den beiden Quellen aber, sowohl der von kaltem als auch der von warmem Wasser, welche dessen eine reiche Fülle enthielten und beide dasselbe an Wohlgeschmack und Güte zum Gebrauch in ganz bewundernswerter Vortrefflichkeit darboten, zogen sie Nutzen, indem sie Gebäude und Baumpflanzungen, wie sie zu den Wassern sich schickten, ringsherum anlegten und ferner Wasserbehälter teils unter freiem Himmel, teils zu warmen Bädern für den Winter in bedeckten Räumen in der Umge-

Das Bad im griechischen Kulturkreis

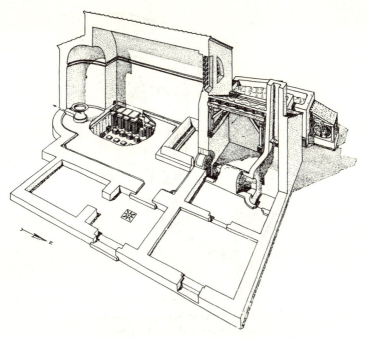

Z 1 Olympia: Griechisches Bad III südlich der Palästra,
nach 350 v. Chr. errichtet [150].

bung einrichteten, und zwar deren besondere für die Könige und besonders für die Untertanen, ferner noch andere für die Weiber und wieder andere für die Pferde und die übrigen Zugtiere und einem jeden von diesen allen die ihm angemessene Ausstattung gaben. Das abfließende Wasser aber leiteten sie in den Hain des Poseidon, welcher Bäume von mannigfacher Art und von ganz vorzüglicher Höhe und Schönheit infolge der Güte des Bodens umfaßte, teils aber auch durch Kanäle über die Brücken weg in die äußeren Ringe hinein."

Spuren derartiger Badeanlagen sind von Archäologen seit der Mitte unseres Jahrhunderts an mehreren Orten freigelegt wor- T 4 a, b T 5 b

I. Die Entstehung des antiken Badewesens

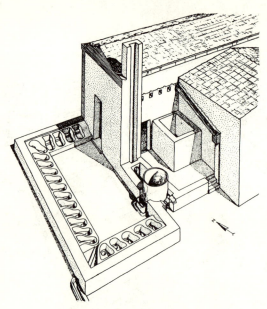

Z 2 Olympia: Griechisches Hypokaustenbad IV
vom Ende des 2. Jh. v. Chr. [150].

den. Einige besonders interessante Beispiele sollen hier etwas eingehender betrachtet werden.

In *Olympia* wurde von H. Schleif in den Jahren 1940/41 ein beheiztes Warmwasserbad ausgegraben. Es handelt sich dabei um eine Entwicklungsreihe von aus verschiedenen Epochen stammenden Bädern. Sie beginnt mit einer noch recht primitiven
T 6a Anlage aus dem Beginn des 5. Jh. v. Chr. (Periode I) und geht bis
T 6b zu dem „griechischen Hypokaustenbad", über dessen Entstehungszeit sich die Gelehrten noch nicht einig geworden sind; sie muß zwischen 180 und 80 v. Chr. liegen (s. S. 23). Die Periode IIa (aus dem 4. Jh. v. Chr.) besitzt einen Heizkanal und einen eingebauten, heizbaren Heißwasserkessel. Der Baderaum ist rechteckig mit Reihen von Sitzbadewannen an den Wänden. Pe-

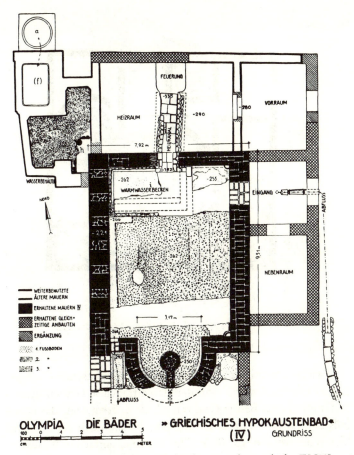

Z 3 Olympia: Grundriß des griechischen Hypokaustenbades IV [82].

riode III verfügt über ein großes Reihensitzbad in einem Erweiterungsbau, eine Heizungsanlage mit Kesselraum und Schornstein. Periode IV besteht aus dem von Schleif als „griechisches Hypokaustenbad" bezeichneten Warmbadesaal mit größerem Warmwasserbecken und halbrunder Apsis. Dieser Raum ist mit einer Pfeiler-Hypokaustenanlage versehen.

I. Die Entstehung des antiken Badewesens

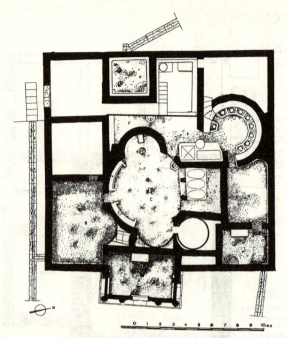

Z 4   Gortys (Arkadien): Grundriß des Bades [82].

Etwa gleichzeitig mit den eben erwähnten deutschen Grabungen in Olympia wurde von der Ecole française (Athen) durch
T 5a R. Ginouvès ein Bad in *Gortys (Arkadien)* freigelegt, das ebenfalls zentral beheizt worden ist. Durch Überdachung entstand hier in der Mitte des 3. Jh. v. Chr. aus einer einfachen Waschanlage das mehrräumige Bad, dessen Hypokaustenanlage eine raffiniert gestaltete Vorstufe zur Hypokaustenheizung und Warmwasserversorgung in augusteischer Zeit zeigt.

Großgriechenland stand in zivilisatorischer und kultureller Beziehung dem Mutterland nicht nach. Innerhalb des Stadtgebietes von *Soleis (Soluntum)* in der Nähe von *Palermo* liegt eine sehr alte Badeanlage, die allerdings im Lauf der Jahrhunderte mehrfach umgebaut wurde. Sie ist erst zum Teil ausgegraben.

Auch *Pompeji* besaß aus seiner griechischen Epoche ein Sitzbad, das Hans Eschebach bei Untersuchungen an den Stabianerthermen kürzlich identifizieren konnte.

Das Bad spielte im griechisch-hellenistischen Kulturkreis eine wichtige Rolle. Es gehörte zum Alltagsleben selbst auf dem Dorf, wie uns die folgende Beschwerdeschrift wegen fahrlässiger Körperverletzung aus dem Jahre 221 v. Chr., aufgezeichnet auf einem ägyptischen Papyros, verrät. Diese Schrift erzählt uns auch vom Verhältnis der Dorfbewohner zu ihrem König (aus dem Geschlecht der Ptolemäer), von ihrer Petitionsmöglichkeit, von ihrer Zeitrechnung. Leider wissen wir nicht, wie die Beschwerde behandelt und beschieden wurde. Hier der Text:

„Den König Ptolemaios grüßt Philista, Tochter des Lysias, die zu den Bewohnerinnen von Trikomia gehört. Mißhandelt wurde ich von Petechon. Als ich nämlich im Badehaus des genannten Dorfes im Jahre 1, am 27. Tybi, badete, besorgte er im Frauenabteil das Zugießen. Als ich herausgestiegen war, um mich zu salben, trug er warmes Wasser herein, goß die Kanne über mich aus und verbrannte mir den Leib und den linken Schenkel bis zum Knie, so daß ich sogar in Lebensgefahr schwebte. Als ich solche Behandlung erfahren hatte, überlieferte ich ihn Nechtosiris, dem Polizeikommandanten des Dorfes, in Gegenwart des Ortsvorstehers Simon. Ich bitte Dich nun, König, wenn es Dir gut scheint, da ich als Schutzflehende mich an Dich gewandt habe, es nicht zuzulassen, daß man mich, die ich doch von meiner Hände Arbeit leben muß, so behandelt hat; sondern befehl dem Strategen Diophanes, er solle an den Ortsvorsteher Simon und den Polizeikommandanten Nephtositis schreiben, daß sie ihm Petechon vorführen, damit Diophanes die Sache untersuche und damit ich mein Recht erlange, nachdem ich mich an Dich, König, den gemeinsamen Wohltäter aller, gewandt habe. Lebe wohl!

(2. Hand:) An Simon. Sende den Beklagten. Im Jahre 1, am 28. Gorpiaios, 12. Tybi.

(Rückseite:) Philista gegen den Zugießer Petechon. Beschwerde darüber, daß sie verbrannt worden ist." [154]

Das Heißluftbad

Neben diesen feuchtwarmen Bädern ist wahrscheinlich schon seit dem Neolithikum das Heißluftbad bekannt. Die Römer übernahmen aus den hellenistischen Bereichen beide Badearten, sowohl die des Heißluftbades, das nachfolgend beschrieben werden soll, als auch die des feuchten Schwitzbades (s. o.). Beide Arten waren auch bereits zusammen in einer Anlage vereinigt worden wie z. B. in *Gortys*.

Lange Zeit vor der künstlichen Quellfassung des Wassers, der Speicherung in Brunnen und Zisternen, vor der Leitung und Kanalisation innerhalb von Ortschaften oder der Eindämmung der Überschwemmungsfluten der Flüsse lernte der Mensch das Feuer zu entfachen, Stein- oder Tongefäße zu erhitzen und Rauchopfer darzubringen.

Man nimmt heute mit Sicherheit an, daß die Erzeugung von Hitze, d. h. von trockener heißer Luft in einer Höhle oder in einem künstlich geschaffenen, abgeschlossenen Raum – sei es in einem Zelt, einer Hütte oder in einem backofenähnlichen Gewölbe – mittels offenem Feuer, Holzkohlenglut oder stark erhitzten Steinen sowie damit verbundenem Bespritzen durch Wasser oder Daraufstreuen von Rauch und Rausch verursachenden Kräutern wie z. B. Hanfsamen, religiösen Reinigungsritualen dienten.

Einrichtungen dieser Art scheinen im Neolithikum bei den Völkern und Stämmen der kaukasischen und mongolischen Rassen üblich gewesen und durch Wanderungswellen und Handelskontakte in den Mittelmeerraum, nach Mesopotamien, nach dem Fernen Osten (China, Korea) und nach Nordamerika gebracht worden zu sein. Überall dort sind solche Einrichtungen nachweisbar.

Ausgangsgebiete für derartige Riten haben wohl in erster Linie in kalten Klimazonen gelegen, in denen naturgemäß Sonnenwärme und Feuersglut von besonderer Bedeutung waren.

Nachrichten über Heißluftbäder haben wir bereits seit dem 8. Jh. v. Chr. Der römische Arzt Soranus, der aus Ephesos stammte und zur Zeit Trajans in Rom praktizierte, erwähnt die Existenz eines solchen Bades um diese Zeit in Persien.

Das bisher älteste, archäologisch identifizierte Heißluftbad des griechischen Kulturkreises befindet sich in der Palastanlage von *Vouni* auf Zypern aus dem Anfang des 5. Jh. v. Chr. Hippokrates, um 450 v. Chr. auf der Insel Kos geboren, empfiehlt unfruchtbaren Frauen die Benutzung von Heißluftbädern. Aristoteles erwähnt etwas später in seinen Schriften mehrmals „Heißluftbäder". Strabo berichtet, „manche Lusitanier sollen   T 6 a
den laconischen Brauch pflegen, indem sie von Schwitzherden aus glühenden Steinen Gebrauch machen und dann ein kaltes Bad nehmen". Rundräume auf *Delos* (Agora der Italiker) lassen sich als Heißluftbäder erklären.

Herodot berichtet im ›Skythischen Logos‹ [54] über ein interessantes Ritual dieses Volkes: „Nachdem sie sich die Köpfe gewaschen und gesalbt haben, machen sie mit dem Körper folgendes: Nachdem sie drei gegeneinander gekehrte Stangen aufgestellt haben, breiten sie darüber wollene Filzdecken aus und nachdem sie sie möglichst dicht zusammengestopft haben, werfen sie aus einem Feuer glühende Steine in eine Wanne, die inmitten des durch die Stangen und Filzdecken gebildeten Raums steht..."

Herodot schildert dann den Anbau von Hanf und fährt fort: „Den Samen dieses Hanfes nehmen die Skythen, verschwinden unter ihren Filzdecken und werfen ihn dann auf die glühenden Steine. Dieser aber fängt, wenn er daraufgeworfen wird, an zu rauchen und bringt so viel Dämpfe hervor, daß ihn kein griechi-

I. Die Entstehung des antiken Badewesens

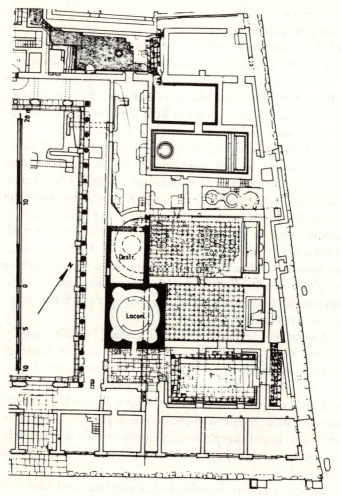

Z 5 Pompeji: Stabianerthermen, Anbau eines laconicum und destrictarium um 80 v. Chr. [82].

sches Schwitzbad übertreffen würde... Das gilt ihnen als Bad. Denn im Wasser baden sie überhaupt nicht."

Das Heißluftbad besteht aus einem abgeschlossenen Raum, in dem bei niedriger relativer Luftfeuchtigkeit (10–15 %) eine sehr hohe Temperatur herrscht (in der heutigen Sauna 90 bis 110° C). Der Benutzer badet also in trockener, heißer Luft. Durch Bespritzen eines sehr heißen Materials, z. B. zum Glühen gebrachter Steine mit Wasser, steigt die Temperatur im Raum sehr rasch weiter an. Das Heißluftbad kann mit Eintauchen in kaltes Wasser nach dem Aufenthalt im Heißluftraum kombiniert werden. Dieser Vorgang läßt sich mehrmals wiederholen.

Anstelle des Schwitzzeltes werden seßhaft gewordene Völker Erd- oder Lehmhütten oder lehmbeworfene Schilf- oder Fachwerkhütten (meist wohl zunächst kegelförmig, später auch über rechteckigem Grundriß) errichtet haben. Mit Sicherheit sind Höhlen zu derartigen Zwecken benutzt worden; in vulkanischen Gebieten unter Ausnutzung von Fumarolen, wie es der Daidalos-Mythos berichtet. In weichem Tuff- oder Sandstein legte man auch künstliche Höhlen an.

Vermutlich handelt es sich beim sog. *Heroon in Olympia* in früher Zeit um ein Heißluftbad. Das Gebäude hatte einen rechteckigen Grundriß. Es ist eingeteilt in eine Vorhalle und zwei nebeneinanderliegende Räume, von denen der eine einen kreisrunden Grundriß von 8,04 m Durchmesser besitzt. Auf einem Herd konnten Steine erhitzt werden. Wasseranschlüsse sind nicht vorhanden. Der Bau ist nach Westen, zu den anderen Badeeinrichtungen hin, ausgerichtet.

Bei der kleinen Rotunde in der Badeanlage von *Gortys* handelt es sich ebenfalls um einen Heißluftraum. Hier ist dieser aber im Gegensatz zum freistehenden Gebäude von Olympia in den Badebau integriert. Die Nähe eines Asklepion-Tempels weist das Gebäude als rituelles Heilbad aus.

In den *Stabianerthermen* von *Pompeji* wurde die Existenz eines Heißluftbades *(laconicum)* aus dem 1. Jh. v. Chr. nachgewiesen. Zur Zeit des Vulkanausbruchs im Jahre 79 n. Chr. diente dieser Raum als *frigidarium* und entsprach auch in seiner Ausstattung diesem Zweck. Erst der Fund einer in einem Nebenraum der Thermen abgestellten Inschrift erbrachte den Beweis für die frühere Existenz eines *laconicum*. Die Inschrift ist um das Jahr 80 v. Chr. datiert und lautet:

„Die Duumvirn C. Julius, Sohn des Gaius, und P. Aninius, Sohn des Gaius, haben auf Beschluß der Dekurionen ein Laconicum und ein Destrictarium errichten, sowie die Porticus und die Palästra ausbessern lassen, und zwar mit dem Geld, das sie pflichtgemäß für Spiele oder ein Bauwerk aufzuwenden hatten. Sie haben bauen lassen und die (Dekurionen) haben es gebilligt."

Weitere *laconica* sind an mehreren Orten Kampaniens gefunden worden, z. B. in *Bajae* und in *Cales*. In den Schriften Vitruvs finden sich genaue Beschreibungen der Bauten von Heißluftbädern, Vitruv spricht auch von einer *concamerata sudatio*. Darunter versteht er die Raumeinheit von Heißluftbad-Schwitzen in heißer Luft und Schwitzen im Warmwasserbad, im *caldarium*, in Verbindung mit einem lauen Bad, dem *tepidarium* (s. S. 53).

Das griechisch-hellenistische Bad

Das Phänomen „Hellenismus" umfaßt zwei voneinander zu trennende Aspekte, den politischen und den kulturellen. Politisch gilt als „hellenistisch" die Epoche seit Alexander dem Großen bis zur Machtübernahme der dem Hellenismus fernstehenden Herrschaftsstrukturen, d. h. im allgemeinen bis zur Einordnung der betreffenden Gebiete in das Römische Reich. Im kulturellen Bereich wirkt der Hellenismus in den Gebieten Großgriechenlands, in den von Rom eroberten punischen Gebieten, in Ägypten, in großen Teilen Kleinasiens und des Vorderen Orients und in Rom selbst weit über diesen Zeitpunkt hinaus.

Die ethnischen Wurzeln in diesen Gebieten werden vom Hellenismus überlagert. Diese kulturelle Mischung sollte man nicht übergehen und im Einzelfalle erwähnen, z. B. in Pompeji hellenistisch-samnitisch oder in Syrien hellenistisch-syrisch. Wie sich der Hellenismus in den von ihm erreichten Gebieten manifestierte, hing von ethnischen, kulturellen und politischen Einflüssen ab, die dort jeweils wirkten. Diese Mischung ergab das so ungeheuer reiche und vielfältige Bild des Hellenismus. W. Hofmann schreibt 41; IV, 1, S. 168:

„Die Begegnung Roms mit der Welt der Griechen hat etwas Besonderes an sich. In einer Reihe von militärischen politischen Aktionen haben die Römer die hellenistischen Reiche des Ostens entmachtet und dort ihre eigene Vorherrschaft für die Zukunft aufgerichtet. Doch im Augenblick ihres politischen Triumphes wurde offenbar, daß der Besiegte über Kräfte verfügte, denen der Sieger nichts Gleichwertiges entgegenzusetzen hatte. Auf Grund ihrer großen Vergangenheit war die zur Ohnmacht verurteilte griechische Nation überlegen in der Form des Lebens, in dem Niveau der Kultur, in der Durchgeistigung ihres Daseins. Und hier mußte sich auf die Dauer das sieggewohnte Volk beugen. *Graecia capta ferum victorem capit et artes / intulit agresti Latio* . . . (das unterworfene Griechenland überwältigte den rauhen Sieger und brachte die Segnungen der Kultur in das unkultivierte Volk der Latiner), schreibt zur Zeit des Augustus der Dichter Horaz. Knapp und eindrucksvoll wird hier das Ergebnis dieses denkwürdigen Prozesses umschrieben. Die Unterwerfung des Ostens leitete die Hellenisierung Roms ein, genauer gesagt, sie löste ihre entscheidende Phase aus."

Man kann sagen, daß die „römische" Baukunst im Mutterland ebenso wie in den frühen Provinzen bis zum Ende des 1. Jh. v. Chr. neben den vorher bestehenden etruskischen, phönizischen und karthagischen Einflüssen weitgehend hellenistisch war.

Echte schöpferische Leistungen entwickelten sich erst seit

dem 1. Jh. n. Chr., vor allem während der Regierungszeit Neros, und zwar insbesondere auf dem Gebiet der Raumgestaltung in den Palästen und Thermen. Diese neue eigenständige, schöpferische Gestaltungskraft erreichte unter Trajan und Hadrian ihren ersten Höhepunkt, die *Trajansthermen* und das *Trajansforum in Rom* und Raumgestaltungen in den verschiedenen Baugruppen der *Villa Adriana in Tivoli*.

T 6 b Im 2. Jh. v. Chr. scheint sich nach unseren heutigen Erkenntnissen das griechisch-hellenistische Reihenbad entwickelt zu haben, das wir im 1. Jh. v. Chr. im gesamten hellenistischen Kulturbereich in Abwandlungen antreffen.

Es zeichnen sich zwei Typen ab:
1. Das beheizte Reihenbad als Teil einer Kult- oder Heilanlage oder als öffentliches Reinigungsbad.
2. Das beheizte Bad als Bestandteil der Sportanlagen (Gymnasium, Palästra).

Beide Typen setzen sich in fast allen bisher bekannten Varianten aus zwei Anlagen zusammen,
a) dem feuchtwarmen Schwitzbad mit *apodyterium, tepidarium, caldarium* und *frigidarium*
b) dem Heißluftbad *(laconicum)* mit *alepterium, destrictarium* und *frigidarium*.

Die Hypokausten

Die Hypokaustenheizung und mit ihr verbunden die Warmwasserbereitung erforderte in den kleinen Reihentypen der hellenistischen, römisch-republikanischen Zeit eine relativ einfache Anlage.

Die Bezeichnung *hypokaustum* und *hypokausis* deutet auf die Latinisierung griechischer Worte für die Befeuerung von unten bzw. die Erwärmung der Räume vom Fußboden her. Schon lange hatte man den Ursprung der Hypokaustenheizung aus dem griechischen Sprachraum vermutet. Die bisher vertretene

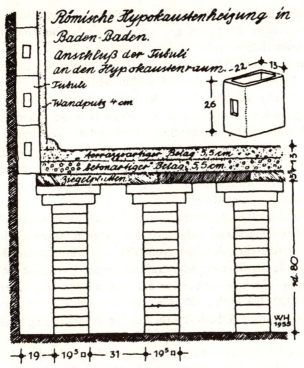

Z 6 Hypokaustenheizung mit Wandtubuli [83].

Meinung, daß mit diesem Ausdruck ausschließlich Pfeilerhypokaustenheizungen gemeint seien – wie sie von Vitruv beschrieben werden –, trifft jedoch nicht zu. *hypokausis* ist vielmehr ein übergeordneter Begriff, der nur das Heizsystem als solches kennzeichnet, aber nichts über die Gestaltung der einzelnen Teile aussagt.

Die Schemaskizze zeigt das System der Hypokaustenheizung. Z 52
Vom tiefer gelegenen Heizraum aus wird ein Holz- oder Holz- Z 6
kohlenfeuer im *praefurnium* entfacht. Im Griechischen verwandte man dafür das Wort *propnigeion*. Die Rauchgase (vor-

wiegend Kohlendioxyd und Wasserdampf) wurden mittels einer kaminartigen Abzugsanlage, die dem *praefurnium* möglichst gegenüberliegen mußte und einen geringen Zug innerhalb des Systems verursachte, langsam durch die Hohlräume unterhalb des Fußbodens getrieben. Das Entstehen des notwendigen Zuges hing weitgehend von der geschickten Anordnung und sachgemäßen Ausstattung der einzelnen Teile der Anlage, aber auch von der Qualität des Brennstoffs und der Versorgung des Feuers mit einer ausreichenden Luftmenge ab. Wichtig war auch eine für den Durchzug der Rauchgase günstige Verbindung sowie ein leichtes Ansteigen des Hypokaustenbodens vom *praefurnium* bis zum Abzug.

Durch die Rauchgase und die stark erhitzte überschüssige Luft wurde die *hypokausis* aufgeheizt. Sie diente als Wärmespeicher und -austauscher, der einen großen Teil der Wärme an den Fußboden des darüberliegenden Raumes abgab. Vorteilhaft ist die niedrige Zündungstemperatur des verwendeten Heizmaterials (200–300° bei Holz, 300–425° bei Holzkohle). Man konnte weitgehend mit „Oberluft" arbeiten. Der Abbrand ging langsam vonstatten. Die Heizung funktionierte, sobald sie einmal in Gang gesetzt worden war, mit geringem Zug und hohem Nutzeffekt. Der wichtigste Teil und deshalb auch der Namensgeber für die ganze Anlage ist der Hohlraum, die *hypokausis* unter den zu erwärmenden Räumen.

In den Bädern standen *praefurnium* und *hypokausis* meist in Verbindung mit einer Warmwasserbereitungsanlage. In der Nähe des *praefurnium* wurde in den Durchzug der Rauchgase ein Gefäß aus Kupfer oder Bronze für das zu erhitzende Wasser eingebaut, wohl wegen seiner Form *testudo* (Schildkröte) genannt. Auch Badewannen erwärmte man durch diese Unterflurheizung.

Als Rauchgasabzüge dienten senkrechte Tonrohre. Sie waren so angeordnet, daß sie gleichzeitig als Heizkörper Verwendung fanden. Je niedriger die Temperatur der Rauchgase beim Austritt an die Luft, d. h. je höher die Temperaturdifferenz der Rauchgase zwischen Verbrennungs- und Austrittstemperatur ist, um so höher ist der Wirkungsgrad der Anlage. Hohlräume zwischen Wand und Wandverkleidung (Innenwand), durch die die Rauchgase geleitet werden, erhöhen die Wärmeabgabe an den Innenraum. Ob das Nebeneinanderlegen von senkrecht übereinandergesteckten runden Tonrohren, wie wir sie in dem ältesten Bad der *Casa del Fauno* in *Pompeji* finden, oder die Konstruktion der Hohlschicht mittels „Warzenziegeln" *(tegulae mammatae)* älter ist, läßt sich noch nicht entscheiden. Beide Arten scheinen bereits an der Wende vom 2. zum 1. Jh. v. Chr. nebeneinander bestanden zu haben. Die ältesten Tonrohre mit rechteckigem Querschnitt und Verbindungsöffnungen zueinander, die eigentlichen *tubuli*, tauchen erst in augusteischer Zeit auf. Sie sind sowohl in dem kleinen hellenistischen Bad in *Arsameia am Nymphaios (Kommagene)* als auch in den verschiedenen Badeanlagen von Herodes dem Großen (Israel) bei Grabungen aus jüngster Zeit gefunden worden.

T 12a

T 48
T 38a

Vitruv hat in seinen Schriften ausführlich dargelegt, wie Bäder anzulegen sind. Er schreibt (V, 10) [63] „Jetzt soll die Darlegung der Anordnung eines Bades folgen. Zunächst ist als Bauplatz ein möglichst warm gelegener Ort auszuwählen, d. h. einer, der dem Norden und Nordosten abgewendet liegt. Die heißen und lauwarmen Baderäume selbst aber sollen ihr Licht von der Winterabendseite (Südwesten) her erhalten, und wenn das die örtliche Lage verbietet, jedenfalls von Süden her, da die Badezeit im allgemeinen von Mittag bis Abend angesetzt ist. Ebenso ist zu beachten, daß die Männer- und Frauenabteilung der Warmbäder miteinander verbunden und in derselben Flucht angelegt werden; denn so wird erreicht, daß die Wasserbehälter und die Heizeinrichtung beiden gemeinsam sind ...

Der Hohlboden der Warmbadezellen ist so anzulegen: Es werde zunächst aus anderthalbfüßigen Ziegelplatten der (untere) Boden hingelegt in solcher Neigung zur Heizstelle, daß ein von dieser her hineingeworfener Ball nicht liegenbleibt, sondern von selbst zum Heizloch zurückrollt. Dann wird die Flamme (Hitze) sich leichter unter dem Hohlboden ausbreiten. Darüber sollen dann aus Ziegeln von 2/3 Fuß Seitenlänge Pfeiler errichtet werden, die so angeordnet sind, daß 2 Fuß breite Ziegelplatten darübergelegt werden können. Die Höhe der Pfeiler aber soll 2 Fuß betragen und sie sollen mit Ton, der mit Haaren verknetet ist, aufgeführt werden, um den Estrich zu tragen...

Über die Heizung sind drei eherne Kessel (der eine für heißes, der zweite für laues, der dritte für kaltes Wasser) aufzustellen und so anzuordnen, daß ebensoviel Wasser wie aus dem lauen in den heißen Kessel abfließt, aus dem kalten in den lauen nachströmt und daß die „Schildkröten" *(testudines)* der Badebecken von der gemeinsamen Heizung her erwärmt werden...

Die gewölbten Decken aber werden, wenn man sie aus Mauerwerk herstellt, zweckmäßiger sein. Wenn aber Balkendecken angebracht werden, so muß eine Bekleidung aus gebranntem Ton darunter angefügt werden. Dies wird aber so auszuführen sein: Man mache eiserne gerade Stangen oder Bogen in solcher Entfernung aneinander, daß jede Ziegelplatte, ohne überzuragen, auf zweien von ihnen aufliegt und von ihnen getragen werden könne, und so die ganzen Deckengewölbe auf Eisen sich stützend hergestellt sind. Dann verstreiche man die oberhalb stehenden Fugen dieser gewölbten Decken mit Ton, der mit Haaren geknetet ist. Die untere, dem Estrich zugekehrte Seite aber soll zuerst mit einem Mörtel aus gestoßenen Scherben und Kalk beworfen, dann mit Stuck oder Verputzung geglättet werden. Wenn diese Gewölbedecken in den heißen Bädern doppelt gemacht werden, so werden sie noch größere Zweckmäßigkeit haben. Denn es wird dann die vom Dampf herrührende Feuchtigkeit das Holz des Balkenwerks nicht verderben, sondern sich zwischen den beiden Gewölbedecken verziehen..."

In den meisten bisher erschienenen Publikationen wird *Sergius Orata* (um 80 v. Chr.) als „Erfinder" der Hypokaustenhei-

Die Hypokausten

zung genannt. Häufig hat man aufgrund dieser Annahme Grabungsfunde datiert. Neue Forschungsergebnisse aber zeigen, daß die zentrale Unterflurbeheizung bereits vor Orata bekannt war. Wir verweisen hier unter anderem auf die erwähnten Untersuchungen in *Olympia* und *Gortys*; ferner auf Forschungen in *Gela*, in *Megara Hyblaia* (Sizilien), auf die dritte Bauperiode der *Stabianer Thermen* in *Pompeji* (aus der Mitte des 2. Jh. v. Chr.), auf eine alte Badeanlage in der *Casa del Fauno* in *Pompeji*, auf die Thermen der *Regio VIII, Insula 5* in *Pompeji*, auf Badeanlagen in *Herculaneum* und in *Tharros* (Sardinien), in *Glanum* (Provence) und in *Kertsch* (Krim), auf die erste Periode der *Forumsthermen* in *Herculaneum*, auf den vorrömischen Kern der Thermen von *Fiesole*, auf die Thermen von *Soleis* (*Solunto*, Sizilien). T 5a
T 38b

Z 5
T 12a
T 10b
Z 8

Sergius Orata, über dessen Leben J. Hilton Turner einen interessanten Bericht geschrieben hat, stammte aus Kampanien. Er dürfte die Bäder in den Städten dieser Region wie Pompeji und Herculaneum gekannt haben. Als geschickter Kaufmann sah er die Chance, durch den Einbau von Hypokaustenbädern in aufwendigen Privatvillen und durch die Verwendung der *balnea pensilia* für seine Fisch- und Austernzucht viel Geld zu verdienen. Bei kritischer Betrachtung jener Literaturquellen, die sich auf Orata beziehen, läßt sich jedoch der Nachweis nicht erbringen, daß Orata der „Erfinder" der Hypokausten gewesen ist. Außerdem stehen dem die Grabungsergebnisse entgegen. Man kann die Texte vielleicht so deuten, daß Orata die Hypokaustenheizung als erster im römischen Kulturkreis für die Austernzucht verwendet hat.

II. BEMERKUNGEN
ZUR THERMENARCHÄOLOGIE

Der Erforschung der römischen Geschichte, Kultur und Lebensweise stehen die Schriften und Berichte von Zeitgenossen zur Verfügung, die untermauert und ergänzt werden durch die Erkenntnisse der Numismatik und der Epigraphik. Ferner hat man sich um die Identifizierung der vorhandenen Ruinenkomplexe in Städten und auf dem Land seit der Renaissance bemüht. Es entstanden zeichnerische Aufnahmen von römischen Ruinen durch einen Anonymus (gen. Anonymus Destailleur) sowie zahlreiche Zeichnungen namhafter Künstler wie u. a. Piranesi (18. Jh.) und Palladio (16. Jh.).

Die Ruinen aber wurden im Laufe der Jahrhunderte bis auf das rohe Mauerwerk ausgeplündert. Bauteile, vor allem Säulen und Architrave, aber auch Werk- und Ziegelsteine verwandte man als Baumaterial. Im Zeitalter der Aufklärung erwachte dann allmählich der Drang nach der Erforschung nicht nur der noch vorhandenen Überreste, sondern auch der Objekte unter der Erde.

Erste Funde in Herculaneum

Als eigentliche Geburtsstunde der römischen Archäologie gilt die Unternehmung des Fürsten von Elbœuf, der Stollen in die Tuffschicht von *Herculaneum* treiben ließ, zunächst allerdings lediglich zum Zweck der Bereicherung seiner Kunstsammlung. Diese Erdarbeiten wurden aus heutiger Sicht völlig unsachgemäß ausgeführt. Viele Befunde sind dabei für immer zerstört worden. Immerhin aber konnte der Beweis erbracht werden, daß unter den Tuff- und Ascheschichten viele Kostbarkeiten verborgen lagen.

Im Jahre 1750 machte der Schweizer Architekt C. Weber, der im Dienst von Charles von Bourbon stand, eine aufsehenerregende Entdeckung in der Nähe des antiken Stadtgebietes von *Herculaneum*. Er stieß bei den Stollengrabungen auf Reste einer der reichsten Vorstadtvillen dieser Gegend, der *Villa dei Papiri*. Als dabei wertvolle Skulpturen und eine große Menge von Papyrosrollen ans Tageslicht kamen, erkannten die Altertumsforscher die Bedeutung, die derartige Forschungen in der Zukunft haben konnten.

In *Rom* begann man an Hand der topographischen Überlieferung mit der Erforschung der verschiedenen baulichen Überreste wie z. B. des *Forum Romanum*, der *Diokletians- und Caracallathermen* sowie des *Trajansforum*. Im 19. Jh. wurden die Untersuchungen trotz aller politischen Unruhen fortgesetzt. Vor allem aber schützte man die aus damaliger Sicht wichtigen antiken Bereiche vor unsachgemäßen Eingriffen. In Rom erweiterte man die wissenschaftlichen Untersuchungen auf das Gebiet des Palatin.

In *Pompeji* kümmerten sich die Ausgräber in erster Linie um die in einigen Häusern und Villen freigelegten Wandmalereien, die noch in erstaunlicher Frische erhalten waren, aber unmittelbar nach der Freilegung zu verblassen begannen. Einige der schönsten Malereien brachte man ins Museum nach Neapel, denn für eine dauerhafte Konservierung an Ort und Stelle waren weder die Kenntnisse noch die finanziellen Mittel vorhanden.

Außerhalb Italiens stagnierte die römische Archäologie lange Zeit. Vereinzelt fanden wohl Untersuchungen hier und da statt, doch die große Zeit der Grabungen begann erst im 20. Jh.

Erste grundlegende Veröffentlichungen

Bereits im Jahre 1828 erschien über antike Badeanlagen in Paris das Prachtwerk von G. A. Blouet ›Restauration des thermes d'Antonin Caracalla à Rome‹. 1890 erschien ebenfalls in Paris das Werk von Paulin ›Les thermes de Dioclétian‹, und 1898 in Berlin von Iwanoff ›Architektonische Studien‹, Heft III, mit Erläuterungen von C. Huelsen. E. Pfretzschner veröffentlichte als erster 1909 eine Zusammenfassung der bis dahin bekannten Badeanlagen unter dem Titel ›Die Grundrißentwicklung der römischen Thermen‹ (Straßburg).

Seit Beginn der Limesforschung rückten die Legionslagerthermen und Kastellbäder in den Blickpunkt des Interesses. Die Ruinen der Heilbäder von Badenweiler wurden untersucht und publiziert. In Trier begann D. Krencker mit seinen so erfolgreichen Grabungen und baugeschichtlichen Untersuchungen an dem damals noch als Kaiserpalast bezeichneten Thermenbau. 1929 erschien sein bahnbrechendes Werk ›Die Trierer Kaiserthermen. Ausgrabungsbericht und grundsätzliche Untersuchungen Römischer Thermen‹. Noch heute bildet dieses Buch die Grundlage für jede weiterführende Thermenforschung im Hinblick auf Gesamtkonzeption, Grundrißordnung und Raumgestaltung.

Forschungen
in den verschiedenen Regionen des Römischen Reiches

a) Europäische Provinzen

Nach dem Zweiten Weltkrieg begann die archäologische Forschung in allen Ländern höchst aktiv zu werden. Aufgrund der zahlreich neu zutage getretenen Anlagen wurden die Detailkenntnisse immer umfangreicher. Dies betraf insbesondere auch die technischen Einrichtungen wie Wasserversorgung, Heizung und Warmwasserbereitung. Nach den Publikationen über römi-

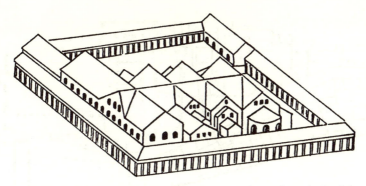

Z 7 Xanten: Rekonstruktionsversuch der Thermenanlage in der Colonia Ulpia Trajana, eine Sporthalle von 19 × 67 m ist den Räumen des Reihenbades vorgelagert (links im Bild) [77].

sche Heizungen von Jakobi, Krell und Fusch erschien 1961 als Sonderband der Technikgeschichte des VDI von F. Kretzschmer ›Die Entwicklungsgeschichte des antiken Bades‹. Wenige Jahre später folgte eine umfassende Publikation über das griechisch-hellenistische Bad unter dem Titel ›Balaneutiké‹, von R. Ginouvès. 1951 veröffentlichte E. Brödner ihre Arbeit ›Untersuchungen an den Caracallathermen‹.

In der Schweiz sind *Augusta Raurica, Vindonissa* und *Aventicum* aufgrund der großen, dort freigelegten Thermenanlagen besonders hervorzuheben. T 17

In Österreich ist *Virunum* (bei *St. Veit*/Kärnten) mit den interessanten, sehr früh zu datierenden *Bädern am Magdalensberg* zu nennen sowie die Stadtgebiete von *Carnuntum, Aguntum* und *Teurnia*. T 16b T 15a

Südwestlich der Donau, im Gebiet der römischen Provinz Pannonien (ungarische und kroatische Ebene), wurde intensiv geforscht. Hier sind vor allem die Orte *Aquincum* und *Gorsium* erwähnenswert. T 16a

Auf jugoslawischem Gebiet, das zur Zeit von Diokletian und Constantin eine besondere Rolle spielte, sind u. a. der Kaiser-

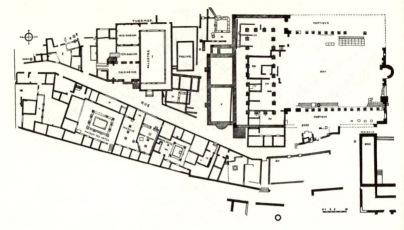

Z 8   Glanum: Reihenbad mit Palästra links von Forum [171].

palast von *Split* und die Stadt *Salona* untersucht worden. Gut erhaltene Hypokaustenanlagen der Bäder von *Heraclea* wurden in den sechziger Jahren freigelegt.

T 24a

Neue Erkenntnisse in bezug auf große Badeanlagen aus trajanischer und hadrianischer Zeit erbrachten Grabungen in Bulgarien und Rumänien. Als Beispiele seien die Zivilbäder in *Odessos (Varna), Tomis (Constanţa)* und *Histria* genannt, ferner die Militärbäder von *Dinogetia* sowie die Heilbäder von *Pautalia*.

T 53b
T 24b

Auf deutschem Boden wurde seit Ende des Krieges auf dem Gelände der Kaiserthermen in *Trier* gegraben und die Ergebnisse von O. Reusch publiziert. Erwähnenswert sind überdies die Bäder der *Colonia Ulpia Traiana (Xanten),* deren gut erhaltene Grundmauern leider durch einen Neubau überdeckt wurden. Dagegen ist das wesentlich kleinere Bad in *Zülpich* konserviert und dem Publikum zugänglich gemacht worden. In *Köln* wurden bisher nur spärliche Reste einer großen Thermenanlage entdeckt. Im Verlauf der systematischen Limesforschungen sind zahlreiche Militärbäder in Hessen, Württemberg und Bayern ausgegraben worden.

Z 7

In Holland und Belgien hat man sich neben den Untersuchungen an den Limesbauten besonders mit der Erforschung römischer Villen befaßt. An dieser Stelle sei auch auf die diesbezüglichen Unternehmungen in Ungarn, Österreich, Deutschland und der Schweiz hingewiesen.

Bei Grabungen in England und Schottland kamen mehrfach Kastellbäder mit gut erhaltenem Heizgeschoß zutage. Das Badehaus der ausgedehnten römischen Villa in *Fishbourne* bei Chichester ist für unser Thema von Interesse. Zu erwähnen ist aber auch das teilweise noch recht gut erhaltene Heilbad in *Bath*. Z 54

T 44

Archäologische Aktivitäten in bezug auf das römische Badewesen gab es auf italienischem Boden in jüngster Zeit u. a. in *Bajae, Pompeji, Herculaneum, Paestum, Velia, Ostia antica* und auf dem Palatin in *Rom*. Äußerst interessante Privatbäder wurden in der *Villa Herculia* bei *Piazza Armerina* und in der Villa von *Oplontis* aufgedeckt. T 53a

T 6b

In Frankreich hat die römische Archäologie erst seit der Mitte unseres Jahrhunderts einen größeren Aufschwung genommen. Hervorzuheben sind für uns die Grabungen im antiken *Glanum*, wo ein relativ gut erhaltenes hellenistisch-römisches Reihenbad freigelegt wurde. Kürzlich sind in *Cimiez* bei Nizza Heilbäder ausgegraben worden. Zu erwähnen sind auch die umfangreichen Untersuchungen an den großen Thermen im Bereich des Cluny-Museums *(Paris)* und des sogenannten *Palais de Constantin* in *Arles*. Frühere Grabungen legten in *Vaison-la-Romaine (Vasio)* Villen mit Bädern, ein Theater und sonstige römische Bauwerke frei, ferner Bäder an einer salzhaltigen Thermalquelle bei *Saint Père-sous-Vezelay (Yonne)*. Z 9

Auf der Iberischen Halbinsel finden wir ebenfalls *balnea*, die vor nicht allzu langer Zeit im Verlauf von Grabungen in antiken Stadtgebieten wie *Italica* (bei *Sevilla*) und *Merida* zutage gekommen sind. In Portugal sind die Thermen von *Conimbriga* (in der Nähe von *Coimbra*) besonders zu erwähnen. An verschiede-

II. Bemerkungen zur Thermenarchäologie

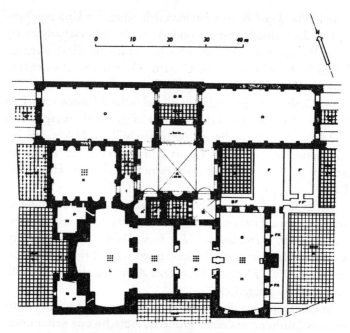

Z 9 Lutetia (Paris): Die großen Thermen.
Das frigidarium ist heute Teil des Clunymuseums [15].

T 22a nen Orten geben lange Bogenreihen von Aquädukten der Land-
T 22b schaft ihr charakteristisches Gepräge (z. B. *Segovia* und *Nerja*).

Auf dem griechischen Festland sind an zahlreichen Stellen kleine und größere Bäder entdeckt worden. Eine umfangreiche Thermenanlage wurde in jüngster Zeit auf *Samos* ausgegraben. Im Bereich der Anlagen für die Isthmischen Spiele fand man Bäder, deren Baugeschichte vermutlich bis in hellenistische Zeit zurückgeht.

Die römischen Städte in Europa stellen in den meisten Fällen die Kernzellen moderner Urbanisation dar, d. h., sie wurden in ununterbrochener Folge von neuem überbaut. Dieser Umstand erschwert naturgemäß Grabungen und Bauforschung. Um so anerkennenswerter sind Untersuchungen wie die an den *Thermen von Cluny* im Herzen von *Paris*, an den *Kaiserthermen* von *Trier* oder denen von *Arles*.

T 1
Z 82

b) Außereuropäische Provinzen
Wenn man die Provinzen des Römischen Reiches bereist, gewinnt man den Eindruck, daß sich die Bauten der Antike, vor allem der Römer, in Nordafrika und Kleinasien in größerem Umfang erhalten haben als im Mutterland Italien und im europäischen Teil des Römischen Reiches. Die Provinzen Nordafrikas und Kleinasiens erreichten im 1. und 2. Jh. n. Chr. größeren Wohlstand als die europäischen Provinzen. Nordafrika war von Tunesien bis Marokko dicht besiedelt. Die Bauern lebten in vielen kleinen, stadtartigen Siedlungen, während sich die Menschen in Tripolitanien (Dreistädteland) und in der syrisch-jordanischen Wüste in einigen großen Städten konzentrierten. Wir nennen *Sabratha, Leptis Magna, Oea, Cyrene, Palmyra, Petra*. Bedrohte hier die Wüste die Städte und schützte sie zugleich vor Angriffen größerer Kampfgruppen, so bauten die Römer am Sahararand einen Limes, ein System von Wällen und Gräben mit einer Kette von Feldlagern und kleinen Festungen. Auch dort sind Kastellbäder freigelegt worden. Die Luftbildarchäologie hat in und nach dem Zweiten Weltkrieg den Verlauf des Limes entdeckt und weitgehend festgehalten, wie man z. B. an den Fotos im Museum von Constantine sehen kann.

T 49 a
T 49 b

Die Zivilisation der Städte lebte unter dem Schutz Ostroms in Kleinasien und Nordafrika und selbst des Islams in den ersten Jahrhunderten seiner Herrschaft weiter. Als jedoch die Wasseranlagen verfielen oder zerstört wurden, verödeten die Städte. In Syrien wurden Karawanenstädte direkt im Kampf zwischen den persischen Herrschern, Parthern und Sassaniden, und Rom zerstört oder von den Einwohnern auf der Flucht vor den Barbaren verlassen und nicht wiederbesiedelt. In Nordafrika hat erst der Beduinensturm der Beni Hillal (Söhne der Hölle, wie sie genannt

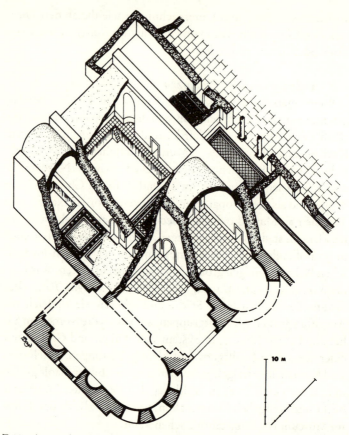

Z 10 Anemurion: Isometrie einer gut erhaltenen Therme (Bad III 2 B) [194].

wurden) im 11. Jh. die Wasseranlagen gänzlich zerstört und damit die städtische Zivilisation erlöschen lassen. Der Wind führte die Sandmassen der Wüste herbei. Sie umgaben die Ruinen mit einer schützenden Hülle, bis die Archäologen sie wiederentdeckten.

Ein so gewaltiges Bauwerk wie das *Amphitheater* von *Thysdrus (El Djem)* war noch bis Ende des 17. Jh. intakt. Es diente immer wieder aufständischen Beduinen als Schutzburg, bis der Bey von Tunis unter türkischer Oberhoheit 1695 eine Bresche in die Außenmauer sprengen ließ.

Der archäologische Reichtum Nordafrikas ist so groß, daß es jahrzehntelanger Arbeit und sehr großer finanzieller Mittel bedürfte, wollte man ihn voll ausschöpfen. Krenckers Werk enthält eine wenn auch nicht ganz vollständige Zusammenstellung der bis zum Jahre 1929 freigelegten Bäder. Inzwischen ist eine größere Zahl von bedeutenden Badeanlagen hinzugekommen, von denen wir die für die Erkenntnis der Art und Weise des römischen Badewesens wichtigsten Bäder – geordnet nach den heutigen Staatsgebieten – aufführen wollen.

In Marokko sind es die Thermen von *Volubilis* und *Sala Colonia* (in unmittelbarer Nähe von *Rabat*); in Algerien diejenigen von *Tiddis*, *Tipasa*, *Bône*, *Djemila* und *Lambaesis*; in Tunesien jene von *Karthago*, *Utica*, *Dougga*, *Thaenae*, *Bulla Regia*, *El Djem*, das Quellheiligtum von *Zaghouan* und die Heilthermen von *Djebel Oust*. In Libyen sind es diejenigen von *Sabratha*, *Leptis Magna*, *Cyrene* und *Apollonia*; in Ägypten jene von *Alexandria*. T 63 b
T 56 a
T 63 a
T 61 a
T 54 b
T 52 b

Nicht minder reich an römischen Baderuinen ist der Orient. Dies gilt vor allem für Kleinasien. Es würde zu weit führen, alle Anlagen aufzuzählen, die im Laufe des letzten halben Jahrhunderts untersucht worden sind; als wichtigste Orte mit mehreren Thermen seien *Ephesos*, *Pergamon*, *Milet*, *Perge* und *Side* genannt (s. S. 55, 213). Z 11

In *Ankara* befindet sich ein ausgedehntes Grabungsfeld, auf dem das Heizgeschoß, Teile des Erdgeschoßmauerwerkes, ein beheiztes Schwimmbecken und Überreste der Palästra mit Umgängen zu sehen sind. Hier lassen sich die Führung der Bedienungsgänge, die riesenhaften miteinander im Zusammenhang stehenden Hypokaustenräume, die schornsteinähnlichen Abzüge sowie die zahlreichen großen Präfurnien gut beobachten. T 65 a
Z 79

Bei der Betrachtung derart ausgedehnter Thermenanlagen

II. Bemerkungen zur Thermenarchäologie

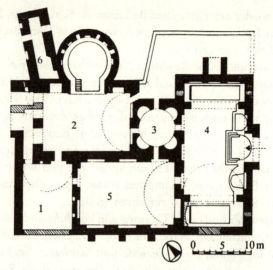

Z 11 Side: Thermen an der Agora,
heute wiederhergestellt als Museum dienend [194].
1 apodyterium, 2 frigidarium, 3 sudatorium (laconicum),
4 caldarium, 5 tepidarium.

wird deutlich, welche Leistungen die römischen Ingenieure vollbracht haben. Wegen des extremen Klimas mußten im Winter alle Säle beheizt werden. Ungeheure Mengen an heißem Wasser wurden ständig benötigt. Es wurden nicht nur unterschiedliche Temperaturen, sondern auch verschiedene Luftfeuchtigkeitsprozente in den Baderäumen gefordert.

T 58a Eine sehr gut ausgestattete Thermenanlage ist im antiken Stadtgebiet von *Aphrodisias* freigelegt worden. Hier wurde an einer Mauer des Einganges auf einer Inschrift die Warnung vor Dieben in den Sälen und dem Gelände der Thermen gefunden.

Z 81 Mit den Kaiserthermen von *Sardes* steht eine Synagoge in bau-
T 51a lichem Zusammenhang. In diesem Bereich, in dem die Untersu-
T 51b chungen noch nicht abgeschlossen sind, wurden so viele Architravstücke, Fußbodenplatten und Inkrustationsmaterial gefun-

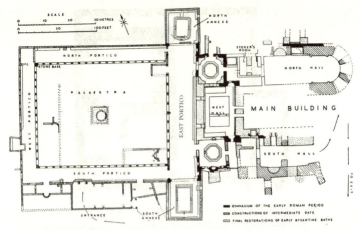

Z 12 Salamis (Zypern): erste Anlage hellenistisch, schwarz angelegte Mauern frührömisch, später umfangreiche Um- und Anbauten. Restaurierung und weiterer Umbau in frühbyzantinischer Zeit weisen auf eine lange Benutzung [Antiquitics Dep. Rep. of Cyprus].

den, daß sich der Innenraum der Synagoge und die repräsentative Frontwand der Bäder vollständig rekonstruieren ließen.

In der kleinen antiken Stadt *Anemurion* (türkische Südküste) befanden sich mehrere Bäder, deren Wände, teilweise sogar Gewölbe, heute noch zu sehen sind. Z 10

Im Grabungsareal der römischen Stadt *Side* wurden die Ruinen eines großen Bades zu einem Museum ausgebaut. Etwas Ähnliches hat man nach Beendigung der Untersuchungen wohl mit den Ruinen des Heilbades von *Hierapolis (Pamukkale)* vor. T 64a

Seit dem Ende der Bronzezeit ist das Gebiet der Stadt *Salamis* auf Zypern besiedelt gewesen. In griechischer und hellenistischer Zeit war Salamis die Hauptstadt der Insel. Unter römischer Herrschaft wurde sie von Paphos überflügelt. Das in Salamis vor einigen Jahren freigelegte *Gymnasium* mit gewaltiger Badeanlage wurde laut Inschrift in hellenistischer Zeit gebaut. Doch sind aus dieser Epoche nur noch vereinzelte Spuren sichtbar. T 21a, 21b

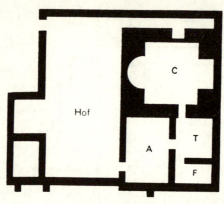

Z 13 Masada: Große Bäder auf dem Festungsplateau. [200].
A apodyterium, T tepidarium, F frigidarium, C caldarium.

Eindrucksvoll ist der große Palästrahof mit dreiseitiger Peristylhalle. Die Baderäume selbst sind häufig umgebaut und nach Zerstörungen durch Erdbeben restauriert worden. Auch zahlreiche Skulpturen sind im Bereich des Gymnasiums gefunden worden.

Die zahlreichen Grabungsstätten in Syrien, Jordanien und Israel sind Fundgruben für die Erforschung der Entwicklungsgeschichte des antiken Badewesens. An römischen bzw. hellenistischen Anlagen seien hier die Bäder von *Gerasa*, *Masada*, *Bostra* und *Petra* hervorgehoben.

T 50 b
T 8 a, b
T 2 a

Auch die Forschungen in *Dura Europos* am Euphrat dürfen nicht unerwähnt bleiben. Dura war ein Kreuzungspunkt, an dem sich während mehrerer Jahrhunderte die Kulturen der Griechen, Römer, Semiten und Perser trafen. Das trockene Klima hat nach dem plötzlichen Verlassen der Stadt (272 n. Chr.) die Spuren des antiken Lebens in einem guten Zustand bewahrt.

III. DIE ENTWICKLUNG DER RÖMISCHEN BÄDER BIS IN DIE MITTE DES 2. JH. N. CHR.

Um die Zeitwende begann eine Entwicklung, die man als eine langsame Loslösung der profanen römischen Architektur von den Formen der hellenistischen Zeit bezeichnen kann. Wir versuchen, die einzelnen Schritte dieses Prozesses zu verfolgen, soweit es nach dem heutigen Stand der Erkenntnis möglich ist. Allerdings kann der durch die archäologisch-historische Forschung bekanntgewordene Bestand antiker Bauwerke nicht ohne weiteres als „repräsentativ" für den Gesamtbestand angesehen werden, da wir dessen Umfang nicht kennen.

Das gilt auch für die Thermen und Balnea. Jede Stadt hatte ihre öffentlichen und privaten Bäder. Davon kennen wir durch Grabungen und aus der Literatur nur einen sehr geringen Teil. Immerhin würde ein Katalog der uns heute bekannten Bäder mindestens 800 Objekte umfassen. Nach einer Zählung, die Agrippa 33 v. Chr. veranlaßte, gab es allein in Rom 170 Bäder, in der späteren Kaiserzeit nach den verschiedenen Regionenverzeichnissen sicherlich eine vielfache Zahl (s. S. 260).

Die Entwicklung der römischen Architektur zeichnet sich sehr deutlich bei der beginnenden Ausformung der Badeanlagen ab. Sie führt im 1. Jh. n. Chr. von den räumlich bescheidenen hellenistischen Reihenbädern zu den großen, symmetrisch angeordneten Doppelanlagen des Kaisertyps. Die Gestaltung der weitläufigen und hochüberwölbten Räume der Mittelachse *(frigidarium – tepidarium – caldarium)* gibt letzten Endes den Anstoß für die Raumgestaltung der kommenden Jahrhunderte bis weit in das Mittelalter und die Renaissance hinein.

III. Die Entwicklung der römischen Bäder

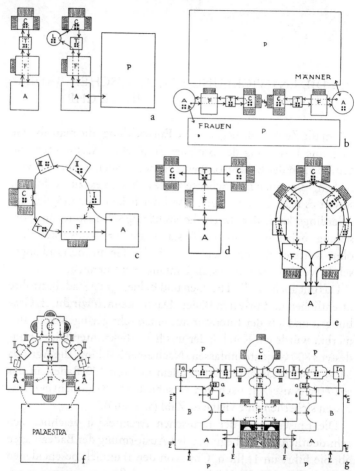

Z 14 Bädertypen nach D. Krencker (Auswahl): a Reihenbad, b Reihenbad, Doppelanlage für Männer und Frauen, c Ringanlage (Benutzung im Rundgang), d Thermen mit Verdoppelung einzelner Abschnitte, e symmetrisch vergabelter Ringtyp mit großem caldarium und apodyterium, f kleiner Kaisertyp, g großer Kaisertyp [134]. A apodyterium, B Sporthallen, C caldarium, E Eingang, F frigidarium, L laconicum, P palästra, T tepidarium, I, II, III zwischen F u. C eingeschaltete warme Räume.

Die Bädertypen

Bevor wir diese Entwicklung im einzelnen an Hand von Beispielen in der Stadt Rom und in den Provinzen des Imperiums schildern – wobei wir den antiken Schriftstellern oft das Wort erteilen – geben wir zunächst eine Zusammenfassung:

1. Im Verlauf der frühen Kaiserzeit wird der im Bereich der hellenistischen Kultur entwickelte „Reihentyp" folgerichtig ausgebaut, und zwar monumentaler, luxuriöser, komfortabler und schöner. Dieser Typ bleibt über alle Perioden des römischen Badewesens erhalten.
2. Im „Ringtyp" sind die Räume teilweise verdoppelt, so daß der Badende einen Rundgang machen kann und nicht durch die gleichen Räume zurückgehen muß. Dies bedeutet einen großen Fortschritt für die Organisation des Badebetriebes.
3. Die Doppelreihenanlage mit technischer Versorgungsanlage, zentral gelegen zwischen den beiden Caldarien, günstig für eine Teilung in Männer- und Frauenbad.
4. Verdoppelung einzelner Abschnitte, vor allem desjenigen der Warmbaderäume.
5. Die symmetrische Anlage mit innerer Gabelung des Weges.
6. Der kleine Kaisertyp (s. S. 209, 250).
7. Der große Kaisertyp (s. S. 218).

Es ist erfreulich, daß seit D. Krenckers Publikationen [134] versucht wird, eine typologische Ordnung zu schaffen. Die Beispiele freigelegter Thermen häufen sich immer mehr, und ein genereller Überblick ist insbesondere auch für die an der Grabungsfront tätigen Archäologen und Bauforscher notwendig.

Die römischen Baumeister haben sich aber keineswegs immer an diese Schemata gehalten. Es gibt eine Reihe äußerst origineller Anlagen, bedingt durch die örtliche Situation, Gelände, Klima oder auch Phantasie des betreffenden Architekten. Wir denken hier an die sogenannten Jägerbäder in *Lambaesis*, die Forums- Z 61

III. Die Entwicklung der römischen Bäder

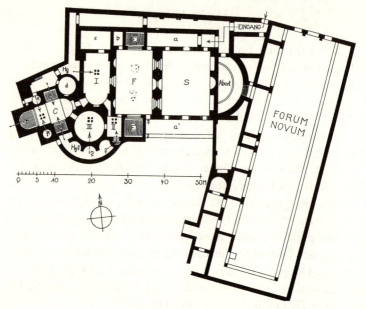

Z 15 Khamissa: Forumsthermen [135].

thermen in *Khamissa* (*Thubursicum Numidarum*, Algerien) und die Anlage von *Thaenae* (Tunesien). Dazu kamen die in einzelnen Abschnitten doppelgeschossigen Bäder: *Antoninusthermen* in *Karthago*, *Kaiserthermen* in *Rom*, *Scholastikiathermen* in *Ephesos* (s. S. 218, 247). Wie geschickt man auch verstand, die etwas unterschiedliche Entwicklung in den verschiedenen Kulturbereichen in der Grundrißgestaltung zum Ausdruck zu bringen, wie z. B. die der „Gymnasien" in *Ephesos* oder der *Hadriansthermen* in *Leptis Magna*, werden wir später noch näher erörtern (s. S. 75).

Wir stellten am Schluß unserer Betrachtungen über die Entwicklungsgeschichte des Bades in hellenistischer Zeit fest, daß es schon damals verschiedene Arten von Bädern gab. Im Verlauf des 1. Jh. n. Chr. werden in Fortsetzung dieser Entwicklung

folgende, in ihrer Funktion mehr als in ihrer Gestaltung sich deutlich voneinander abhebende Arten geprägt:
- Große, repräsentative öffentliche Bäder, *Thermae Imperii Romani*, deren Ausgestaltung im Verlauf der Zeit immer anspruchsvoller und üppiger wurde. Häufig handelte es sich um großzügige Stiftungen aus privater Hand.
- Daneben existierten nach wie vor unzählige *balnea* innerhalb der Wohngebiete, am Rande kommerzieller Zentren sowie an Straßen- und Verkehrsknotenpunkten der großen, mittleren und kleinen Städte.

Zur Etymologie von *thermae* und *balnea* sei bemerkt, daß im Griechischen für Bad die Ausdrücke *loutron* und *balaneion* gebraucht werden. *Balaneion* wird lateinisch zu *balineum*, im Plural in der Kurzform *balnea*. Das Warmbad ist immer *thermon loutron*, im Plural *therma loutra*, kurz aber auch *thermai*. Xenophon braucht in der ›Hellenika‹ in gleicher Bedeutung *therma* und *thermai*. Warme Bäder mit natürlichen Thermalquellen und beheizte Badeanlagen größeren Umfangs werden später lateinisch immer mit *thermae* bezeichnet, während *balnea* für kleinere Badeanlagen, z. B. im privaten Bereich, steht.

Besondere Vorsorge traf man für die Badeanlagen des Militärs. Jedes Legionslager besaß wohlausgebaute, umfangreiche Thermen, in denen niemals das große *laconicum* fehlte. Aber auch jedes *castrum* wurde mit gut ausgestatteten *balnea* versehen.

Bei den Heilbädern wurde die rituelle Bindung an eine göttliche Schutzmacht trotz aller Säkularisationsversuche beibehalten. Wie sich diese Anlagen von den anderen Bädern unterscheiden, werden wir später gesondert behandeln (s. S. 163).

Jede anspruchsvolle Villa, jedes große Stadthaus besaß aber auch seine privaten Bäder. Um so großartiger waren die Bäder der Paläste, vor allem diejenigen des kaiserlichen Hauses und die hoher Staatsbeamter.

Eine interessante Schilderung der Stadt *Rom*, der *urbs* zur Zeit des Augustus, gibt *Sueton*. Er schreibt [62]: „Rom, das weder

der Größe und Würde des Reiches entsprechend ausgebaut war und oft durch Überschwemmungen und Brände heimgesucht wurde, verschönerte Augustus in solchem Maße, daß er sich mit Recht rühmen durfte, anstelle der Stadt aus Backsteinen, die er übernommen hatte, eine aus Marmor zu hinterlassen. Für die Sicherheit Roms sorgte er, soweit es menschlicher Voraussicht nach möglich war, bis in die ferne Zukunft...

Die ganze Stadt teilte Augustus in Bezirke und Stadtkreise ein und traf die Einrichtung, daß über die ersteren jährlich durch das Los zu bestimmende Beamte die Aufsicht zu führen hätten, über die letzteren von der Bevölkerung der Stadtkreise selbstgewählte Vorsteher. Als Abwehr gegen Brände schuf er Nachtwächter und Feuerwehr; zur Behebung der Überschwemmungen ließ er das Tiberbett, das seit langer Zeit durch Abfälle aufgefüllt und durch Vergrößerung der Gebäude eingeengt worden war, verbreitern und reinigen. Damit der Zugang zur Stadt von allen Richtungen her leichter sei, übernahm er selbst den Ausbau der Via Flaminia bis nach Rimini und verteilte die anderen Zufahrtsstraßen unter die durch einen Triumph geehrten Feldherrn, die aus dem ihnen zugefallenen Beuteanteil die Pflasterung zu bestreiten hatten."

Die Agrippathermen in Rom

Über die *Agrippathermen* in *Rom* sind wir weitgehend auf schriftliche Zeugnisse angewiesen und auf die rudimentäre Darstellung auf dem severianischen Stadtplan. Hier wird diese Anlage mit dem Ausdruck *thermae* bezeichnet, im Gegensatz zu anderen kleinen Bädern, die als *balnea* benannt sind. Es ist aber zu bedenken, daß dieser Plan ebenso wie die Bezeichnungen aus der 2. Hälfte des 2. Jh. stammen, also nicht Auskunft darüber geben, ob die Agrippathermen zur Zeit der Erbauung bereits den Namen *thermae* trugen. Vermutlich ist diese Bezeichnung für

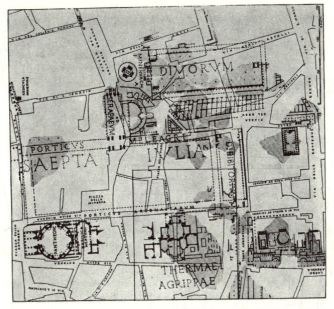

Z 16 Lage der Agrippathermen im Marsfeld (Rom) nach Tamm [188].

große Badeanlagen erst im Verlauf des 1. Jh. n. Chr. geprägt worden. Soweit es aus dem antiken Stadtplan ersichtlich ist, handelte es sich um eine große Reihenanlage mit gesondertem *laconicum*. Die Mitteilung, daß das *laconicum* bereits im Jahre 25 v. Chr. in Betrieb genommen worden sei, der übrige Teil der Bäder aber erst im Jahre 19 v. Chr. nach Fertigstellung der *Aqua Virgo*, deutet auf das Ausmaß und den umfangreichen Wasserbedarf einer solchen Badeanlage im augusteischen Rom hin.

Die Villa Jovis auf Capri

Besorgte und kritische Äußerungen begleiten im kaiserlichen Rom den Fortschritt im Bäderbau im Sinne von „immer

III. Die Entwicklung der römischen Bäder

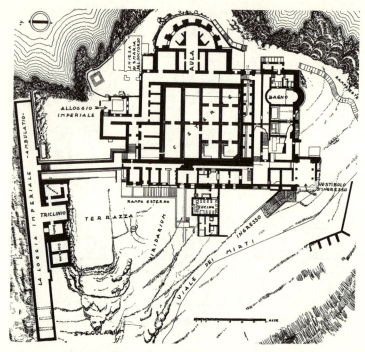

Z 17 Capri: Villa Jovis des Tiberius. Rechts im Bild das anspruchsvolle Reihenbad (im ersten Obergeschoß) [33a].

größer, immer üppiger". Hören wir dazu Tiberius und konfrontieren wir diese Rede mit dem Befund der *Villa Jovis* auf *Capri*.

In einer uns von *Tacitus* überlieferten Rede sagt *Tiberius* [Annalen III, 54]: „Was ist in der Tat die erste Manifestation von Luxus, die ich verbieten sollte, um damit zu beginnen, die Sitten zur alten Einfachheit zurückzuführen? Vielleicht den grenzenlosen Umfang der Villen? Die riesige und aus allen Nationen zusammengesetzte Dienerschaft? Die Schwere der Silber- und Goldgefäße? Warum herrschte denn ehedem Sparsamkeit? Weil sich jeder selbst zu mäßigen wußte, solange wir Bürger einer einzigen

Stadt waren. Auch als wir nur Italien beherrschten, war die Versuchung noch nicht so groß. Erst durch unsere Siege über fremde Länder haben wir gelernt, fremdes Gut zu verprassen, durch die Bürgerkriege sogar unser eigenes... Und wenn der Provinzen Überfluß uns Herren samt den Sklaven und den (wenigen) Äckern eines Tages nicht mehr erhalten kann, so werden uns vermutlich unsere Parks und Villen erhalten!? Diese Sorge, Senatoren, hat der Princeps zu tragen. Wird sie vernachlässigt, dann wird sie den ganzen Staat ins Verderben reißen."

Ganz gewiß legten die oberen Zehntausend, an der Spitze die Mitglieder der kaiserlichen Familie, größten Wert auf wohlausgestattete Bäder. Die Privatbäder des Tiberius in der *Villa Jovis* auf *Capri* beispielsweise sind sehr geschickt in die Gesamtkonzeption des Palastes eingefügt. Sie lassen sich in Grund- und Aufriß sowie technischer Ausstattung an Hand des archäologischen Befundes fast vollständig rekonstruieren. Eine Rampe führt zu dem Vestibül, einer Halle mit vier Säulen aus Cipolinmarmor, deren Basen noch in situ vorhanden sind. Der breite Korridor, der diesen Eingangsraum mit einem zweiten, kleineren verbindet, ist mit weißem Fußbodenmosaik ausgelegt. Hier beginnt das großzügig angelegte Treppenhaus, das zu den eigentlichen Baderäumen im Obergeschoß führt.

Vom *apodyterium* ging der Badende durch das *frigidarium* und *tepidarium* in das repräsentative *caldarium* mit zwei gegenüberliegenden Rundapsiden. In der einen befindet sich das unterheizte Warmwasserbecken, in der anderen die *schola labri*. Der auf der Rückseite liegende breite Bedienungsraum besteht aus zwei Teilen auf unterschiedlichem Niveau: *praefurnium 1* (tief gelegen) dient der Beheizung des Hypokaustenraums unterhalb des Badebeckens, *praefurnium 2* dagegen der des Hypokaustengeschosses unter dem *caldarium* und der *schola labri*. Das *tepidarium* wurde indirekt beheizt. Öffnungen in der Trennwand der Hypokaustenräume ermöglichten den Eintritt der heißen Gase in den Hohlraum unterhalb des *tepidarium*.

Durch senkrechte Abzugsrohre in der gegenüberliegenden Wand des *tepidarium* wurde der erforderliche Zug erreicht.

Seneca über das Badeleben

Den Gegensatz zwischen den altrömischen Sitten und Lebensauffassungen und dem aufkommenden Luxus, den Tiberius geißelte, drückt ein etwa 30 Jahre später geschriebener Brief *Senecas* an seinen Freund Lucilius aus: „Ich habe das schlichte Landhaus des großen Scipio besucht; darin befindet sich ein enges Bad; düster, wie gewöhnlich bei unseren Vorfahren; denn nur, was dunkel war, schien ihnen warm werden zu können. In diesem Winkel also pflegte der Schrecken Karthagos sich den von ländlicher Arbeit erschöpften Körper zu reinigen. Unter diesem armseligen Dach stand der große Mann, dieser kümmerliche Estrich hat ihn getragen!

Aber jetzt: Gibt es einen, der es ertrüge, sich so zu reinigen? Dürftig dünkt sich ein jeder und armselig, wenn seine Wände nicht von großen kostbaren Rundscheiben aus Marmor funkeln, wenn ihm nicht alexandrinische Marmortafeln mit Einlagen numidischen Steins verziert sind, wenn nicht überall eine mühevolle, kunstmäßig abschattierte Tönung den Marmor am Rande gleichsam verbrämt; wenn die Deckenwölbung nicht hinter Glasmosaik versteckt liegt, wenn nicht thasischer (weißer) Marmor, einst ein seltenes Schaustück in diesem oder jenem Tempel, unsere Schwimmbecken umrandet, in die wir den durch ausgiebige Schwitzkur von allem Unreinen befreiten Körper tauchen; ja, wenn nicht silberne Speier das Wasser spenden.

Und dabei spreche ich noch von Wasserhähnen, wie sie ein Mann aus dem Volke besitzt; wie aber, wenn ich jetzt zu den Bädern der Freigelassenen komme? Welche Fülle von Standbildern, von Säulen, die gar nichts zu tragen haben, sondern bloß zum Schmuck aufgestellt sind, um damit zu protzen! Welche

Fülle von Wasser, das über Stufen rauschend hinabgleitet! Bis zu solcher Üppigkeit sind wir schon gekommen, daß wir nur noch über Edelgestein dahinwandeln wollen."

Wir ersehen aus diesem Brief, wie viele Privatbäder der Reichen und Mächtigen ausgestattet waren: Marmor, Glasmosaik im Deckengewölbe, Wasserhähne aus Edelmetall, Schmuck durch eine Fülle von Standbildern und Säulen. Hat sich der Mensch seit fast 2000 Jahren entscheidend geändert? In seinem Geltungsbedürfnis, in seiner Prunksucht mit goldenen Wasserhähnen als Statussymbol?

Aber auch die Anhänger des Schlichten und Echten sind nicht ausgestorben. Seneca fährt in seinem Brief fort: „In jenem Bade des Scipio sind ganz kleine – man möchte eher sagen Schlitze als Fenster aus der steinernen Mauer ausgespart, damit sie, ohne die Festigkeit der Mauer zu beeinträchtigen, Licht zulassen. Jetzt aber nennt man ‚Schlupfwinkel für lichtscheues Ungeziefer' alle Bäder, die nicht so angelegt sind, daß sie das volle Tageslicht mit weiten Fenstern auffangen und in denen man nicht beim Baden (von der Sonne) gebräunt wird und von der Wanne aus den Blick über Gefilde und Meere hat...

Aber einst, da gab es nur wenige Bäder, und diese waren jeglichen Schmuckes bar. Warum hätte man auch Schmuck verwenden sollen auf eine Sache, die bloß ein viertel As kostete und die für das Bedürfnis, nicht fürs Vergnügen erfunden war? Es wurde kein Wasser nachgefüllt und es strömte nicht immer frisch, wie aus einer warmen Quelle, zu, und man glaubte, es käme nicht darauf an, wie durchsichtig das Wasser sei, in dem man seinen Schmutz absetzte. Aber, ihr guten Götter, wie interessant ist es, jene finsteren, nur mit gemeiner Tünche überzogenen Badestuben der alten Zeit zu betreten, wenn man weiß, daß einem hier ein Cato oder ein Fabius Maximus oder einer von den Corneliern als Aedil mit eigener Hand das Wasser auf seinen Wärmegrad zu prüfen pflegte.

Welch bäuerlichen Wesens zeihen jetzt manche den Scipio,

weil er in sein Warmbad nicht durch große Fensterscheiben das Licht hineinließ, weil er sich nicht bei hellem Tage abkochte und im Bade blieb, bis er verdaut hätte. O dieser bedauernswerte Mann! Er verstand ja gar nicht zu leben. Er pflegte nicht in geklärtem Wasser zu baden, sondern oft in trübem und bisweilen, wenn es allzu heftig regnete, sogar in beinahe schmutzigem. Aber ihn kümmerte es nicht viel, ob er sich so badete. Denn er kam ja nur, um seinen Schweiß dort abzuwaschen, nicht aber Salbe. Ja, er badete sich nicht einmal täglich.

Denn wie die Schriftsteller, die von den alten Sitten Roms berichten, uns erzählen, wusch man sich damals zwar täglich Arme und Beine, an denen natürlich der Schmutz des Tagewerkes haftete; am ganzen Körper indessen badete man sich jede Woche nur einmal. Hier wird wohl mancher sagen, ‚ich wußte längst, daß sie Ferkel waren. Wie mögen sie gerochen haben?'. Nun, nach Waffenübung, nach Arbeit, kurz, nach Mannhaftigkeit! Seitdem die feinen Bäder erfunden worden sind, ist man viel schweiniger geworden."

Die Thermen Neros in Rom

Die Thermen des Nero sind uns nur durch zahlreiche Erwähnungen in der antiken Literatur sowie durch eine Zeichnung des Palladio überliefert. Wenn dieser Renaissancebaumeister auch noch einiges von den Bauresten der ersten gewaltigen „Kaiserthermen" gesehen haben muß, so ist seine Wiedergabe doch nur mit gewisser Skepsis als Bauaufnahme anzuerkennen. Im 16. Jh. wurden oft Wirklichkeit und Phantasie mit naiver Unbeschwertheit vermischt. Palladio wollte weder wissenschaftlich rekonstruieren noch kopieren. Die Ruinen in ihrer Großartigkeit gaben ihm vielmehr Anlaß zu eigenem Gestalten. Mit einer gewissen Sicherheit ist dieser Zeichnung aber zu entnehmen, daß es sich bei der Anlage zum ersten Mal um eine streng axiale Ge-

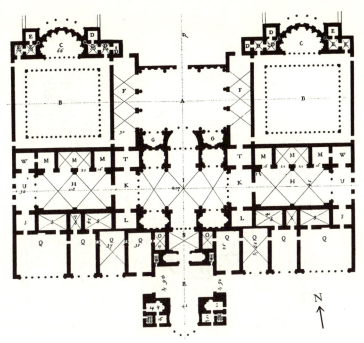

Z 18   Rom: Nerothermen, Plan von Palladio [134].

staltung handelte, deren wichtigsten Räume in Form von zwei Ringanlagen symmetrisch verdoppelt worden waren. *Suetonius* (75–150 n. Chr.) spricht in seinem Buch ›De vita Caesarum‹ sowohl über ein Gymnasium als auch über Thermen als Gebäude, die unter Nero errichtet wurden. Bisher wurde angenommen, daß es sich um zwei verschiedene Anlagen handelte. B. Tamm hat jedoch kürzlich nachgewiesen [188], daß im 1. Jh. die Bezeichnungen „Gymnasium" und „Thermen" sich noch häufig gedeckt zu haben scheinen. Der Ausdruck *thermae* ist eine Wortprägung, die im Sinne „große öffentliche Bäder römischer Art" wohl erst im letzten Drittel des 1. Jh. n. Chr. verwendet wurde.

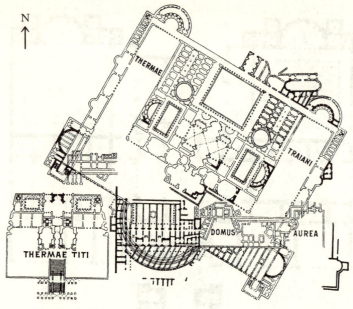

Z 19 Rom: Thermen des Titus, Trajans und Domus Aurea [134].

Auch Tacitus und Cassius Dio bezeichnen die von Nero eingeführten Spiele *graeco more* (nach griechischer Art) und sprechen von der großartigen Anlage, einem „Gymnasium", das für die Abhaltung der Spiele errichtet wurde. Es besteht eben in dieser Zeit noch keine eindeutige Differenzierung der Bezeichnungen, ein Umstand, der um so verständlicher wird, wenn wir das Suchen und Tasten nach typischen Bauformen für die neuen großen Badekomplexe – diese ureigene römische Konzeption, deren Programm damals noch nicht klar definiert war – betrachten.

Der Volksmund prägte den Ausspruch: *Quid Nerone peius? Quid thermis melius Neronianis?* (Was ist schlimmer als Nero? Was aber ist großartiger als Neros Thermen?) (*Martial* 7/34. – s. S. 126).

In den Kaiserbiographien schreibt *Sueton* [62] über die *domus aurea* (das Goldene Haus) des Nero: „Die größten Summen jedoch verschlang seine Bauwut. Er verlängerte den Kaiserpalast vom Palatin bis zum Esquilin ... Der Hauptspeisesaal war eine Rotunde, welche in einem fort Tag und Nacht sich wie das Weltall drehte. Die Bäder wurden teils mit Meerwasser, teils mit Wasser aus der Albula gespeist... Als Nero dieses Prachtgebäude einweihte, sagte er, um seine Zufriedenheit auszudrücken, bloß: ‚Jetzt fange ich doch endlich an, wie ein Mensch zu wohnen!'"

Das kaiserliche Privatbad, das sich Nero in Verbindung mit der *domus aurea* bauen ließ, ist durch einen Brand zerstört worden. Es wird vermutet, daß die *Titusthermen* – später als *Thermen des Vespasian* bezeichnet – auf den Grundmauern der abgebrannten Palastbäder des Nero errichtet wurden. Der Plan zeigt die Lage dieser Bäder. Sie wurden durch die Substruktionen der Trajansthermen weitgehend überdeckt. Interessant ist, daß es sich – ebenso wie bei den großen öffentlichen Bädern des Nero – um eine streng axiale Grundrißgestaltung handelt, bei der bereits die Mittelachse stark betont wird.

Zum ersten Mal findet man hier, dem *caldarium* vorgelagert, eine großzügig angelegte Terrasse in der Breite des gesamten Thermengebäudes. Zu dieser Terrasse führte eine auf die Mittelachse ausgerichtete imposante Treppenhalle. An der Seite des *frigidarium* liegen die Räume mit Umgängen auf allen vier Seiten. Zum Obergeschoß dieser Umgänge haben wohl die in gesonderten Treppenhäusern angelegten Stufen geführt.

Frühkaiserzeitliche Thermen

Bei der Identifizierung frühkaiserzeitlicher Bäder entstehen Schwierigkeiten dadurch, daß zahlreiche Bauten später erweitert und verändert wurden. Ein Teil wurde in nachrömischer Zeit überbaut, ein anderer dagegen zerstört. Nur wenige Anlagen

III. Die Entwicklung der römischen Bäder

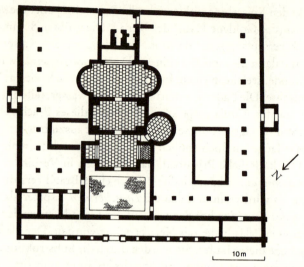

Z 20 Coriovallum (Heerlen): Erste Periode der Thermen [Iamar, De Romeinse Thermen, Heerlen 1981].

konnten bisher in ihrem Umfang und ihrer Ausstattung im Zustand der Entstehungszeit gesichert werden.

Hier sind vor allem die in der Schweiz freigelegten Bäder zu nennen wie die *Lagerthermen* von *Vindonissa* und die *Frauenthermen* in *Augusta Raurica*. Eine größere Badeanlage entdeckte man im ehemaligen Kastell *Coriovallum* (bei *Herleen*/Holland). Auf dem Grundrißplan hat man die erste Periode aus der Mitte des 1. Jh. n. Chr. besonders sichtbar gemacht. Eine verhältnismäßig gut erhaltene Badeanlage aus augusteischer Zeit in Italien sind die Bäder von *Fiesole*, dem antiken *Faesulae*, die bereits eine reizvolle Gestaltung der verschiedenen Räume zeigen.

Besonderer Erwähnung aus augusteischer Zeit bedürfen die verschiedenen, reich ausgestatteten Bäder der *Palastanlagen des Herodes* (bei *Bethlehem* und *Jericho*), vor allem diejenigen auf dem Felsen von *Masada* (Israel).

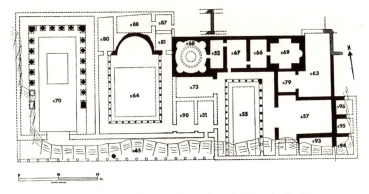

Z 21 Jericho: Bäder im Winterpalast des Herodes [160].
70 Empfangshalle mit Peristylhof (64), 55 Palästra des Reihenbades, 69 caldarium, 68 als frigidarium bezeichnet, nach Form und Ausstattung vermutlich ein laconicum, 67 Eingang (apodyterium), ebenso schwach beheizt wie 66 und 52 (tepidarium). Diese Räume entsprechen in Funktion und Anordnung der Vitruvschen concamerata sudatio.

Herodes hat beim Baden aber nicht nur Freuden erlebt. *Flavius Josephus* berichtet im ›Jüdischen Krieg‹ (I, Kap. 17, 7) [55] von einem schweren Gefecht, das der König zu führen hatte, und fährt fort: „Gegen Abend gestattete Herodes seinen abgekämpften Kriegern, sich zu erholen, und auch er selbst ging noch erhitzt vom Kampf baden wie ein gemeiner Soldat; ein einziger Diener war bei ihm. Und gerade wollte er den Baderaum betreten, da stürzte vor seinen Augen ein gegnerischer Soldat mit dem Schwert in der Hand heraus, dann nochmals einer und wieder einer und noch weitere. Sie hatten aus dem Kampf eben dort Zuflucht finden können und hatten sich dort starr vor Angst verborgen gehalten. Wie sie aber nun des Königs ansichtig wurden, da löste sich ihre Erstarrung, und sie eilten an dem waffenlosen Mann zitternd vorbei und gelangten zum Ausgang. Sonst war niemand da, der sie hätte fassen können, und so war Herodes zufrieden, daß er mit dem Leben davonkam. Deshalb konnten alle das Weite suchen."

III. Die Entwicklung der römischen Bäder

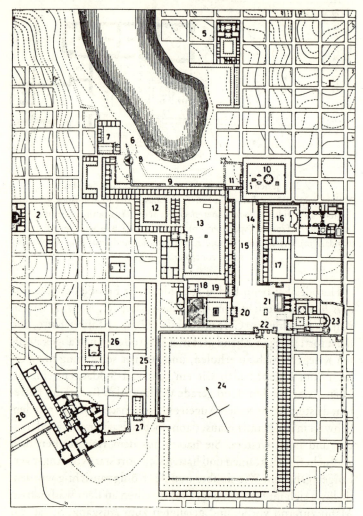

Z 22　Milet: Stadtkern. 5 römisches Bad (Ende erstes Jh. n. Chr.),
16 Capitothermen, 17 Eudemos-Gymnasium, 21 Nymphäum, 24 Südagora,
28 Faustinathermen [64].

Die *Bäder des Capito* in *Milet* sind seit ihrer Errichtung nicht wesentlich verändert worden und in ihrer Bausubstanz relativ gut erhalten geblieben. Allerdings bedürfen sie noch eingehender Untersuchungen. Der Stifter, Vergilius Capito, Prokurator von Asien und bekannt durch seine engen Beziehungen zu Milet, ist inschriftlich als Erbauer der Anlage, die als *balaneion* bezeichnet wird, genannt. Nach dieser Inschrift erfolgte die Stiftung zwischen den Jahren 47 und 54 n. Chr. während der Regierungszeit des Kaisers Claudius.

Der Standort lag in der Nachbarschaft von Hafen und Nordmarkt, und zwar am Ausgangspunkt der von Milet nach Didyma führenden Heiligen Straße. Die Anlage wird im Norden und Süden durch die älteren Bauten des Delphinions und des „Eudemos"-Gymnasion (vermutlich 2. Jh. v. Chr.) begrenzt. Ihr gegenüber liegt die nur durch ein Tor unterbrochene Ostmauer des Nordmarktes. Die nähere Umgebung scheint seit der frühen Kaiserzeit ein bevorzugtes Gelände für Bauvorhaben gewesen zu sein. Die Ausgestaltung des Nordmarktes, der Bau des sechzehnsäuligen „Hafentores" am Anfang der Heiligen Straße sowie deren Pflasterung sprechen ebenso dafür wie schließlich der Thermenbau selbst mit der vorgelagerten „Ionischen Halle". Mit dieser Halle verband Capito und in unmittelbarer Nachfolge Tiberius Claudius Sophanes Candidus die Thermen und das ältere „Eudemos"-Gymnasion, so daß anstelle der lockeren Bebauung eine Säulenfassade von fast 100 m Länge entstand.

Die Badeanlage besteht aus einer etwa 38 × 38 m großen Palästra, an deren Ostwand das Bad anschließt: ein rechteckiger Komplex von ca. 43 m Breite und knapp 58 bzw. 57 m Seitenlänge. Die Palästra wird von 4 zweigeschossigen Säulenhallen umgeben; die östliche Halle, um ein Joch aus der Flucht hervorgezogen, bildet einen Halbkreis, in den ein Kaltwasserbecken eingelassen ist. Vier Eingänge führen jeweils in drei nebeneinanderliegende Räume, von denen der mittlere heizbar war. Es folgen dahinter das große, üppig gestaltete *caldarium* mit symmetrisch angeordneten Heißbaderäumen auf beiden Seiten, von denen der eine Raum sicherlich ein *laconicum* war.

Die Errichtung des *Hafengymnasium* von *Ephesos* fällt in die Regierungszeit des Domitian. Leider ist diese Anlage erst zu einem kleinen Teil freigelegt. Der gesamte Bau ist 360 m lang. Er enthält zwei Palästren, von denen die eine 90 × 90 m und die andere, wesentlich größere 200 × 240 m mißt. Die Anlehnung an die hellenistischen Gebäude dieser Art ist unverkennbar. Deshalb wäre es wichtig, auch die Badeanlage in ihren Einzelheiten kennenzulernen. In einer Stadt wie Ephesos muß die Tradition des Gymnasion noch sehr lebendig gewesen sein (s. S. 75).

Die Vesuvstädte

Die vollständige Verschüttung dieser Städte am 24. August des Jahres 79 n. Chr. durch den Vesuvausbruch hat der archäologischen Forschung die Chance gegeben, das im plötzlichen Tod erstarrte Leben dieser Zeit durch sorgfältige Freilegung und Konservierung des Bestandes unseren Augen aufzuzeigen. Wir haben dadurch auch die Möglichkeit des Vergleichs der zu gleicher Zeit in Rom entstandenen Bäder mit denen in den Provinzen. Die *Zentralthermen* in *Pompeji* entstanden z. B. zur gleichen Zeit wie die *Titusthermen* in *Rom*. In dieser Periode wurden auch die Bäder in *Aventicum (Avenches)* und die Bäder von *Aguntum (Lienz)* erbaut, ebenso die *Neptunsthermen* in *Ostia*, die wegen ihrer besonders schönen schwarzweißen Fußbodenmosaiken berühmt geworden sind. Die Zentralthermen in Pompeji und die Neptunsthermen in Ostia sind wichtige Beispiele dafür, daß der Reihentyp auch für größere Anlagen bis weit in das 1. Jh. n. Chr. verwendet wurde.

Die Entdeckung von *Pompeji* verdankt man Erdarbeiten im Sarnotal im 16. Jh. In jener Zeit baute man einen Ableitungska-

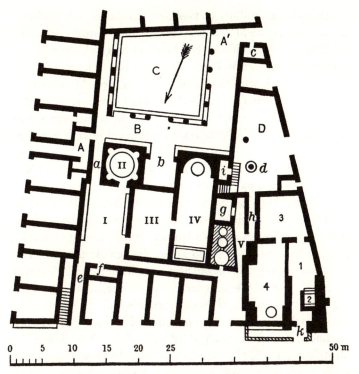

Z 23 Pompeji: Forumsthermen. I apodyterium, II frigidarium (laconicum), III tepidarium, IV caldarium, 1–4 Frauenbäder, A, B, C Palästra [106].

nal vom Sarno, der mittels eines Stollens durch den Stadthügel getrieben wurde. Dabei stieß der leitende Ingenieur Domenico Fontana auf zahlreiche Bauten mit freskogeschmückten Wänden und sogar auf einige Inschriften. Aber an eine Auswertung ging man erst in bourbonischer Zeit, etwa ab der Mitte des 18. Jh.

Die Bodenschwelle, auf der die Stadt erbaut wurde, liegt etwa 40 m über dem Meer. Sie besteht aus einem erstarrten Lavastrom, der einem der Krater des Vesuv in vorgeschichtlicher Zeit entfloß. Die Unebenheiten dieses Lavastroms wurden später durch Schichten tuffartigen Gesteins und andere, mit Asche und Lapilli vermischte Materialien vulkanischer Natur – vermutlich bei kleineren Ausbrüchen zwischen dem vorgeschichtlichen und demjenigen von 79 n. Chr. – ausgeglichen. Die Bodenfläche senkt sich stark von Norden nach Süden, dem Meer und dem Lauf des Sarno zu. Der vorgeschichtliche Lavastrom war südlich des späteren Stadtgebietes erstarrt und bildete mit seiner senkrecht abfallenden Südseite ein natürliches Bollwerk gegen das Meer.

Der einzig ebene Teil der Stadt ist das äußerste westliche Viertel, auf welchem das Forum und die anderen öffentlichen Gebäude lagen. Die Hauptstraßenachse folgt dem steilsten Gefälle, wahrscheinlich in einer Senke des Lavastromes angelegt. Die Stadtmauern folgen dem Verlauf des frühen Lavastromes. Die gesamte Ringmauer ist 3,2 km lang, die bewohnte Fläche etwa 65 ha groß. Das große Forum liegt heute keineswegs im Zentrum des Stadtgebietes. Das liegt daran, daß Pompeji in der ersten Zeit nach seiner Gründung als Stadt (vermutlich durch Etrusker, die das oskische Dorf umformten) sehr viel kleiner war. Man bezeichnet dieses frühe Stadtgebiet, das schon seit geraumer Zeit identifiziert worden ist, als *urbs quadrata*. Diese Kernstadt hatte wenige, sich rechtwinklig schneidende Straßen mit einem wesentlich kleineren zentralen Platz als das heutige Forum, aber an derselben Stelle. Erstmals in griechischer Besatzungszeit, später von den samnitisch-hellenistischen Bewohnern wurde das Stadtgebiet so vergrößert, wie es im Jahre 79 bei der Zerstörung bestand.

Z 23 In unmittelbarer Nähe des Forums befinden sich die heute als *Forumsthermen* bezeichneten kleinen Bäder. Sie sind jedem Pompejibesucher bekannt, weil auf einem Teil ihres Geländes heute ein Restaurant steht. In der bei der Freilegung vorgefundenen Form bestand das Männerbad aus der üblichen Reihung von *apodyterium – tepidarium – caldarium*. Vom Auskleideraum aus konnte man in das *frigidarium* gelangen, einen Rundraum mit großem Schwimmbecken.

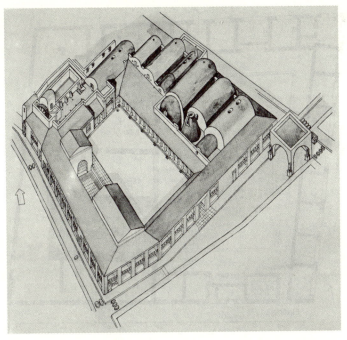

Z 24   Pompeji: Stabianerthermen aus der Vogelschau [104].

Auf dem Weg vom Forum zur Via di Stabia gelangt man sehr bald zu jenen bekannten Bädern gleichen Namens *(Stabianer Thermen)*, von denen in unserem Text schon mehrmals die Rede war. Auch hier sind einige Räume wieder so instand gesetzt, daß man einen lebendigen Eindruck von einer alten Badeanlage erhält. Im ersten Stadium handelte es sich um ein griechisches Gymnasion, das im 5. Jh. v. Chr. vor den Toren der *urbs quadrata* angelegt wurde. Im Verlaufe der Jahrhunderte wandelte sich diese Sportanlage mit kleinem Einzelwannenbad zur römischen Thermenanlage, deren Reste wir heute noch sehen. An keiner anderen Stelle läßt sich die Entwicklungsgeschichte vom griechischen Gymnasion über die hellenistische Periode bis zu

III. Die Entwicklung der römischen Bäder

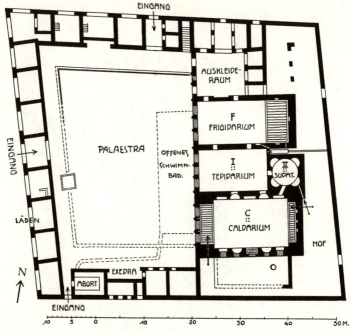

Z 25   Pompeji: Zentralthermen [134].

den römischen Thermen besser verdeutlichen. Allerdings handelt es sich um stetige Umbauten, die sich den Gegebenheiten immer von neuem anzupassen hatten.

Eine von Anfang an römisch konzipierte Anlage, die sich im Jahr der Zerstörung noch im Bau befand, sind die *Zentralthermen*. Sie liegen an der Kreuzung der Via di Stabia und der Via di Nola.

T 48a   An der Via dell'Abondanza befinden sich überdies die recht gut erhaltenen Bäder der *Villa der Julia Felix* mit zahlreichen interessanten technischen Details. Hier handelt es sich wohl um Privatbäder im Zusammenhang mit dem danebenliegenden Gasthof.

Als *republikanische Thermen* wird eine Anlage bezeichnet, von der heute leider nur noch Grundmauern und vereinzelte Fußbodenplatten sowie Teile der Heizung sichtbar sind. Diese Bäder sind von A. Maiuri [33] untersucht und publiziert worden. Sie sind in technikgeschichtlicher Hinsicht von höchstem Interesse. Im Jahre 79 waren sie als Thermen nicht mehr in Gebrauch.

Als *balnea* sind sicherlich die *Sarnobäder* zu bezeichnen. Außerhalb der Mauern befanden sich laut einer Inschrift die *Heilbäder des Crassus Frugi*. Obwohl nicht anzunehmen ist, daß in den wenigen noch nicht ausgegrabenen *insulae* noch andere öffentliche Bäder vorhanden sind, läßt sich dies mit Gewißheit erst nach der Untersuchung des gesamten Stadtgebiets sagen. Es würde zu weit führen, an dieser Stelle alle Privatbäder, die in Pompeji gefunden worden sind, aufzuführen. Darunter befinden sich sehr schön ausgestattete, gut erhaltene Anlagen wie diejenige im *Haus des Menander*. Dieses Bad soll im Abschnitt über die Privatbäder näher betrachtet werden (s. S. 192).

In *Herculaneum* wurden zwei öffentliche Bäder gefunden, die Stadt- und die *„suburbanen"* Thermen. Die Stadtthermen sind eine größere Anlage mit getrennten Männer- und Frauenbädern und einer Palästra. Die Baderäume haben schöne Mosaikfußböden mit Motiven der Meeresfauna.

Unterhalb der Stadtmauer an der Porta Marina liegen die *suburbanen (Vorstadt-)Thermen*. Sie boten bei der Ausgrabung besondere Schwierigkeiten, sie sind aber gut erhalten und geben deshalb ein lebendiges Bild der Architektur und der Raumgestaltung von Thermen einer wohlhabenden Provinzstadt.

Die suburbanen Thermen haben keine nach Geschlechtern getrennten Baderäume. An Besonderheiten weisen sie als Eingang eine Vorhalle in Form eines Atriums auf, geschmückt mit einer Apollostatue. Das Licht fällt von oben ein. Anschließend dient

T 36a

ein Saal als Ruhe- und Aufenthaltsraum. Ein weiterer Raum ist ein zentral gelegener Wartesaal. Er zeigt bemerkenswerte Marmor- und Stuckdekorationen an den Wänden und ringsum eine Reihe marmorner Sitze. Von hier gelangt man in die üblichen Baderäume.

In diesem Zusammenhang ist auf die beiden großen Palästren in Pompeji und Herculaneum hinzuweisen, die zusätzlich zu den Palästren der Thermen Sport und Spielen der Bevölkerung dienen.

T 11a
T 11b

Stabiae, als Siedlung und Hafen besonders günstig gelegen, wurde als Stadt im Bundesgenossenkrieg durch Sulla (89 v. Chr.) wohl wegen seiner strategischen Bedeutung zerstört. Ende der republikanischen und anfangs der kaiserlichen Zeit wandelte sich das ehemalige Stadtgebiet in einen eleganten Villenort. So förderten die Ausgrabungen der 79 n. Chr. verschütteten Gebäude einige ausgedehnte, prächtige Villen zutage, von denen die *Villa von „S. Marco"* eine weitläufige Badeanlage aufweist.

Die jüngsten umfangreichen Ausgrabungen galten einem sehr großen Villenkomplex in *Oplontis (Torre Annunziata)*, als deren Besitzerin man Neros Frau Poppaea vermutet. Die Villa weist eine luxuriöse Badeanlage mit einer im Freien gelegenen großen *natatio* auf.

Zeitgenossen über die Bäderbauten

Den Werken verschiedener antiker Schriftsteller wie Seneca, Martialis und P. Papinius Statius können wir die Wandlung der Bäder von bescheidenen, kleinen Anlagen zu üppig ausgestatteten Raumgruppen der Kaiserzeit mit Wasserfülle und raffinierten Heizanlagen entnehmen. *Martialis* [57] spricht in den höchsten Tönen von dem neugebauten Bad seines Freundes Etruskus, eines reichen Unternehmers:

Badest du nicht in Etruskus' Thermen,
Oppian, so stirbst du ungebadet!
So wird dir kein anderes Wasser wohltun...
Nirgends bietet sich so klarer, heiterer Himmel:
Länger dauert sogar des Tages Licht hier
Und verschwindet an keinem Orte später.
Vom Taygetus grünet dort der Marmor;
Dort wetteifert Gestein in buntem Schmucke,
Das der Libyer und der Phryger ausgrub
Fettig haucht der Onyx trockene Glut aus,
Serpentin wärmt gelinde Flamme.
Wenn Lakonergebräuche dir gefallen,
Kannst Du, mit dem Heißluftbade dich begnügend,
In die Virgo oder Marcia tauchen,
Die so frisch und klar glänzend blinket,
Daß kein Wasser du dort wähnen solltest,
Sondern glaubst, der leere Marmor schimmere.
(Epigr. VI, 42)

Die *virgo* und *marcia* sind Wasserleitungen (s. S. 145), aus denen die *natatio,* das Schwimmbecken, gespeist wurde, in die man nach dem Heißluftbad tauchte.

P. Papinius Statius schildert in den ›Silvae‹ ebenfalls das Bad des Etruskus: „Nicht geduldet ist hier thasischer Marmor oder der vom wogenumspülten Karystos; fern trauert der Onyx, und es klagt, weil er ausgeschlossen ist, der Serpentin. Nur das in den rötlichen Brüchen Numidiens gewonnene Purpurgestein darf hier strahlen, oder das, das in der synnadischen Grotte in Phrygien der verwundete Attis mit rotleuchtenden Tropfen bespritzt zu haben scheint. Sidonischer Marmor zugleich mit dem tyrischen durchschneidet das weiße Gestein.

Kaum findet der lakonische Marmor Platz, durch grüne Streifen in weitem Abstand den phrygischen zu gliedern. Dem steht die Schwelle nicht nach; auch die Wölbungen funkeln, und von buntem Glasmosaik strahlt die Decke in lebenssprühenden Bildern. Das Feuer selbst, das solche reichen Schätze umschließt, staunt und waltet schonender seines Amtes.

Überall ist heller Tag, wo mit all ihren Strahlen die Sonne die Wölbung durchbricht und, als Eindringling, von künstlicher Hitze versengt wird. Nichts ist hier ärmlich, nirgends wirst du Kupfer bemerken, sondern aus Silber drängt sich die glückliche Woge hervor, in Silber fällt sie und in (silber-)glänzenden Bekken bleibt sie stehen, ihre eigene Herrlichkeit bewundernd, und weigert sich, sie zu verlassen. Draußen aber der Strom, der bläulich in weißem Marmorrande quillt und vom tiefsten Grunde bis zur Oberfläche vor dir liegt: wen sollte er nicht verlocken, die lästigen Kleider abzuwerfen und in den (künstlichen) See hinabzusteigen?

Was soll ich jetzt noch das am Boden hingebreitete Getäfel preisen, das bald den Aufschlag der Bälle hören soll, da wo ein mildes Feuer in seinem (unterirdischen) Wohnsitz herumirrt und die Bodenheizung ihren dünnen Rauch dahinwälzt?"

Seneca schreibt um die Mitte des Jahrhunderts: „... manches ist, wie wir wissen, erst zu unserer Zeit hervorgetreten, wie die Anwendung von Fensterscheiben, wie die Unterheizung der Bäder und die in die Wände eingebauten Heizröhren."

Dieser Text, der manche Verwirrung geschaffen hat, ist sicherlich in dem Sinne auszulegen, daß die aufgeführten Neuerungen in seiner Zeit erstmalig in größerem Umfang bei den Badebauten eingesetzt wurden, aber nicht, daß sie zu diesem Zeitpunkt erfunden worden sind.

Aulus Cornelius Celsus, ein römischer Enzyklopädist zur Zeit des Tiberius, gibt in seinen medizinischen Schriften Ratschläge für das Verhalten vor und nach dem Bade: „Ob sich jemand vor oder nach dem warmen Bad salben soll, dürfte er am besten aus seinem Gesundheitszustand erkennen. Gewöhnlich aber soll man, wenn nicht ausdrücklich verordnet ist, es erst später tun; gleich nach Erregung des Schweißes den Körper leicht salben, dann erst steigt man ins Warmbad. Nach dem Bad muß man den

Körper mit Öl salben, um zu verhindern, daß er mehr als nötig von der Luft durchweht wird, damit vielmehr die Poren der Haut geschlossen werden. Eben dies dürfte ein Heilmittel gegen die Sprödigkeit der Haut und zugleich gewissermaßen ein Panzer gegen die Schädigung durch die umgebende Luft sein."

IV. TRAJAN UND DIE TRAJANSTHERMEN

Trajan ist der erste in der Reihe der bedeutenden Herrschergestalten des 2. Jh. n. Chr., der erste Römer aus der Provinz Hispania auf dem Kaiserthron. Er dehnt die Grenzen des Reiches durch siegreiche Feldzüge in Germanien, Dakien und Kleinasien aus. Er festigt die Pax Romana, die die Freizügigkeit der Bewohner des Imperiums mit ihrer Mobilisierung menschlicher Energien sichert und den Güter- und Gedankenaustausch zwischen den Provinzen des Reichs sich entfalten läßt. Spanier, Männer aus Südfrankreich und aus Kleinasien werden neue Mitarbeiter mit Sachkenntnis und Entschlußkraft. Diese *homines novi* vermehren das Potential der Führungskräfte.

Der Briefwechsel zwischen Trajan und Plinius

Trajan hatte seinen Freund Plinius den Jüngeren als kaiserlichen Bevollmächtigten in die Senatsprovinz Bithynien geschickt. Wir bringen einige Briefe aus dem Schriftwechsel zwischen den beiden [60]. Diese Briefe werfen nicht nur Schlaglichter auf den Bäderbau. Sie geben auch ein anschauliches Bild von den Lebensverhältnissen in Kleinasien, von den Reisen eines kaiserlichen Statthalters und nicht zuletzt von den Problemen, die ein fähiger Manager (Trajan) mit seinem Prinzip der Delegation von Verantwortung an einen oft zaghaften, übervorsichtigen, manchmal verantwortungsscheuen Delegierten (Plinius) hat. In den ca. 1800 Jahren, die seitdem verflossen sind, hat sich dieses Problem kaum geändert.

Briefwechsel zwischen Trajan und Plinius

C. Plinius an Trajan (10. Brief):

„So zuträglich für meine Gesundheit, o Herr, die Reise zu Schiffe bis Ephesus war, wurde ich doch von da an, als ich meine Reise im Wagen zu machen begann, von der höchst drückenden Hitze und auch von einem leichten Fieber geplagt und verweilte (deshalb) zu Pergamus. Als ich mich nun abermals kleinen Küstenschiffen anvertraute, ward ich durch widrige Winde aufgehalten und langte erst ziemlich später, als ich gehofft hatte, nämlich am 17. Dezember in Bithynien an. Indes kann ich mich über den Verzug nicht beklagen, da mir, was für mich von bester Vorbedeutung war, das Glück zuteil ward, Deinen Geburtstag in der Provinz zu feiern. Gegenwärtig untersuche ich den Aufwand, die Einkünfte und das Schuldenwesen derer von Prusa, wovon ich die Notwendigkeit im Verlauf der Sache selbst mehr und mehr einsehe. Denn viele Gelder werden aus verschiedenen Ursachen von Privatpersonen zurückgehalten; außerdem wird gar manches auf ganz unstatthafte Weise verwendet. Dieses habe ich Dir, Herr, sogleich bei meinem Eintreffen berichten wollen. Am 17. September kam ich, o Herr, in die Provinz, welche ich in dem Gehorsam, in der Treue gegen Dich, welche Du von der ganzen Welt verdienst, angetroffen habe. Ermiß selbst, o Herr, ob Du es für notwendig hältst, einen Baumeister hierher zu schicken. Denn nach meiner Ansicht könnten von den Bauunternehmern, wenn gewissenhaft (nach-)gemessen würde, keine unbedeutenden Summen zurückgefordert werden. Dies sehe ich wenigstens jetzt schon aus der Rechnung der Prusier, welche ich mit Maximus durchgehe."

Trajan an Plinius (29. Brief):

„Die Bewohner der Provinz, glaube ich, werden sich überzeugen, daß ich für sie gesorgt habe, denn Du wirst Dich bemühen, ihnen klarzumachen, daß ich Dich erwählt habe, um meine Stelle bei ihnen zu vertreten. Vor allem hast Du die öffentlichen Rechnungen zu untersuchen; denn es ist sattsam bekannt, wie unordentlich bei diesen verfahren wurde. Baumeister habe ich kaum für die Arbeiten, welche zu Rom oder in der Nähe auszuführen sind, in hinreichender Zahl; allein man findet deren in jeder Provinz, denen man trauen kann, und deshalb wird es auch Dir nicht daran fehlen, wenn Du Dich nur genau erkundigst."

Plinius an Trajan (34. Brief):

„Die Prusier, Herr, haben ein schmutziges und altes Bad. Sie wünschen es daher, mit Deiner Bewilligung, wiederherzustellen. Da ich indes dafür halte, daß es ganz neu gebaut werden sollte, so bin ich der Meinung, Du könntest ihrem Wunsche willfahren. Denn das Geld hierzu wird vorhanden sein; fürs erste das, welches ich von Privatpersonen zurückzufordern und beizutreiben bereits begonnen habe. Sodann sind sie bereit, das, was sie sonst für Öl zu verwenden pflegen, zur Erbauung des Bades herzugeben: ein Werk, welches ja auch die Würde der Stadt und der Glanz Deines Jahrhunderts erheischt."

Trajan an Plinius (35. Brief):

„Wenn die Herstellung eines neuen Bades den Kräften der Prusier keine (weitere) Last auflädt, so können wir ihrem Wunsche willfahren, nur daß sie deshalb keinerlei Umlage machen oder sich für die Zukunft ein Mangel bei notwendigen Ausgaben herausstelle."

Plinius an Trajan (46. Brief):

„Herr, die Nikomedier haben 3 329 000 Sesterzen auf eine Wasserleitung verwendet, welche bis jetzt noch unvollendet geblieben und sogar bereits wieder eingefallen ist; wiederum sind für eine andere Leitung 2 Millionen aufgewendet worden. Da auch diese wieder liegengeblieben ist, so bedarf es eines neuen Aufwandes, um Wasser zu erhalten, nachdem sie eine so große Summe zwecklos verschleudert haben. Ich selbst kam zu einer sehr klaren Quelle, aus welcher sich nach meiner Ansicht das Wasser, wie man es anfangs versucht hatte, herleiten läßt, aber über Schwibbogen, damit es nicht bloß in die ebenen und niedrig gelegenen Stadtteile komme. Es sind noch einige wenige Bogen vorhanden; einige kann man auch aus den Quadern aufführen, welche von dem vorigen Werk dazugenommen werden; ein Teil wird meines Erachtens aus Backsteinen zu erbauen sein: denn das ist leichter und wohlfeiler. Vor allem aber ist es nötig, daß Du einen Wasserbaukundigen oder Bauverständigen absendest, auf daß nicht wieder geschehe, was schon geschehen ist. Nur das versichere ich Dich, daß der Nutzen und die Schönheit des Werkes Deiner Zeit vollkommen würdig ist."

Trajan an Plinius (47. Brief):

„Man muß sorgen, daß Wasser in die Stadt Nikomedia geleitet werde. Ich bin fest überzeugt, daß Du dieses Werk mit aller erforderlichen Sorgfalt in die Hand nehmen werdest. Allein es gehört, bei den Göttern, zu dieser Deiner Sorgfalt auch das, was Du untersuchst, durch welcher Leute Schuld die Nikomedier bei diesem Werke soviel Geld verschwendet haben, damit sie nicht, um einer dem anderen gefällig zu sein, Wasserleitungen (zu bauen) anfangen und dann wieder liegenlassen. Was Du daher hierüber in Erfahrung bringst, laß zu meiner Kenntnis gelangen!"

Plinius an Trajan (48. Brief):

„Die Nicäer haben gleichfalls das vor meiner Ankunft vom Feuer verzehrte Gymnasium weit größer und geräumiger wiederherzustellen begonnen, als es zuvor gewesen war. Sie haben auch bereits ziemliche Kosten aufgewendet, nur ist zu befürchten, mit wenig Nutzen; denn es ist unregelmäßig und hängt nicht zusammen. Überdies behauptet der Baumeister – freilich ist er ein Nebenbuhler dessen, von welchem das Werk begonnen wurde –, die Wände, obwohl 22 Fuß (6,50 m) breit, könnten die auf ihnen ruhenden Lasten nicht tragen, weil sie inwendig nicht mit Mörtel ausgefüllt und von außen nicht mit Backsteinen bekleidet seien. Auch die Einwohner von Claudiopolis bauen oder graben vielmehr auf einem tiefgelegenen Platze dicht an einem Berge ein großes Bad aus, und zwar von demjenigen Gelde, welches die Bouleuten durch Deine Huld für ihren Einstand bereits bezahlt haben oder auf mein Verlangen noch erlegen werden. Da ich also fürchte, es möchte dort das öffentliche Geld und hier –

was köstlicher ist als alles Geld – Deine Vergünstigung übel angewendet werden, so sehe ich mich genötigt, Dich zu bitten, nicht allein wegen des Theaters, sondern auch wegen dieser Bäder einen Bauverständigen zu senden, um zu entscheiden, ob es nützlicher sei, nach dem bereits gemachten Aufwand dieser Werke, so gut es sich tun läßt, auf Grund des ursprünglichen Planes zu vollenden oder das zu Verbessernde zu verbessern, das, was einer Versetzung bedürftig, zu versetzen, damit wir nicht, indem wir das bereits Aufgewendete erhalten wollen, das schlecht verwenden, was noch daraufzulegen ist."

Trajan an Plinius (49. Brief):

„Die Griechlein hängen nun einmal an den Gymnasien; vielleicht haben deshalb die Nicäer die Erbauung eines solchen mit so großer Hastigkeit unternommen; allein sie müssen sich mit dem begnügen, was für sie ausreichen kann. Was denen zu Claudiopolis bezüglich des Bades, welches sie – wie Du schreibst – an einem so wenig tauglichen Platz angefangen haben, zu raten ist, das entscheide Du selbst. An Bauverständigen kann es Dir nicht fehlen. Es gibt keine Provinz, die nicht erfahrene und talentvolle Männer hätte; nur glaube nicht, daß es kürzer sei, solche von Rom aus zu senden, da sie ja in der Regel aus Griechenland zu uns kommen!"

Betrachten wir nun die Trajansthermen, die der Kaiser neben anderen großen Bauten in Rom (Trajansforum, Trajanssäule) und anderen Städten dem Imperium Romanum hinterlassen hat.

Die Trajansthermen in Rom

In den 1974 publizierten ›Untersuchungen an den Trajansthermen zu Rom‹ gibt Kjeld de Fine Licht einen guten Überblick über den gegenwärtigen Stand der Kenntnisse bezüglich dieser für die Entwicklungsgeschichte der Thermen so wichtigen Anlage. Er schreibt: „Wie bekannt, spielen die Trajansthermen auf

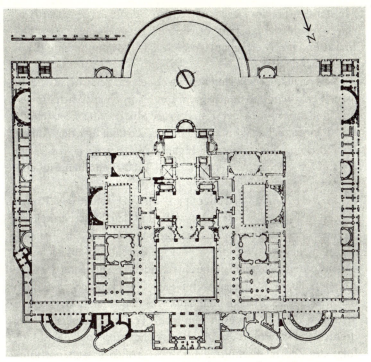

Z 26 Rom: Trajansthermen (die schwarz angelegten Mauern sind noch erhalten, oft bis zu beachtlicher Höhe) [188].

dem Colle Oppio in Rom in manchen Beziehungen eine wichtige Rolle in der Architekturgeschichte der Antike. Chronologisch läßt sich die Anlage besser festlegen als der größte Teil der römischen Monumente: Ein Anfang der 30er Jahre des 20. Jh. gefundenes Fragment der ›Fasti Ostienses‹ gibt das Einweihungsdatum an: X k. iul. imp. Nerva Trajanus. Caes. Aug. Germ. Dacicus thermas. suas. dedicavit et publicavit (22. Juni 109 n. Chr.)..."

„Nach Cassius Dio (69,4) ist Apollodoros aus Damaskus als der Architekt des ‚Gymnasium' anzusehen, der ebendaselbst als

Meister von Trajans Forum und einem Odeum erwähnt wird; ersteres wurde wenige Jahre nach den Thermen eingeweiht. Der Markt und die Thermenanlage sind als Hauptmonumente Roms zu betrachten."

T 18   Die Trajansthermen sind heute weitgehend zerstört. So viel ist
T 19 jedoch erhalten, daß die Reste, wenn man sich auf Mitteilungen und Registrierungen der Renaissance stützt, eine Feststellung des ursprünglichen Umfangs und der Grundzüge der Anlage ermöglichen. Die äußeren Hauptmaße betrugen insgesamt etwa 337 × 296 m, was etwa 1140 × 1000 römischen Fuß entspricht.

„Im Verhältnis zu den älteren großen Thermenanlagen Roms, den Nerothermen auf dem Marsfeld und den Titusthermen am Südhang des Colle Oppio, unmittelbar westlich der Trajansthermen, bietet Apollodoros' Anlage durch ihre abweichende Orientierung gleichzeitig eine entscheidende Änderung dar. Die früheren Thermenanlagen waren nach den Himmelsrichtungen orientiert, was auf dem Marsfeld von dem hier herrschenden Stadtplan diktiert gewesen sein mag. Trajans Baumeister aber drehte den Plan um 36°, wodurch erreicht wurde, daß die Raumfolge des Zentralabschnittes mit ihren großen Fassadenöffnungen nach Südwesten gerichtet wurde." Der Zweck dieser Vorkehrung, die bei späteren Anlagen wiederzufinden ist, ist vor allem der gewesen, die Wärme der Strahlen der späten Nachmittagssonne bestmöglich auszunützen. Dieser Wunsch ist offensichtlich vorherrschend gewesen. Er hat allerdings erhebliche Fundamentierungsarbeiten erfordert.

Bekanntlich sind die Trajansthermen teilweise auf dem Esquilin – anstelle der Domus Aurea – aufgeführt. Auch andere Gebäude des Gebietes können durch den Bau der Thermenanlagen verschwunden sein. Trajans Zuschüttung von Neros Palast war teils eine klare und zweifellos populäre politische Geste, teils erzielte er eine vorzügliche und hochgelegene Baustelle. Seinerzeit muß die Thermenanlage eine monumentale Wirkung ausgeübt

Die Trajansthermen in Rom

haben, wie sie auf dem Oppiushügel emporragte, nicht zuletzt, wenn man sie vom Tale aus beim Amphitheater der Flavier anschaute.

Wie beim Forum Traiani spielt in der Komposition der Anlage die Exedra die allergrößte Rolle. Es ist deutlich zu sehen, daß alle vier halbkreisförmigen Vorbauten als abschließender Blickpunkt im Verhältnis zu einem der offenen Gebiete der Anlage angebracht sind. Z 19 Z 26

Durch ihre Lage innerhalb der Stadt neben der dichtbebauten Subura sind der Thermenanlage Besucher und Benutzer in reichlichen Mengen sicher gewesen. Fragmente der *Forma Urbis* und *Juvenals* Satiren schildern das Gedränge des Wohnviertels. „Als Trajan zu seinen Thermen den Grundstein legte, befand sich das Reich in fast jeder Hinsicht auf dem Gipfel des Ruhmes. Für die Durchführung des Planes standen unermeßliche Mittel zur Verfügung, und die erwähnte Entstehungszeit von nur 5 Jahren ist als bemerkenswert kurz zu bezeichnen." Die organisatorische und bautechnische Leistung, die um so höher zu bewerten ist, als in Rom gleichzeitig andere umfassende Anlagen aufgeführt wurden, besitzt ihre bedeutendste Voraussetzung in der intensiven Bautätigkeit, die sich in den vorherigen Jahrzehnten in der Hauptstadt und ihrer Umgebung entfaltet hatte. Seit Neros Regierungszeit muß das kaiserliche Bauwesen ganz einzigartige Erfahrungen gesammelt und ständig verbessert haben.

Die Trajansthermen zeichnen sich dadurch aus, daß sie in neuerer Zeit nur wenig überbaut gewesen sind. Nollis Karte von Rom 1748 zeigt, daß es damals auf der nordwestlichen Seite in Verbindung mit den Ruinen einzelne Gebäude gab. Bei der Umgestaltung des Gebietes in den dreißiger Jahren des 20. Jh. wurden die Häuser in der westlichen Ecke der Anlage beseitigt. Außerhalb des allgemein zugänglichen Gebietes befindet sich die mit kleineren Privathäusern aus neuerer Zeit schwach überbaute nördliche Ecke der Thermenanlage.

Eine derartige Anlage wie die Trajansthermen steht im

schroffen Gegensatz zu der dem Gelände so vorzüglich angepaßten Gymnasionarchitektur der Bauten in *Pergamon*. So wie diese Gestaltung einen Höhepunkt hellenistischer Architektur darstellt, so ist auf der anderen Seite an dem Beispiel der Trajansthermen in ihrer ersten, schon nahezu vollendeten Formung die römische Mentalität zu erkennen. Dieser erste große kaiserzeitliche Typus blieb noch nach Jahrhunderten das Vorbild für die Raumformung repräsentativer Bauten. Das, was sich bereits unter Nero entwicklungsgeschichtlich ankündigte, konnte in seiner weit in die Zukunft greifenden, großzügigen und funktionsvollkommenen Gestaltung nur durch das Zusammenspiel zweier bedeutender Persönlichkeiten, des kaiserlichen Bauherrn und seines Architekten, realisiert werden.

Daß Apollodoros nicht nur ein bedeutender Gestalter war, sondern ebenso ein Ingenieur von außergewöhnlichen Fähigkeiten, hatte der Bau der *Brücke über die Donau* bei *Debrecen* (Ungarn) erwiesen. Außerdem waren die technischen Voraussetzungen zu derartig komplexen Bauvorhaben in den vergangenen Jahrzehnten geschaffen worden. Die Vereinigung dieser vielfältigen Umstände ermöglichte in den Trajansthermen die erste eindrucksvolle Gestaltung großer Raumkompositionen.

Wie wir heute erkennen können, ist das blockartig angelegte Hauptgebäude der zentrale Akzent der gewaltigen Anlage, obwohl im Gesamtkomplex die große Terrassenpalästra mit dem zweigeschossigen Umfassungsgebäude und den eindrucksvollen Exedren eine wesentliche Rolle spielt, die aus dem griechisch-hellenistischen Erbe der gymnasialen Institutionen seit neronianischer Zeit in die spezifisch römische Thermenarchitektur integriert worden war.

Für den Römer ist aber das Badegebäude nach wie vor das Wesentliche, derjenige Teil, der der Gesamtanlage den Namen gab: *thermae* – warme Bäder; Wärme, nicht nur des Wassers, sondern auch der Raumluft, wird offensichtlich mehr und mehr als die wichtigste Funktion des Hauptgebäudes angesehen.

Die betonte Mittelachse, architektonisch besonders hervorgehoben, umfaßt *natatio, frigidarium, tepidarium* und *caldarium*. Senkrecht zu dieser Achse steht die symmetrisch gedoppelte Raumfolge, bestehend aus denjenigen Räumen, die nicht dem unmittelbaren Badevorgang dienten wie *apodyterion*, Gesellschaftsräume und gedeckte Sportanlagen.

Gymnasion und Palästra

In unseren Schilderungen von Badeanlagen finden sich fast immer die Bezeichnungen *Gymnasium* (griechisch *gymnasion*) und *Palästra*. Sie sind Teil dieser Anlagen. Einige Bemerkungen zur Entwicklungsgeschichte des griechisch-hellenistischen *gymnasion* mögen sein Wesen und seine Verbindung mit den Badeanlagen erklären. Diese Verbindung ergibt sich häufig bei Anlagen im vorwiegend griechisch beeinflußten Teil Kleinasiens. Wir bezeichnen heute diese Form als *Thermengymnasium*.

Durch die antike Literatur wird das Vorhandensein zahlreicher Gymnasien in Großgriechenland überliefert. Von diesen Anlagen konnten bisher nur verhältnismäßig wenige archäologisch erfaßt werden. Die Publikation von J. Délorme [95] enthält chronologisch geordnet eine Zusammenstellung derjenigen Anlagen, die mit dem Namen *gymnasion* in griechischer und hellenistischer Zeit belegt sind. Der heutige Stand der Forschung ergibt für die Entwicklung dieses speziell griechischen Bautypus folgendes Bild:

In den frühesten Zeiten handelte es sich um einzelne Anlagen, die locker – nur durch ihre Orientierung zueinander – eine Einheit bildeten. Vermutlich sind in diesen archäologisch kaum mehr faßbaren Anfängen einfache Sportplätze und Laufbahnen im Freien angelegt worden. Sehr bald aber gehörte dazu ein Heißluftbad *(laconicum)*, vielleicht auch (wie in *Olympia*) ein Schwimmbad. Diese einzelnen Bauteile wurden dann allmählich in eine architektonisch klarer umrissene Gestalt gefaßt. So umgab den Sportplatz – die *palästra* – zunächst eine Mauer, später eine Säulenhalle. Der Platz war rechteckig, häufig aber auch quadratisch. Die Laufbahn – der *dromos* – wurde in manchen Fällen verdoppelt *(paradromos)* und an beiden Seiten mit Bäumen bepflanzt, die Schatten spendeten. Diese Anlage erhielt in der Folge ebenfalls auf drei Seiten einfache Säulenreihen. Auf der vierten Seite stand eine doppelte Säulenreihe, deren Gänge so breit waren, daß im Winter die Läufe im überdeckten Raum stattfinden konnten *(xystos)*.

Die einfachen Waschgelegenheiten der frühen Gymnasien wurden später zu seitlich aneinandergereihten Baderäumen in Verbindung mit der überdeckten Doppelbahn *(diaulos)*. Vitruv schreibt zu diesem Thema (V, 11) [63]. „1. Nun scheint es mir am Platze zu sein, die bauliche Einrichtung der Ringschulen (Palästren), obwohl diese in Italien nicht gebräuchlich sind, nach der Überlieferung zu entwickeln und zu zeigen, wie sie bei den Griechen angelegt werden. Bei den Ringschulen sollen ringsum Säulenhallen von quadratischer oder länglich viereckiger Form angelegt werden, so daß der Umfang ihres Umganges 2 Stadien beträgt, was die Griechen *diaulos* (Doppelbahn) nennen. Von diesen Säulenhallen sollen drei einfach angelegt werden, die vierte, welche nach Süden zu liegt, doppelt, damit der Regen bei dem vom Wind gejagten Ungewittern nicht in das Innere hineingeschleudert werden kann.

2. Es sollen aber an den 3 (anderen) Säulenhallen geräumige Anbauten *(exedren)* mit Sitzen angebracht werden, damit die Philosophen, Rhetoren und die übrigen, welche an wissenschaftlichen Bestrebungen Gefallen finden, sitzend ihre Vorträge und Erörterungen veranstalten können. An der doppelten Säulenhalle aber sollen folgende Anbauten angereiht werden: In der Mitte die Jünglingshalle *(ephebeum)*; diese aber ist der geräumigste Anbau, mit Sitzen versehen und um $1/3$ länger als breit; zur Rechten davon die Sackwurfhalle *(coryceum)*, unmittelbar

darauf das Bestaubgemach *(conisterium)* und nach dem Bestaubgemach da, wo die Säulenhalle die Ecke bildet, das kalte Bad, welches die Griechen *loutron* (Bad) nennen; zur Linken von der Jünglingshalle die Salbölkammer *(elaeothesium)*; unmittelbar an der Salbölkammer das *frigidarium*; von diesem führt ein Gang in das *propnigeum* an der Ecke der Säulenhalle; zunächst aber nach innen zu in der Richtung des *frigidarium* soll das gewölbte Schwitzbad *(concamerata sudatio)* doppelt so lang als breit angelegt werden, welches auf einer Seite da, wo die Säulenhalle die Ecke bildet, eine in der oben beschriebenen Weise eingerichtete lakonische Halle und dieser gegenüber das warme Bad hat. So müssen in der Ringschule die ringsumher laufenden Säulenhallen, wie oben beschrieben worden ist, ausgeführt und eingeteilt werden."

Im ersten Drittel des 4. Jh. v. Chr., also zu Beginn des Hellenismus, wuchs das Interesse an gymnasialen Anlagen in allen von der griechischen Kultur beeinflußten Städten. Die Bezeichnung *gymnasion* wurde nun vor allem für Institutionen gebraucht, die der körperlichen und geistigen Ausbildung der Jugend dienten. Für diese Institutionen schuf man die geschlossene Architekturform, die uns aus zahlreichen hellenistischen Städten bekannt ist. Variationen in Umfang und Gruppierung beruhen in erster Linie auf dem Verwendungszweck der Anlage, zum anderen auch auf der Geländetopographie und der des Situationsplanes.

Es lassen sich folgende Gruppen unterscheiden:
1. Gymnasien als Institutionen für sportliche und geistige Schulung
    a) für die jungen Jahrgänge, etwa unseren Primarschulen entsprechend; in mehreren Fällen konnte auch gemeinsamer Unterricht von Jungen und Mädchen nachgewiesen werden.
    b) Für die Schulung der Jünglinge (Epheben).
2. Klubartige Organisationen
    a) für die Fortbildung und Übung der älteren Generation,

IV. Trajan und die Trajansthermen

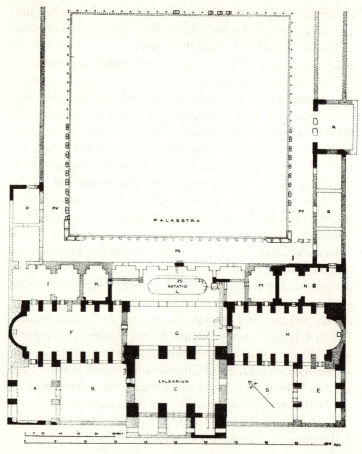

Z 27 Aizanoi: Thermen [158].

b) als Einrichtung für geistigen Austausch, Körperpflege und Gymnastik der Alten (Altenfreizeitbeschäftigung und Klubschule).
3. Gymnasien als Bestandteil von sanatorienähnlichen Einrichtungen für psychische und physische Behandlung.

4. Gymnasien als Bestandteil von Anlagen für regelmäßig in bestimmten Zeitabständen stattfindende Festspiele, Kult- und Sportveranstaltungen, wie z. B. die Olympischen Spiele, die Isthmischen Spiele und die Panathenäen.

Aus diesen unterschiedlichen Zweckbestimmungen ist die Verschiedenartigkeit der bisher freigelegten Gymnasien zu verstehen, vor allem aber auch die unterschiedliche technische Ausstattung der Badeanlagen. Ein Klubgymnasion für die alten Leute bedurfte beispielsweise eines gut ausgestatteten Warmbades, versehen mit allen technischen Neuerungen der Heizung und Warmwasserbereitung. Die gymnasialen Anlagen der ersten und zweiten Kategorie waren in ihren unterschiedlichen Formen eine der wichtigsten Neuschöpfungen der griechischen Architektur. Sie bestimmten zu einem nicht geringen Maße das Straßenbild der hellenistischen Städte.

In vielen Fällen deckten sich die Namen *gymnasion* und *palästra*, nämlich, wenn das *peristyl* des *gymnasion* eine entsprechende Größe aufwies, so daß der Übungslauf hier stattfinden konnte. In diesen Fällen fiel der getrennte Hof für den *dromos* weg. Diese Reduzierung auf nur einen großen Peristylhof hat die vielfach heute noch herrschende Verwirrung bezüglich der Bezeichnungen *gymnasion* und *palästra* verursacht. Die Bezeichnung *gymnasion* ist der übergeordnete Begriff für eine bestimmte Institution bzw. Schule, deren *palästra* bei entsprechender Gestaltung den Gymnasionbau in seiner Gesamtheit darstellen kann. In anderen Fällen ist die *palästra* aber nur ein Teil eines *gymnasion*.

Als Beispiele seien hier einige archäologisch gut erschlossene hellenistische Anlagen vorgestellt.

Eretria: Vermutlich noch aus klassischer Zeit (etwa 400 v. Chr.) stammt das sog. *untere Gymnasion*. Es besteht aus einem quadratischen Hof, der im Norden von einer zweischiffigen, im Süden und Westen von einschiffigen Hallen einge-

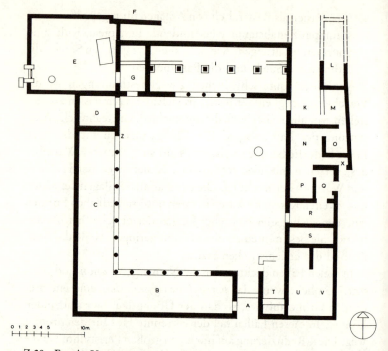

Z 28 Eretria: Unteres gymnasion. Drei Bauperioden, mittlere um 400 v. Chr. Wiederherstellung nach der römischen Eroberung 198 v. Chr. [67].

faßt wird. Bei den kleinen Räumen auf der Ostseite handelt es sich teils um Bäder, teils um Zimmer zur Aufbewahrung von Geräten. Die Gesamtabmessungen des Gebäudes betragen 36,5 mal 36,5 m, der Innenhof umfaßt 530 m². Das *gymnasion* ist nach der Zerstörung von 198 v. Chr. in einer dritten Bauperiode wiederhergestellt worden.

Athen: Etwa aus der gleichen Zeit wie das untere Gymnasion von Eretria stammt die Anlage des *Pompeion,* das zwischen dem Dipylontor und dem Heiligen Tor eingefügt war. Hier handelte es sich um einen rechteckigen Peristylhof mit einem monumental ausgebildeten Eingang und auf zwei Seiten angefügten rechtek-

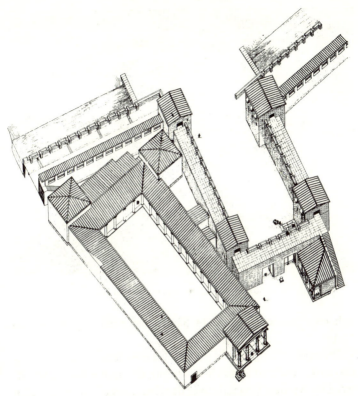

Z 29 Athen: Pompeion und Dipylontor
(Vogelschau von W. Hoepfner [126]).

kigen bzw. quadratischen Räumen. Das dazugehörige Bad befand sich in einiger Entfernung; als Laufbahn diente die Heilige Straße. Auf unserer Abbildung ist die zweite Periode aus hellenistischer Zeit dargestellt. Die architektonische Form des Hofes von etwa 45 × 17 m zeigt deutlich die Anpassung an die städtebauliche Situation, nämlich der Lage zwischen den beiden Toren. Die Säulen der ersten Periode müssen aus Holz bestanden haben. Aus dem Verhältnis von Schmal- und Langseite ergibt

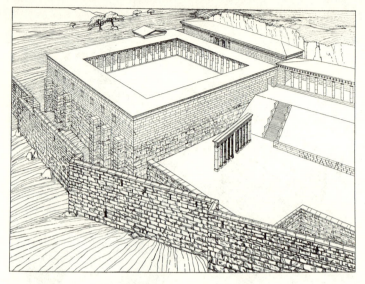

Z 30   Priene: Unteres gymnasion [174].

sich eine Stellung von 6 : 14 Säulen bei einer Jochweite von 11 dorischen Fuß.

Olympia ist ein Beispiel für eine Gymnasionanlage als Teil einer umfassenden Festspieleinrichtung mit kultischem Charakter. Der heutige Zustand zeigt das Bad aus hellenistischer Zeit (ein Einzelbau), die *palästra* als großen Peristylhof mit umliegenden Räumen und anschließend die Laufbahnanlage mit dem *xystos*, die hier als *gymnasion* bezeichnet wird.

Priene: Von den beiden vorhandenen Gymnasien ist das obere, nördlich vom Bouleuterion gelegene das ältere (vermutlich aus dem 4. Jh. v. Chr.). Es besteht aus einem großen Peristylhof mit angrenzenden einzelnen Räumen. Das noch nicht vollständig freigelegte Bad auf der Nordseite zeigt römische Formen, geht aber sicherlich in seinen Fundamenten in hellenistische Zeit zurück. Das untere Gymnasion aus hellenistischer Zeit diente der Erziehung der Epheben. Angrenzend an die *palästra* mit

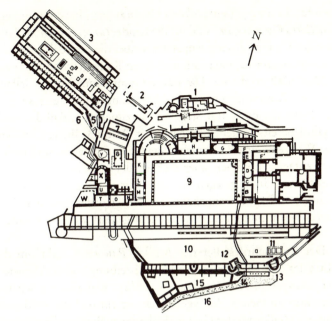

Z 31 Pergamon: Mittlerer Teil der Oberstadt. 9 oberes gymnasion, links davon das vermutlich hellenistische, teilweise beheizte Bad, 8 Asklepiostempel, wohl im Zusammenhang mit diesem Bad; rechts der palästra römische Thermen, H Ephebeion, G Saal für den Kaiser, Y Wassertank neben dem Asklepiostempel, L Kaltwasserbad mit Becken, 10 mittleres gymnasion, 15 unteres gymnasion [64].

ihren umliegenden Einzelräumen, zu denen auch eine Kaltwaschanlage gehört, befinden sich die Laufbahnen mit dem *xystos* (offene Laufbahn: 6 m breit und 190 m lang). Diese Anlage entstand vermutlich um das Jahr 130 v. Chr.

Pergamon: Die auch in ihren hellenistischen Teilen relativ gut erhaltene Gymnasionanlage am Burgberg von Pergamon verdeutlicht das Bild von der Art der gymnasialen Institutionen einer hellenistischen Stadt und der Vielfalt ihrer architektonischen Gestaltungsmöglichkeiten. Hier sind die verschiedenen Gymna- T 20a
T 20b

sien für die jungen Leute *(oberes Gymnasium)*, für die Jünglinge *(mittleres Gymnasium)* und für die Kinder *(unteres Gymnasium)* in einer Gruppe zusammengefaßt, wobei die Laufbahn als Südstoa des oberen Gymnasium und deren Kellergeschoß als *xystos* (210 × 6,80 m) diente. Das obere Gymnasium wurde vielfach auch für Zeremonien benutzt (Abmessungen der Terrasse etwa 200 × 45 m). Es ist mit Sicherheit anzunehmen, daß der Peristylhof bereits in hellenistischer Zeit (Mitte 3. Jh. v. Chr.) auf der Westseite eine Badeanlage besaß. Spuren davon sind mehrfach zutage gekommen, aber auch auf der Ostseite scheinen hellenistische Räume gelegen zu haben, die durch den Ausbau des römischen Bades weitgehend zerstört wurden, so daß ihre Zweckbestimmung bisher noch nicht geklärt werden konnte.

Der Reiseschriftsteller der Antike, *Pausanias*, gibt um die Mitte des 2. Jh. n. Chr. folgende Beschreibung vom Asklepieion in *Epidauros* und den Gymnasien in *Elis*: „Was aber der Senator Antonius zu meiner Zeit gebaut hat, ist ein Bad des Asklepios und ein Heiligtum der Götter. Er baute auch einen Tempel für Hygieia und Asklepios und Apollon mit dem Beinamen ‚die ägyptischen'. Und es war auch eine Halle nach Kotys genannt, die nach Einsturz ihres Daches schon ganz zerstört war, weil sie aus ungebrannten Ziegeln gebaut war, und so baute er auch diese wieder auf. Die Epidaurier am Heiligtum litten am meisten darunter, daß die Frauen nicht unter einem Dach gebären konnten und die Kranken unter freiem Himmel sterben mußten. Er sorgte auch dafür und baute ein Haus, und hier darf nun ein Mensch sterben und eine Frau gebären.

In Elis befindet sich an Bemerkenswertem ein altes Gymnasion. Und was mit den Athleten geschehen muß, bevor sie nach Olympia kommen, tun sie in diesem Gymnasion. Hohe Platanen wachsen zwischen den Laufbahnen innerhalb einer Mauer. Es gibt auch einen anderen, kleineren Bezirk eines Gymnasion, der neben dem größeren liegt und ‚der Viereckige' nach seiner

Form heißt. Hier sind Ringplätze für die Athleten eingerichtet, und hier stellen sie die Athleten zusammen, nicht mehr zum Ringen, sondern zum Schlagen mit den weicheren Riemen.

Es gibt noch einen dritten Gymnasionbezirk mit Namen Maltho wegen der Weichheit des Bodens. Der ist den Epheben während der ganzen Festzeit überlassen. In einer Ecke der Maltho befindet sich eine Büste des Herakles bis zu den Schultern und in einer der Palästren eine Reliefplatte mit Eros und dem sogenannten Anteros darauf.

In diesem Gymnasion ist auch das Rathaus der Eleer, und hier veranstalten sie Wettbewerbe in Reden aus dem Stegreif und verschiedenen Schriftwerken; es heißt Lalichmion nach dem Stifter. Rings sind Schilde aufgehängt, nur zum Anschauen und nicht zu kriegerischem Gebrauch gemacht.

Wenn man vom Gymnasion zu den Bädern geht, führt der Weg durch die ‚Straße des Schweigens' und am Heiligtum der Artemis philomeirax (‚die Knabenliebende') vorbei. Ein anderer Ausgang aus dem Gymnasion führt auf den Markt und zum sog. Hellanodikeon; er befindet sich über dem Grab des Achilleus, und hier gehen die Hellanodiken ins Gymnasion. Sie gehen hinein vor Sonnenaufgang, um die Läufer zusammenzustellen, um die Mitte des Tages aber zum Fünfkampf, und was man die schweren Wettkämpfe nennt."

Die Basilica Thermarum

Bis in das 1. Jh. n. Chr. sind die *palästren* große, offene Plätze für Spiele und Sport. In den Kaiserthermen treten nun bedachte Sporthallen auf. Sie werden von einigen Archäologen ebenfalls *palästren* genannt. Neben diesen bedachten Sporthallen haben die Badeanlagen weiter die großen offenen Sportplätze *(palästren)* in Verbindung mit dem eigentlichen Thermenkomplex.

In den *Trajansthermen* tritt eine solche Halle der symmetrischen Anlage entsprechend zum ersten Mal doppelt auf. Man wählte die Raumform der Basilika mit hölzernem Dachstuhl auch in der Folge immer dann, wenn die Spannweite der Halle für eine durchgehende flache Decke zu groß wurde. Außerdem kamen die Umgänge der Raumgliederung in Verkehrs- und Übungsflächen sehr zustatten, wie dies Vitruv betont. In der Sporthalle herrschte keine besonders hohe Luftfeuchtigkeit. Deshalb konnte sie ohne Bedenken mit einer hölzernen Dachkonstruktion überdeckt werden. Im Obergeschoß führten die Gänge oberhalb der Galerien zu den verschiedenen Sonnenterrassen.

Die Bezeichnung *basilica*, die bereits am Beginn des 2. Jh. v. Chr. für den Hallenbau am Forum in *Rom* üblich war, hängt vermutlich mit dem Adjektiv *basilikos* zusammen, das im Griechischen zunächst königlich, fürstlich, aber auch prächtig, großartig bedeutet. Die an der Agora in Athen liegende fortlaufende breite Säulenhalle, die *stoa*, wird sich allmählich aus klimatischen Gründen in eine geschlossene Halle von außergewöhnlichen *(basilikos)* Abmessungen verwandelt haben. Man wünschte sich eine sehr breite Halle, deren Stützweite aus statischen Gründen durch Säulengänge unterteilt werden mußte. Belichtungstechnische Forderungen brachten die Erhöhung des wesentlich breiteren Mittelteils, eine Bauform (Basilika), die schon im Alten Orient und in Ägypten vorgestaltet worden war.

Die zur Zeit Catos erbaute Basilika entstand um 184 v. Chr. auf der Westseite des Comitium am Forum Romanum in *Rom*. Ferner wird bei Livius die *Basilika Fulvia Aemilia* erwähnt, die 179 v. Chr. am Forum errichtet worden war. Die älteste archäologisch faßbare Basilika entstand in *Pompeji* um 120 v. Chr. Diese Basilika zeigt im großen und ganzen schon den von Vitruv später beschriebenen Typ der Forumbasilika: umlaufendes Peristyl, Betonung der Breitachse, speziell hervorgehoben durch die Lage am Forum und der Eingänge von dort; breiter Mittelteil, basilikal überhöht; Umgang zweigeschossig, wobei das

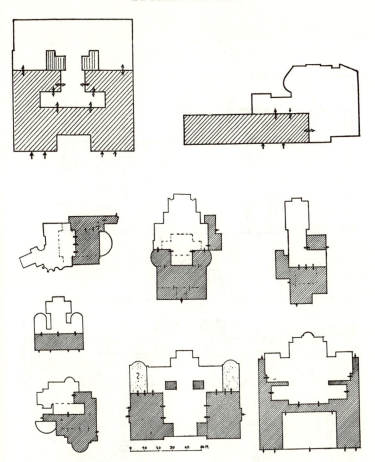

Z 32 Schematische Darstellung des Bade-, Gesellschafts- und Sportbetriebes in den Thermen. Weiße Flächen Badebetrieb, schräge Schraffur Gesellschafts- und Sportbetrieb, senkrechte Schraffur Bedienungshöfe [86].

Oben, von links nach rechts: Vediusgymnasium, Ephesos. Faustinathermen, Milet. Mitte, von links nach rechts: Khamissa, Algerien, Forumsthermen. Djemila, Algerien. Ostia. Darunter: Devrant, Frankreich. Unten, von rechts nach links: Timgad, große Südthermen. Timgad, Nordthermen. Leptis Magna, Tripolitanien.

IV. Trajan und die Trajansthermen

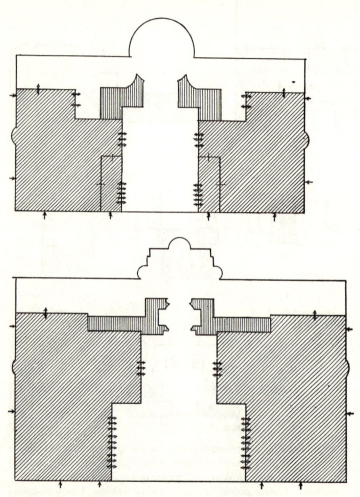

Z 33   Fortsetzung von Z 32. Oben Caracallathermen, unten Diokletiansthermen. Alle Grundrisse im gleichen Maßstab [86].

Die Basilica Thermarum

zweite Geschoß vermutlich nicht gedeckt und somit nicht in den eigentlichen Hallenraum einbezogen war. Die Forumbasilika war eine ausgesprochene Mehrzweckhalle.

Wenn auch die Temperaturen in den Sälen der warmen Bäder *(tepidarium, laconicum, caldarium)* wesentlich höher lagen als in den Räumen des Gesellschafts- und Sportbetriebes einschließlich der *apodyterien,* so müssen diese doch in die gesamte künstliche Klimazone einbezogen gewesen sein.

Die Annahme, daß es sich bei den sog. *palästren* um offene Z 68 Höfe *(peristyle)* gehandelt habe, ist daher abzulehnen. Eine solche Lösung wäre nicht nur architektonisch schlecht, sondern auch klimatechnisch nicht betriebsfähig gewesen. Es ist sogar zu vermuten, daß ein Teil der Abwärme aus den stark beheizten Räumen im Winter für die Temperierung der nicht direkt beheizten Säle verwendet wurde (s. S. 159).

Erst seitdem in den letzten Jahrzehnten die Klimatechnik bei uns im Zusammenhang mit den bau- und raumphysikalischen Verhältnissen erforscht und entwickelt wurde, haben wir die großartige Leistung erkannt, die die Römer auch in dieser Beziehung in den Kaiserthermen vollbracht haben. Dabei ist deutlich geworden, daß eine wichtige Voraussetzung der geschlossene Baublock ist, innerhalb dessen die jahreszeitlich bedingten Wetterverhältnisse nicht störend zur Wirkung kommen konnten.

Die großen basilikal gestalteten Sport- und Wandelhallen waren im kaiserzeitlichen Typus so in den Grundriß eingefügt, daß sie gleichzeitig als Verteiler bzw. Verbindungsglied zwischen Eingang, *apodyterium, frigidarium* und den Warmbaderäumen dienten. Durch Säulenreihen von der Übungsfläche getrennt, führten die Gänge zu den verschiedenen Räumlichkeiten. Die große Exedra, an der Längsseite gegenüber dem Zugang zum Frigidarium gelegen, gab die Möglichkeit der Erholung und des Gespräches. Vermutlich stand schon in den Trajansthermen – wie später allgemein üblich – dort eine große Kaiserstatue.

In den *Trajansthermen* in *Rom* befand sich außer diesen

Sporthallen vor dem *frigidarium* ein weitläufiger, nahezu quadratischer Hof, die große *palästra,* umgeben von Flügelbauten, die ihrerseits wiederum angebunden waren an das eigentliche Umfassungsgebäude der gesamten Anlage, das auf drei Seiten weite Freiplätze um das Kerngebäude zur Verfügung stellte. Hier liegt in der Grundrißgestaltung noch eine gewisse Unsicherheit, ein Suchen nach der überzeugenden Form, die dann später in den Anlagen des 2. und 3. Jh. gefunden wurde (*Caracalla-* und *Diokletians-Thermen in Rom* und *Antoninusthermen in Karthago*).

Die Südwestfront, aus der das *caldarium* weit vorspringt, war von Bedienungsgängen umgeben, die vermutlich weitgehend unterirdisch lagen, verbunden mit Zisternen und Lagerungsräumen für die Riesenmengen von Holz, die für die Heizung zur Verfügung stehen mußten. Die erforderliche Klimatisierung dieser großen Thermenanlage war für die damalige Zeit sicherlich ein Wunderwerk der Technik. Das Wagnis einer solchen Raumgestaltung zeigt, wie weit in den vorangegangenen Jahrzehnten die Entwicklung auf diesem Gebiet fortgeschritten sein mußte.

Für die beheizten Badesäle kam nur Massivbau mit entsprechenden Gewölbekonstruktionen in Frage. Der von Rabirius zur Zeit des Domitian gebaute *Palast auf dem Palatin* zeigt in den Repräsentationsräumen die Gestaltungsrichtung des römischen Mauermassenbaues, dessen Wirkung auf die Menschen von damals nur zu erahnen ist im Zusammenhang mit der üppigen Ausstattung des Innern, die heute vollständig verschwunden ist. In den Badesälen der Thermen fand man eine glückliche Synthese zwischen Funktionsgerechtigkeit, Raumgestaltung und Ausstattung.

Zu vermuten ist in den *Trajansthermen* auf alle Fälle eine basilikale Gestaltung des *frigidarium,* wie sie in der Folgezeit überall im Römischen Reich in den Gebäuden gleicher Art auftritt. Wie allerdings die Gewölbeform im einzelnen aussah, ob es sich bereits um die Anfänge von Kreuzgewölben oder nur um Längstonnen handelte, ist für dieses erste Beispiel nicht mehr feststellbar.

Die Palästra der Kaiserthermen

Neben den bedachten Sporthallen durfte die eigentliche *palästra*, ein von Portiken umgebener Hof, nicht fehlen. In den Kaiserthermen umfaßte sie das Kerngebäude auf drei, in manchen Fällen sogar auf allen vier Seiten. Hinter den Portiken lagen zahlreiche Anbauten, zum Teil von höchst imposanter architektonischer Gestaltung, vor allem die halbkreisförmigen Exedren, mit einer Säulenreihe zur *porticus* der *palästra* geöffnet, mit marmorverkleideten Wänden, reichen Mosaikfußböden, Statuen und Wasserspielen in den Nischen und Apsiden. Hier wurden Reden und Vorträge gehalten. Hier fanden Treffen befreundeter Gruppen statt. Diskussionen über politische und wirtschaftliche Thesen kann man sich in diesen Anlagen ebenso vorstellen wie kulturelle Veranstaltungen aller Art.

In den *Caracallathermen* wurden zwei Bibliotheken in der Verlängerung der Zisternenanlage gefunden. Sie konnten durch die an den Wänden noch vorhandenen Nischen für die *platei* (Holzkästen zur Aufnahme der *volumina*, der Bücherbände) identifiziert werden. Mehr und mehr wurden die großen Thermen zum Mittelpunkt des sozialen Lebens der Stadt.

Zwischen dem Mittelbau und den Umfassungsgebäuden, die von den hohen Säulenumgängen aus zugänglich waren, lagen zwischen schattigen, baumbestandenen Promenaden die verschiedenartigen Sportplätze, vor allem auch das Stadion, oft in Form einer Arena mit stufenweise erhöhten Sitzplätzen für die Zuschauer. Die Umgänge und Parkanlagen waren mit zahlreichen Skulpturen geschmückt. Baumalleen sorgten für Schatten an heißen Sommertagen.

Spiel- und Sportarten

Die Römer kannten eine Anzahl von Ballspielen. Ein kleiner harter Ball hieß *harpaston*, ein mit Federn ausgestopfter großer, weicher Ball *follis*. Wir begegnen ihnen in den Epigrammen Martials. *Trigon* nannte man ein Dreierspiel. Die drei Spieler standen in den Ecken eines Dreiecks. Sie fingen mit der einen Hand den Ball und warfen ihn mit der anderen so schnell wie möglich rundum. Daneben gab es andere Ballspiele, eine Art Schlagball, dem *pelota* der Basken ähnlich, ferner Sprungball, Mauerball und eine Art Basketball.

Martial schreibt in einem Epigramm an einen befreundeten Philosophen [57]:

Dich sieht man nie aufs heiße Bad Dich vorbereiten
durch *Schlagball*, *Ballspiel* oder durchs ländliche *Pelota*,
Du schwingst vorher kein stumpfes Schwert,
noch springst nach links und rechts Du hin,
im Flug die staubige *harpasta* zu erhaschen.

Einmal macht *Martial* einem Freund eine Art Sportstiefel zum Geschenk: *endromis* genannt, Schnürstiefel mit seitlich geschlitzten Waden, mit folgendem Epigramm:

Trage sie, wenn Du hitzig beim *Dreiball* wirfst
oder der Staub unter Deinen Füßen wölkt beim Griff nach
der *harpasta*
oder wenn Du die federleichte, weiche *follis* in der Hand
wiegst.'

Genannt sei das Laufen mit einem Metallreifen *(trochus)*, den man mit einem Holz vor sich hertrieb, ein Sport, den Frauen gern betrieben, ebenso wie das Hantelschwingen.

Bei diesen Spielen waren Männer und Frauen bekleidet. Sie trugen eine Tunika oder einen besonderen Kittel. Für den Ringkampf entkleidete man sich. Vor Beginn des Kampfes wurde die Haut mit *cerona*, einer Salbe aus Talg und Öl, eingerieben. Darüber wurde Staub gestreut, um die Rutschgefahr zu mindern.

Vermutlich fanden die Ringkämpfe im Innern des Hauptgebäudes der Kaiserthermen statt, wofür sich die große, palästraähnliche Sporthalle anbot.

Weitere Sportarten waren Diskos- und Speerwurf, Weit- und Hochspringen, Fünfkampf.

V. RAUMGRUPPIERUNG, GESTALTUNG UND BETRIEB DER GROSSEN THERMEN

Die Thermen waren eine Bauaufgabe, an der sich die römische Raumkunst und Gestaltung entfaltete unter Vorwegnahme späterer Lösungen in der Romanik, der Renaissance, dem Barock und dem Klassizismus. Baukonstruktionen und Bauorganisationen, Heizungs-, Lüftungs-, Klimatechnik sowie die Wasserversorgung und Wasserentsorgung erreichten in den großen kaiserzeitlichen Thermenanlagen einen so hohen Stand, daß wir heute bewundernd davorstehen können.

Ein Rundgang durch die Thermen mit Lukianos

Den Rundgang durch ein solches üppiges Bad, dessen Standort wir leider nicht kennen, schildert uns am lebendigsten ein Besucher der damaligen Zeit. Es ist *Lukianos,* geboren um 120 n. Chr. in Samosata, der Hauptstadt des früheren Königreichs Kommagene am Oberlauf des Euphrat. Er schrieb griechisch. Er bereiste Italien und Gallien und lebte später als Schriftsteller in Athen. Seine Themen waren vielfach Parodien über die Torheiten und Mängel der Zeit. Hier sein Bericht: „Der (dem Baumeister Hippias angewiesene) Platz war nicht eben, sondern sehr ansteigend und sogar steil. Da er ihn nun auf der einen Seite viel zu niedrig fand, machte er diese der anderen gleich, indem er zunächst eine sichere Grundlage für das ganze Werk herstellte und durch Legung von Fundamenten die Sicherheit der Aufbauten gewährleistete, ferner aber durch steile, zur Sicherheit (mit Schwibbögen?) verbundene Felsen das Ganze stützte. Die darauf errichteten Bauten aber sind der Größe des Platzes angemessen und stehen durch die wohlüberlegte Anordnung im schönsten Verhältnis (zueinander); auch wahren sie die Rücksicht auf die Beleuchtung.

Zunächst ein Torbau mit breiten Treppen, eher schräg als steil, zur Bequemlichkeit der Hinaufgehenden. Ist man dann in diesen eingetreten, so empfängt einen ein sehr großer gemeinsamer Saal, der den Dienern und Sklaven bequemen Aufenthalt gewährt und der zur Linken der der Schlemmerei geweihten Räume liegt; auch diese passen sehr wohl zu einem Bade. Nette und sehr helle Innenzimmer. Dann schließt an diese ein Saal an, der zwar für ein Bad eigentlich überflüssig ist, hingegen notwendig zur gastlichen Aufnahme der Wohlhabenderen. Nach diesem kommen beiderseits ausreichende Garderoben für die sich Entkleidenden und dazwischen ein sehr hoher und strahlend heller Saal, der drei Becken mit kaltem Wasser enthält, mit lakonischem Marmor geziert ist und weiße Marmorstatuen von altertümlicher Arbeit birgt, Hygieia und einen Asklepios.

Treten wir ein, so nimmt uns ein gelinde geheizter Saal auf, aus dem uns eine keineswegs unangenehme Wärme entgegenkommt, sehr groß, beiderseits abgerundet und hinter diesem zur Rechten ein sehr freundliches Gemach, das bequeme Gelegenheit bietet, sich zu salben, und das beiderseits mit phrygischem Marmor verzierte Eingänge hat, die von der Palästra her Eintretenden aufzunehmen. Dann folgt darauf ein Saal, der von allen der schönste ist, auch er bis oben an die Decke von phrygischem Marmor schimmernd; sehr behaglich darin herumzustehen und zu sitzen und ohne Schaden (nach dem Bade) zu verweilen, und sehr geeignet, sich darin massieren zu lassen. Daran schließt der geheizte, mit numidischem Marmor ausgelegte Durchgangsraum. Der innere Saal endlich ist prächtig, von reichem Licht durchflutet und bunt wie mit Purpur gefärbt. Wenn du gebadet hast, brauchst du nicht durch dieselben Räume wieder zurückzugehen, sondern kannst schnell durch den mäßig warmen Saal wieder zum Kaltbad kommen. Auch in diesen Räumen allen herrscht klares Licht und heller Tag; ferner ist überall die Höhe angemessen, und die Breite steht im richtigen Verhältnis zur Länge, und so entfaltet sich überall Anmut und Schönheit. Denn, wie der treffliche Pindar sagt: ‚Wenn man ein Werk beginnt, so muß man ihm ein strahlendes Antlitz geben.' Das dürfte hauptsächlich durch die Lichtfülle und die Lichtöffnungen erreicht sein. Denn klug, wie er ist, hat Hippias den Saal der kalten Bäder nach Norden vorspringen lassen, doch so, daß er auch am südlichen Himmel seinen Teil hat; die Säle hingegen, die vieler Wärme bedürfen, hat er dem Südost-, Süd- und Westwind ausgesetzt.

Was soll ich dir nun noch die Ringplätze schildern und die zum allgemeinen Brauch dienenden Einrichtungen der Kleiderbewahrer, die zur Bequemlichkeit und Verhütung von Schädigungen durch einen schnellen, kurzen Weg mit dem Bad verbunden sind? Das ist das Werk, das der bewundernswerte Hippias uns vor Augen gestellt hat. Es vereinigt alle Vorzüge eines Bades: Die Zweckmäßigkeit, die Bequemlichkeit, die Helligkeit, die Symmetrie, die Anpassung ans Gelände, die Möglichkeit, es sicher (vor Dieben) zu benutzen; und dazu hat es noch andere Einrichtungen, mit denen des Baumeisters Umsicht es ausgestattet hat: so mit zwei abseits liegenden Abortanlagen und mit zahlreichen Ausgängen; ferner hat es zwei Stundenweiser, nämlich eine Wasseruhr mit Schlagwerk und eine Sonnenuhr."

Die Raumgruppen der Thermen und ihre Bestimmung

Für den Baumeister sahen Planungs- und Konstruktionsprogramm folgendermaßen aus. Er mußte im zentralen Gebäude drei völlig voneinander getrennte Raumgruppen schaffen:
a) Die eigentliche Heizanlage mit Präfurnien, Hohlräumen,

Abzügen als Energiespender und Wärmeträger, Warmwasserbereitungsanlage, Wasserzuführung und Kanalisation.
b) Die Bedienungsanlage: Zugänge für die Bedienung, für den Transport des Heizmaterials mit Lagerungsmöglichkeiten und Trocknungsanlagen für das Holz.
c) Die Räume der Benutzer, die von dem riesigen luft- und gasundurchlässigen Wärmeträger umschlossen wurden.

Um die Sonnenwärme soweit als möglich auszunutzen und zu starken Windanfall zu vermeiden, lagen die Baderäume fast immer auf der Süd- oder Westseite des Gebäudes, möglichst zusammengefaßt, so daß die Außenwandflächen nicht zu ausgedehnt wurden.

In allen großen Anlagen handelt es sich bei dem Badeteil um überwölbte Räume. Am häufigsten sind es Kreuz- und Tonnengewölbe, aber auch Kuppeln, wobei dann meist der Grundriß des Saales rund oder quadratisch ist. Die Wände mußten aus technischen Gründen glatt sein. Apsiden bzw. Nischen findet man nur für die Wannen angeordnet, sonst sind keinerlei plastische Vorsprünge vorhanden. Es handelt sich bei den Baderäumen um gewaltige Mauer- und Gewölbemassen, die gleichzeitig als Wärmespeicher dienten, ähnlich dem Prinzip des Kachel- und Backofens, nur in anderen Größenordnungen. Auf die Ausbildung der Innenwandflächen, d. h. der Schale zwischen Heizraum und Saal, mußte größte Sorgfalt gelegt werden. Man hat in dieser Hinsicht durch Erfahrung viel im Laufe der Zeit hinzugelernt. Die Gefahr der Rißbildung war relativ gering, da der Temperaturunterschied und die dadurch auftretenden Spannungen nicht sehr groß waren. Dem Mörtel mischte man häufig Tierhaare bei, um ihn elastischer zu machen.

Der Fußboden wurde als schwebende Platte ausgebildet. Marmorplatten, Tonplatten, Glasmosaik erwiesen sich als gute Wand- und Deckenverkleidung für Baderäume, in denen eine hohe Luftfeuchtigkeit auftrat. Der antike Baumeister muß bereits über allerhand Erfahrungen verfügt haben, um ohne exakte rechnerische Unterlagen die bauphysikalischen Verhältnisse in derartigen Räumen richtig berücksichtigen zu können. Dies gelang nur deshalb, weil Jahrhunderte hindurch das Bauprogramm (Raumfolge, Raumarten, Temperaturen und Heizungssystem) im Prinzip gleichblieb.

 Der repräsentative Saal der Warmbaderäume war das *caldarium*, das im 1. Jh. n. Chr. gestalterisch eine gewaltige Veränderung durchmachte. Man vergleiche nur die dunklen und engen Räume in den *pompejanischen* Thermen mit dem *caldarium* in den *Caracalla-* oder den *Diokletiansthermen* bzw. demjenigen der großen Thermen von *Karthago*.

T 36 b
T 28 b

Solche Raumkonzeptionen bedingen:
– eine vielfache Vergrößerung von Feuerstellen und Heizfläche,
– hochfeuerfestes Ziegelmaterial für Präfurnien und Teile des Hypokaustenraumes,
– ein neuartiges Baumaterial *(opus caementitium)*, das den statischen Anforderungen gerecht werden konnte,
– großflächiges Fensterglas, um ausreichende Belichtung zu schaffen.

So wurden durch die technische Entwicklung die Voraussetzungen für eine großzügige Raumgestaltung geschaffen, d. h. nicht nur Gestaltung einzelner Räume, sondern einer ganzen Folge verschiedener Raumformen in phantasievoller Planung.

 In griechisch-hellenistischer Zeit war immer die Außenansicht, d. h. die als Plastik erscheinende Schale des Baukörpers und die Gestaltung der Fassaden betont im Gegensatz zur Formung und Ausstattung der Innenräume, deren Abmessungen aus statischen Gründen nicht allzu groß sein konnten. Die Badeanlagen gaben den Römern der späteren Kaiserzeit die Möglichkeit eines vom Wetter unabhängigen gesellschaftlichen Lebens. Auch die Stadt ist ja ihrem Wesen nach ein von der Natur abgegrenzter, menschlichen Lebensbedingungen unterworfener Bezirk. Die *fora* mit ihren Säulengängen, die vor Regen und Wind schützten; die überdachten Hallen, Basiliken und Exedren im römischen Städtebau entsprechen den Fußgängervierteln der modernen Stadt. Mit den Thermen wird eine Stadt in der Stadt geschaffen, um den Bewohnern auch bei schlechtem Wetter und bei Kälte einen ausgedehnten gesellschaftlichen Kontakt zu ermöglichen.

Die Einzelräume

Neben der Frage nach der sinngemäßen Raumgruppierung und zweckmäßigen Grundrißanordnung ist die nach Identifikation, Gestaltung und Ausstattung der einzelnen Räume von Interesse.

Das *caldarium* – das repräsentative Warmbad – liegt fast überall – wie schon Vitruv es verlangt und Plinius es vom Bade der Villa in *Laurentum* berichtet – aus dem Baukörper herausgezogen, meist nach Süden, damit Licht und Sonne soviel wie möglich einwirken konnten. Typisch sind bei den großen Anlagen die drei Wannen in drei Apsiden. Häufig besitzt das *caldarium* breite, fast bis auf den Boden reichende Fenster auf den sonnenbeschienenen Seiten. Die Ruinen, z. B. der *Kaiserthermen in Trier*, bestätigen die Beschreibungen des Seneca (s. S. 64) von den weiten Fenstern, von der Fülle der Sonne in den Warmbaderäumen, von denen man sogar Aussicht auf die umgebende Landschaft hatte und von der Sonne gebräunt wurde. Die Überwölbung werden wir uns in den Langräumen als Kreuz- oder Tonnengewölbe, über Rundräumen als Kuppeln vorzustellen haben. In späterer Zeit werden wohl auch sogenannte Hängekuppeln über rechteckigem Raum vorgekommen sein. Seit Hadrian sind kunstvolle Gewölbeüberschneidungen, teilweise schon wie im Barock, mit indirekter Belichtung zu finden. In den *Caracallathermen* in *Rom* ist das *caldarium* eine große Rotunde, die mehrere Wannen aufzustellen gestattete.

Auch das *tepidarium* wird in den großen Thermen zu einem wohlgeformten Saal, der in der Mittelachse der Anlage die Ver-

Z 34

T 1

T 28 b

100   V. Raumgruppierung, Gestaltung und Betrieb

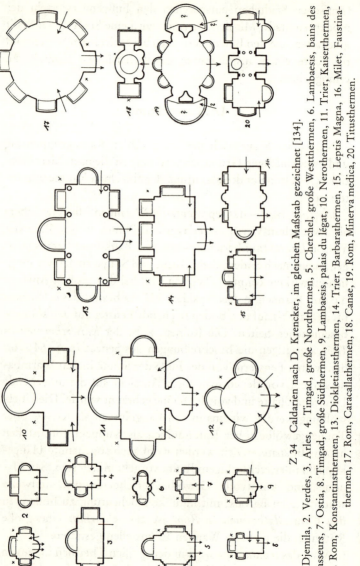

Z 34 Caldarien nach D. Krencker, im gleichen Maßstab gezeichnet [134].
1. Djemila, 2. Verdes, 3. Arles, 4. Timgad, große Nordthermen, 5. Cherchel, große Westthermen, 6. Lambaesis, bains des chasseurs, 7. Ostia, 8. Timgad, große Südthermen, 9. Lambaesis, palais du légat, 10. Nerothermen, 11. Trier, Kaiserthermen, 12. Rom, Konstantinsthermen, 13. Diokletiansthermen, 14. Trier, Barbarathermen, 15. Leptis Magna, 16. Milet, Faustinathermen, 17. Rom, Caracallathermen, 18. Canae, 19. Rom, Minerva medica, 20. Titusthermen.

Die Einzelräume

Z 35 Trier: Rekonstruktion des Raums II der Kaiserthermen nach D. Krencker [134].

bindung zwischen Warm- und Kaltbaderäumen herstellt, selbst zugehörig dem beheizten Teil. Er ist immer hypokaustiert, aber meist ohne eigenes *präfurnium*. In einigen Fällen finden wir auch hier Wannen, wie z. B. in der architektonisch besonders reichen Anordnung der *Hadriansthermen* von *Leptis Magna*.

Die genaue Bestimmung der übrigen Warmräume, die bei D. Krencker [134] die Säle I, Ia, II, III genannt werden, ist auch heute noch nicht – von Einzelfällen abgesehen – geklärt. Sehr informativ ist die Zusammenstellung der Raumformen auf unserer

Abb. Z 34, wenn auch eine notwendige Ergänzung der um die seit 1929 durch Grabungen freigelegten Anlagen wie u. a. die besonders interessanten *Antoninusthermen* in *Karthago* noch aussteht. Krencker vermutet in den Sälen I eine Art *tepidarium*, in II *caldarien* und in III *sudatorien (laconica)*. Trotz mancher neuer Erkenntnisse sind wir heute der Identifizierung dieser Räume noch nicht viel näher gekommen. Fest steht nur, daß sie ein wichtiger Bestandteil des Warmbadetraktes und architektonisch eine reizvolle Reihung verschiedenartig überwölbter und sorgfältig gestalteter Säle waren. Vielleicht gab es gar kein starres Schema für diese Raumfolge. Klimatische Verhältnisse und örtlich bedingte Forderungen werden sicherlich bei der Grundrißgestaltung eine Rolle gespielt haben.

Vom großen Mitteltepidarium aus betreten wir das *frigidarium*. In den anspruchsvollen Anlagen sind fast immer zwei Türen

T 57a vorhanden, deren Form und Konstruktion zeigt, wie sehr man Wärmeverluste vermeiden wollte. Das *Kaltbad* war neben dem *caldarium* das architektonische Herzstück der Thermen. Da es auch hier feucht zuging, wurde der Saal bzw. die Saalgruppe immer überwölbt. Hoch ragte das mit Kreuzgewölben überdeckte Mittelschiff über die seitlichen Hallen hinaus, um damit eine Belichtung durch Fenster im Oberteil der Wände zu ermöglichen.

Die Variabilität und Originalität der Wannenanordnungen kennt keine Grenzen. Die häufig einschließlich Gewölberesten

Z 36 stehengebliebenen Ruinen der *frigidarien*, vor allem in den nordafrikanischen, kleinasiatischen und syrischen Gebieten, ganz zu schweigen von den *stadtrömischen Caracalla-* und *Diokletiansthermen*, vermitteln noch einen Abglanz der Großartigkeit dieser Saalgruppe.

T 35 Ein Besuch der Kirche *Santa Maria degli Angeli* in *Rom* vermittelt einen Eindruck von den gewaltigen Abmessungen dieses Kirchenraumes, der ja lediglich den mittleren Teil des *frigidarium* der *Diokletiansthermen* einnimmt.

Die Einzelräume

Das große Schwimmbecken, die *natatio*, lag meist an der T 29
Rückseite, eingegliedert in die Gestaltung der Palästra. In manchen Fällen war die *natatio* ebenfalls überdeckt, insbesondere dort, wo man im Winter mit anhaltendem Frostwetter zu rechnen hatte.

Der *Heißluftsaal* – *laconicum*, manchmal in der antiken Literatur auch als *sudatorium* bezeichnet – war in den frühen Anlagen ebenso wie in den Militärbädern ein fester Bestandteil der Thermen. In den großen Kaiserthermen ist er noch nicht mit Sicherheit identifiziert worden. Vermutlich ist er in einem der Räume der Südfront zu suchen. Oftmals scheinen auch gesonderte Heißluftbäder bestanden zu haben, wie z. B. in der *Villa des Hadrian* bei *Tivoli*.

Wo die Räumlichkeiten für das Salben mit Öl – eine höchst wichtige Prozedur – lagen, ist ebenfalls ungewiß. Diese gehörten aber auf alle Fälle in den beheizten Teil der Bäder. Dies trifft auch für das *destrictarium* (Raum zur Entfernung der Körperhaare) zu.

Kompakte Mauermassen und Gewölbekonstruktionen kennzeichnen, wie wir feststellten, den eigentlichen Badeteil der Thermen. Die den Betrieb ergänzenden Säle (Bewegungs-, Gesellschafts- und Sporthallen, Eingangs- und Umkleideräume) konnten leichter gebaut werden. Man konnte sie mit hölzernen Dachstühlen, Einbauten und Verkleidungen versehen. Wie wir Vitruvs Warnungen (in 5, X, 3) entnehmen können, war man sich über die schädigende Wirkung der feuchten Luft und der Wasserkondensation auf das Holz durchaus im klaren.

Manchmal finden wir basilikal gestaltete Säle, wenn Grundriß und Belichtung durch Oberlicht eine solche Raumform forderten (s. S. 85). In diesem Teil unterscheiden sich die Thermenanlagen sehr stark voneinander, je nach den klimatischen, aber auch kulturellen Eigenarten ihres Standortes.

Die Thermen von *Ephesos* haben ein ganz andersartig gestaltetes Raumangebot als diejenigen von *Ankara*. Der an der jo-

104 V. Raumgruppierung, Gestaltung und Betrieb

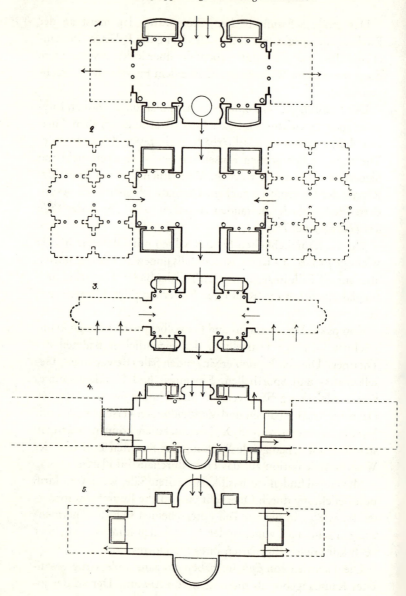

Die Einzelräume

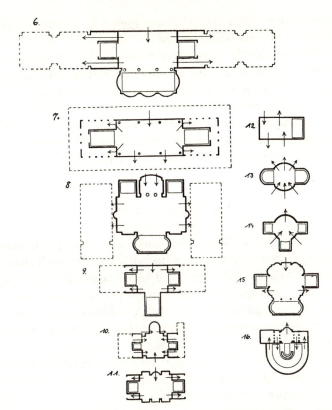

Z 36 Frigidarien nach D. Krencker, im gleichen Maßstab gezeichnet: 1 Caracallathermen, 2 Diokletiansthermen, 3 Konstantinsthermen (Rom), 4 Barbarathermen, 5 Kaiserthermen Trier, 6 Cherchel, große Westthermen, 7 Leptis Magna, große Thermen, 8 Timgad, große Nordthermen, 9 El Djem, 10 Madaurus, 11 Khamissa, Forumsthermen, 12 Pompeji, Stabianerthermen, 13 Villa Adriana, kleine Thermen, 14 Thaenae, 15 Djemila, große Thermen, 16 Oued Athmenia.

nischen Küste noch übliche Name *gymnasion* deutet auf die griechisch-hellenistische Tradition hin, die deutlich in den *stoa*-ähnlichen Hallen des Kommunikations- und Sportbetriebes zu erkennen ist. In einigen der Kaiserthermen ist ein zweites Geschoß in Verbindung mit Sonnenterrassen nachzuweisen.

Z 69

Als ein Sonderfall sind hier die großartigen *Antoninusthermen* von *Karthago* zu erwähnen. Hier besteht das untere Geschoß nicht nur aus einer weitläufigen Anlage für den Dienstleistungsbetrieb, sondern auch aus Hallen für die Besucher.

Z 76

Die Körperreinigung

Wasser in großen Mengen war vorhanden: fließend aus Speiern und Hähnen, gesammelt in Becken der unterschiedlichsten Form und Größe, kalt, warm und heiß. Damit allein aber läßt sich noch nicht jeder Schmutz vom Körper entfernen. Seife in unserem Sinne gab es nicht. Welche Utensilien benutzte man an ihrer Stelle? Zum einen gab es ein metallenes Schabgerät, *strigilis* genannt, das in Sport- und Badeanlagen häufig gefunden wurde. In gleicher Weise wird man aufgerauhte Textilien verwendet haben. Literarisch bezeugt ist der Gebrauch von Bimssteinen und tonigen Erden im Sinne von Seife.

Als *sapo* bezeichnete man ein aus einer Mischung von Fett und Pflanzenasche hergestelltes Mittel, zunächst zum Färben der Haare, später auch zu Reinigungszwecken verwandt. In der lutherischen Bibelübersetzung kommt das Wort „Seife" mehrmals vor, doch zu Unrecht, z. B. bei Maleachi 3, 2: Der Messias werde sein „wie die Seife der Wäscher". Im Urtext wird das hebräische Wort *borit* gebraucht, ein Reinigungsmittel, das aus vegetabilischem Alkali besteht. Ein solches Produkt erhält man durch Verbrennen gewisser Pflanzen, die im Orient wachsen. Noch heute findet man diese Asche als Handelsartikel auf den orientalischen Märkten. Das Altertum kannte ferner Salz, Neter

Die Körperreinigung

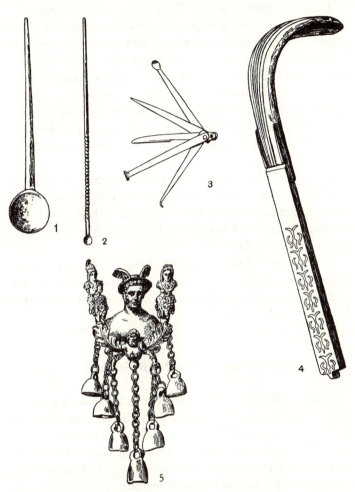

Z 37 Utensilien für den Badebetrieb: 1 und 2 Schminklöffelchen, 3 Toilettennecessaire, 4 strigilis, 5 tintinnabulum [181].

(kohlensaures Natron), Honig, Bohnenmehl, Kleie, lemnische Siegelerde, Gerstensauerteig, Galle und gefaulten, ammoniakhaltigen Urin als Reinigungsmittel. Das letztgenannte Produkt wurde vor allem zum Reinigen der Wäsche gebraucht. Der erste, der *sapo* mit Sicherheit als Reinigungsmittel nennt, ist Galen. Doch sagt er auch, daß zum Waschen des Gesichtes besonders die Erde von Selinus und Chios benutzt werde. Im 4. Jh. n. Chr. spricht Theodorus Priscianus vom Kopfwaschen mit Seife und vom *saponarius*, dem Seifensieder. Paulus aus Ägina kennt im 7. Jh. n. Chr. die Verstärkung der Lauge durch ungelöschten Kalk und Seifenkugeln als Heilmittel.

Ob Badewäsche wie in den türkischen Bädern geliehen werden konnte oder grundsätzlich mitgebracht wurde, wissen wir nicht. Gegen eine Gebühr konnte man sich sicherlich Masseure mieten, sofern man nicht eigene Sklaven für persönliche Dienstleistungen mitbrachte.

Ohne Öl kein Bad, so war die allgemeine Meinung. Allerdings, ob vor dem Baden, hinterher oder sowohl als auch, darüber stritten sich die Experten, wie z. B. die berühmten Ärzte Celsus und Galen (s. S. 174).

Die Temperatur in den Baderäumen

Naturgemäß besitzen wir keine exakten Daten für die Temperaturen und den Feuchtigkeitsgrad der Luft in den verschiedenen Baderäumen, sondern wir müssen uns mit Angaben wie warm, heiß, sehr heiß, feucht und trocken begnügen. Aus diesem Grund habe ich vor einigen Jahren diesbezügliche Untersuchungen an den heute noch in Betrieb befindlichen *türkischen Bädern* gemacht, und zwar vor allem in dem aus dem 15. Jh. stammenden *Inçirli Hamam* – dem Feigenbaum-Bad – in *Bursa* (Prusa ad Olympum). Die Badegewohnheiten der Moslems entsprechen denen der Römer in den *balnea*, nur daß ein Heißluftbad grundsätzlich fehlt. Da sich physiologisch und verhaltensmäßig der Mensch wohl nicht wesentlich geändert hat, lassen sich analoge Schlüsse aus den Ergebnissen ziehen.

Über die physikalischen Bedingungen des *laconicum* können wir in der alten *finnischen Sauna*, die noch auf manchem Bauernhof in Nordfinnland zu finden ist, Studien treiben.

Im *apodyterium* des *Inçirli Hamam* wurden bei + 5° C Außentemperatur 17° C bei normaler Luftfeuchtigkeit gemessen. Bei erheblich niedrigerer Außentemperatur wird ein eiserner Ofen beheizt. In früheren Jahrhunderten und vermutlich im Altertum erwärmten Holzkohlenbecken den Raum, der nicht durch Hypokausten erwärmt war.

Im Durchgangsraum zum *tepidarium* steigt die Temperatur um 2–3° C. Sie beträgt im *Inçirli Hamam* 23–25° C bei 90–95% Luftfeuchtigkeit. Im Altertum ist dieser Raum mittels Fußbodenheizung erwärmt (s. S. 273). Im *caldarium*, dem Heißbaderaum, wurden bei 100% Luftfeuchtigkeit (starke Schwadenbildung) 32–33° C gemessen, im hochgelegenen Mittelteil des *sudatorium* 37° C. Im Altertum wird die Wandheizung bei im ganzen etwas höheren Temperaturen die Kondensation an den Wänden verhindert haben. Das heiße Wasser hat am Auslauf im *caldarium* eine Temperatur von 48° C. Es wird mit kaltem Wasser gemischt und bei etwa 40° mittels kleiner Schöpfgefäße über den Körper gegossen und fließt in flachen Rinnen des Marmorfußbodens zu einem Sammelabfluß. Die Vorschriften des Islam fordern nach Möglichkeit fließendes Wasser für die Waschungen. Eintauchen in ein großes Becken ist nur im Heilbad (*Kaplidscha*) gestattet. Deshalb fehlen in den türkischen Bädern die großen Wannen in den Baderäumen, die in den Thermen und *balnea* der Antike zu finden sind.

Umkleideräume und Kleidung

Im *apodyterium* wurde die Kleidung abgelegt und versorgt. Dabei erhebt sich die Frage nach der Art der Garderobe und den Aufbewahrungsmöglichkeiten. Das Straßenschuhwerk mußte man am Eingang, spätestens in den Umkleideräumen ablegen. In manchen Mosaikfußböden z. B. nordafrikanischer Thermen sieht man die Bilder von Sandalen und Schuhen kunstvoll eingelegt. Manchmal ist noch eine *strigilis* daneben abgebildet und die Empfangsworte: „*bene laba*", während am Ausgang die Schuhe in die entgegengesetzte Richtung weisen mit folgendem Text: „*salvom lavisse.*" In klassischem Latein sind diese Wünsche sicherlich nicht ausgedrückt. Offensichtlich durfte man die Baderäume nur mit nackten Füßen betreten. Dort standen Badeholzschuhe zur Verfügung, ebenso wie in den islamischen Bädern. Sie verhinderten das Ausrutschen auf dem häufig mit Öl verschmutzten nassen Marmorfußboden und schützten vor den hohen Bodentemperaturen (s. S. 113).

Über die hölzernen Einbauten und Vorrichtungen wissen wir wenig Bescheid. Textilien werden in den *apodyterien*, Wandelgängen und Hallen in Form von Wandbehängen, Teppichen und Vorhängen aller Art in reichem Maße vorhanden gewesen sein. Auch Tierfelle verwandte man z. B. als Sesselbehang, wie wir es T 42 auf dem Mosaik der Villa bei *Piazza Armerina* sehen können. Die Sitzbänke werden bestimmt mit einem weichen Material abgedeckt worden sein, ebenso die Liegegelegenheiten zum Ausruhen nach dem Bade.

Markisenartige Sonnensegel zum Schutz gegen die Hitze sind durch die antike Literatur zumindest für Villen und Paläste verbürgt. Sie sollten eigentlich in den luxuriösen Bädern auch nicht gefehlt haben. Durchgänge und Portiken wurden zum Schutz vor Zug und Wind mit Vorhängen versehen. Für die überall an Eingängen und Peristylen verwendeten dekorativen Vorhänge und Raumtrennungen aus schweren Stoffen in byzantinischer

Zeit zeugen die zahlreichen Mosaikdarstellungen auf Fußböden und an den Wänden.

Die Kleidung der Badebesucher interessiert uns nicht nur als Ergänzung unseres Vorstellungsbildes vom Leben in den Thermen, sondern auch in bezug auf die Versorgung während des Bades.

Der vornehme Römer trug, wenn er ausging, immer die *tunica* und darüber in schönem Faltenwurf eine *toga* und bei Kälte oder Regenwetter ein *pallium*. Die *tunica*, ein aus zwei Teilen geschnittenes und vernähtes Woll- bzw. Leinenhemd, war das Untergewand der römischen Männer und Frauen. Ursprünglich war die *tunica* ärmellos; aus der *tunica manicata*, der Ärmeltunica, entwickelte sich später die *dalmatica* als Priester- und Diakonengewand. Die *tunica* reichte gegürtet den Männern bis zu den Knien. Die Frauentunica ist wesentlich länger. Wurden zwei Hemden übereinander getragen, so nannte man das Unterhemd *subucula*.

Die *toga*, aus der etruskischen Frühzeit übernommen, ist das römische Gewand schlechthin und durfte nur vom römischen Bürger getragen werden. Sie bestand aus Wolle und war segmentförmig geschnitten, d. h., sie hatte einen geraden und einen halbkreisförmigen Saum und zwei Zipfel. Interessant ist der Umstand, daß die Bezeichnung für die römische Bürgerschaft auch *gens togata* (das *toga* tragende Volk) lautete. Der erwachsene *civis* trug die *toga* weiß, als Ritter mit schmalem, als Senator mit breitem *clavus*, einem Randbesatz aus Purpurstoff. Knaben trugen die *toga praetexta* (mit Purpurstreifen wie die Beamten), Trauernde und Angeklagte die *toga pulla*, die dunkel oder gar schwarz gefärbt war. Das Ablegen der *toga praetexta*, verbunden mit dem Anziehen der *toga virilis* (Symbol der Erlangung der Bürgerrechte als erwachsen Gewordener), fand jeweils am 17. März statt (zwischen dem 15. und 18. Lebensjahr).

Unter der *toga* trug man in alter Zeit nur den Schurz (*subligaculum* oder *cinctus*, eine Art Badehose oder auch kurzes Röckchen), später dann die Tunica. Über der *toga* wurde manchmal die *lacerna* getragen, ein fransenbesetzter, offener Mantel, eine Sonderform des *sagum*. Die *lacerna* trat zunächst als Soldatenmantel auf; ihr Ursprung ist weitgehend unbestimmt. *Sagum* ist ein keltisches Lehnwort und bedeutet Umhang in weitestem Sinn, wozu auch der Überwurf mit Kapuze gehört.

Lange Lederhosen und Mäntel mit Kapuze hat es im unwirtlichen Klima der nördlichen Provinzen gegeben. Bezeugt wird dies u. a. durch eine kürzlich in *Untereschenz* (Thurgau/ Schweiz) gefundene Holzplastik.

Vor einiger Zeit sind bei Grabungen am *Hadrianswall* in *Schottland* Reste von Wollstrümpfen und Unterhosen zutage getreten.

An die Stelle der sehr offiziellen Tracht der *toga* konnte auch als Mantel das *pallium* treten. Frauen trugen als Überwurf eine *palla*. Beide Kleidungsstücke entsprechen dem griechischen *himation*, einem viereckigen Tuch aus Wolle, Leinen oder Seide, das bei der *palla* zusätzlich mit Fransen versehen war. Sie wurden im Gegensatz zur *toga* von allen Bevölkerungsschichten getragen. Diesen ursprünglich griechischen Überwurf führten in der Frühzeit Freunde hellenischer Kultur in Rom ein. Später setzten sich diese vermutlich aus Bequemlichkeit und Freude an salopper Lebensweise auch bei den Männern der Gesellschaft mehr und mehr durch. Man benutzte das *pallium* im täglichen Gebrauch auf der Straße und bei Gelagen. In den Umschlagetüchern der Frauen in südeuropäischen Ländern lebt die *palla* oder das *himation* heute noch fort.

Offensichtlich gab es für Frauen auch Unterziehhöschen. In diesem Zusammenhang sei auf das Mosaik mit der Darstellung von Mädchen in Bikini-Badeanzügen in der Villa bei *Piazza Armerina* hingewiesen.

Alle diese Kleidungsstücke mußten während des Aufenthaltes in den Thermen gut versorgt werden. *Tunica, pallium* und *palla* ließen sich bequem zusammenlegen; sie durften jedoch am Aufbewahrungsort nicht zu stark gedrückt werden. Der aufwendigen *toga* bekam ein Hängen bestimmt besser. Wir werden uns Ablagetablare in holzverkleideten Nischen, regalartig angeordnet, vorzustellen haben. Dazu gehörten Aufhängevorrichtungen in Kombination von Holz und schön gestalteten Bronzenägeln bzw. Haken. Auch die abgelegten Schuhe werden ihren vorgeschriebenen Platz gehabt haben, geschützt vor Feuchtigkeit und Ölverschmutzung. Aber Vorsicht vor Dieben! Man kann vermuten, daß Kleiderdiebstahl in den Bädern sehr oft vorkam, hatten doch die Griechen dafür einen besonderen Ausdruck: *lopodysia*. Das Verbum: Stehlen von Kleidern = *lopodysein*, der Kleiderdieb = *lopodytes*. Vor Taschen- und Kleiderdieben wird häufig auf Inschriften gewarnt, so z. B. am Eingang der Thermen von *Aphrodisias* (Karien, heute Vill. Aydin, Türkei).

Im Vergleich mit dem Betrieb der islamisch-türkischen Bäder und anhand von antiken Darstellungen erscheint es wahrscheinlich, daß man während des Badeprozesses eine Art von Holzsandalen trug, um der Hitze der Fußböden und der Ausrutschgefahr auf den ölig-feuchten Fußböden zu entgehen. Davon ist in den Komödien des Aristophanes mehrmals die Rede.

Lintea (Leintücher) wird es in den verschiedensten Größen zum Abtrocknen und Bedecken nach dem Bad gegeben haben. Zum Trocknen der Tücher wurden Seile gespannt, vermutlich wie in den islamischen Bädern auf Terrassen und Dächern, die nur für die Bediensteten zugänglich waren.

Frauenbäder

Wir müssen uns nun etwas näher mit dem Badebesuch der Frauen beschäftigen. Hier ist noch vieles unklar. Fest steht, daß in republikanischer Zeit die Männer- und Frauenbäder getrennt waren, entweder räumlich oder zeitlich. Diese Sitte wird bezeugt in der antiken Literatur wie auch durch die archäologischen Befunde. In den letzten Jahrzehnten dieser Epoche und in der darauffolgenden augusteischen Zeit änderten sich die Verhältnisse. Vor allem in der Hauptstadt *Rom* und in den eleganten Badeorten wie *Bajae* „lockerten sich die Sitten". Wir müssen uns aber vor Vorstellungen moderner Hemmungslosigkeit hüten, die ganz gewiß auch nicht in den späteren „verruchten" Epochen der römischen Kaiserzeit geherrscht haben.

Zunächst gilt es zu unterscheiden zwischen den verschiedenen Frauengruppen: den Ehefrauen und heranwachsenden Töchtern der oberen Stände, den „Konkubinen", den eingetragenen Mädchen der Freudenhäuser *(lupanares)*, den Frauen und Töchtern der unteren Schichten.

Sicherlich wurde in den Familien der „oberen Zehntausend" nach außen hin genauso das Gesicht gewahrt wie in Europa im 18. und 19. Jh. Daß daneben amoureuse Abenteuer gerade auch bei den Damen von Stand üblich waren, lehren uns die antiken Dichter wie z. B. *Properz*, der Cynthia – seine Geliebte – im Wagen nach Praeneste, Tibur und Lanuvium begleitet. Er trifft sie dann wieder im eleganten Badeort *Bajae*, wo sie auf dem Herkulesdamm im Anblick des Meeres Rom und den Freund vergißt, so daß dieser sein Gedicht mit den Worten beendet:

O, verlaß nur möglichst bald das verdorbene Bajae;
Vielen hat schon dieser Strand Anlaß zur Scheidung gebracht,
Dieser Strand, der immer den züchtigen Frauen nur feind war!
Fluch darum Bajaes Bad, das sich an Amor vergeht.

Für gemeinsame Badefreuden standen der Gesellschaft außerhalb der großen öffentlichen Thermen genügend andere Möglichkeiten zur Verfügung, wie üppige Privatbäder, Luxusanlagen in Orten wie *Bajae* oder vielleicht auch speziell für solche Zwecke zu mietende Bäder in den Städten.

Neuere Ausgrabungen in *Ephesos* und *Pompeji* zeigen Beispiele von Kombinationen Gasthof–Bad (*Villa Julia Felix* in

Pompeji) sowie die Lupanar-Thermenanlage (*Scholastikiather-* T 60 a
men in *Ephesos*).

Die Öffentlichkeit, zu denen die großen Kommunikationsbereiche der Städte in erster Linie zu zählen sind, gehört noch heute in den romanischen Ländern dem Mann. Das wird auch in römischer Zeit so gewesen sein. Die weitläufigen Räumlichkeiten, die in den Kaiserbädern der Geselligkeit, dem Sport und Spiel dienten, waren gewiß nicht geschaffen worden für das Liebesspiel der Geschlechter, sondern für Zeitvertreib, Gespräche, Geschäfts- und Sozialkontakte der Männer unter sich. Vielleicht war es nicht verboten, aber doch ungewöhnlich, Freundinnen hierhin mitzubringen; solche Besuche werden in der uns bekannten antiken Literatur für die Kaiserbäder nicht erwähnt.

Anders mag es sich mit den Hunderten von *balnea* verhalten haben. Dort war vielleicht in manchen Epochen ein gemeinsames Baden von Männern und Frauen erlaubt, soweit es sich um die unteren Schichten handelt. Man darf sich aber die Bäder der Spätzeit keinesfalls allgemein als „Lasterhöhlen der Wollust" vorstellen.

Kosmetik, Pflege von Gesicht, Haut und Haar, vor allem vor und nach dem Bade, war für die vornehme und reiche Römerin ein wichtiger Bestandteil ihres Daseins. In den Privatbädern und den Frauenbädern existierten besondere Einrichtungen für diese Bedürfnisse. Das Trocknen und Frisieren beansprucht längere Zeit und wird von begleitenden Sklavinnen ausgeführt worden sein. In den Jahrhunderten der Kaiserzeit bestand das Frauenbad T 36 b
aus der bekannten Reihung von *apodyterium, tepidarium, caldarium*. Das *laconicum* fehlte immer, meist auch das Kaltwasserbecken. Außerdem waren die Räume wesentlich kleiner als die der Männerbäder, wie dies noch heute in den islamischen Frauenbädern der Fall ist.

Das Heißluftbad wurde offensichtlich als spezifisch männlich betrachtet, d. h. für die weibliche Konstitution nicht geeignet. Diese Auffassung wird durch die Literatur bestätigt.

Über die Einordnung des *laconicum* in den Betrieb der großen Thermen herrscht noch Ungewißheit. In den Militärbädern ist ein solches jedoch immer eindeutig zu identifizieren. Die Schockmethode von Aufenthalt im Heißluftraum und anschließendem Eintauchen in das Kaltwasserbecken des *frigidarium* gab dem Mann Kraft und Widerstandsfähigkeit gegen Krankheiten.

In den Exedren des *frigidarium* der Villa bei *Piazza Armerina*, die in diesem luxuriösen Privatbad als *apodyterien* dienten, ist u. a. folgende Szene auf dem Fußbodenmosaik dargestellt: In der Lünette wird ein Mädchen gezeigt mit üppigem gekraustem Haar, das am Hinterkopf zusammengefaßt ist und das das ovale Gesicht mit großen, träumend in die Ferne blickenden Augen einrahmt. Auf der linken Seite steht eine Dienerin, die ihr beim Ablegen ihrer reichen Gewänder behilflich ist. Eine zweite Dienerin auf der anderen Seite bückt sich, um ihr die Sandalen zu lösen. Diese Exedra, vermutlich durch Vorhänge vom Hauptraum getrennt, war der Umkleideraum für die Damen des Hauses. An anderer Stelle werden ebenfalls auf einem Mosaik schlanke, schöngliedrige Mädchen im Bikini dargestellt.

Abortanlagen

Die Abortanlagen befanden sich in den meisten Fällen an den Umgängen der *palästra*, aber auch in Verbindung mit Garderobe und Umkleideräumen, wobei sie durch „Geruchsschleusen" von diesen getrennt sind. Ungeachtet der Grundrißform des Raumes sind die Marmorsitze (mit einer speziell gestalteten Öffnung versehen) aneinandergereiht. Unter den Sitzen befand sich in entsprechender Lage ein breiter Kanalisationskanal und vor den Sitzen eine mit fließendem Wasser versorgte Rinne, manchmal auch ein Wasserbecken am Ein- bzw. Ausgang. Vermutlich dienten diese der körperlichen Säuberung, denn Toilettenpapier war

Abortanlagen

nicht vorhanden. Da zahlreiche dieser Anlagen architektonisch recht aufwendig gestaltet waren, ist zu vermuten, daß dieser Platz doch wohl ein angenehmer Aufenthaltsort war, der hygienisch relativ sauber war, und daß die Belüftung und Fäkalienbeseitigung gut funktionierten. In dieser Beziehung hatte die Technik bereits in den orientalischen Hochkulturen der Bronzezeit einen beachtlichen Stand erreicht. Klosettsitze kamen jedoch erst in griechischer Zeit auf. Im Orient benutzte man seit ältesten Zeiten (wie noch heute) das sog. „Hockklosett".

Als Beispiel für zahlreiche ähnliche Anlagen sei die von W. Huber sorgfältig untersuchte öffentliche Latrine in *Vaison-la-Romaine* genannt: „Dort lag unter anderem am Rande der geräumigen Gartenanlage eines Peristyls ein Abortraum mit neun ganzen und zwei zur Hälfte erhaltenen Sitzen. Manche vermuten in diesem Peristyl einen vielleicht zu einer großen Badeanlage gehörenden Garten, so daß es sich demnach um eine Art öffentliche Bedürfnisanstalt handeln würde. Der ganze Raum ist etwa 4 × 4 m groß und durch wenige Stufen vom Peristyl aus zu erreichen; die Einarbeiten für die Türen sind in der Schwelle noch erkennbar. Der Boden ist mit Steinplatten ausgelegt; um drei Seiten des Raumes laufen steinerne Bänke mit den Abortsitzen. Vor den Sitzen läuft eine schmale Abflußrinne. Die Abortsitze selbst bestehen aus einer steinernen, 54 cm hohen Stirnwand und einer steinernen, 55 cm tiefen Abdeckfläche, in welche die Abortöffnungen eingeschnitten sind. Diese liegen allerdings erstaunlich nahe nebeneinander – im Mittel etwa 55–60 cm voneinander entfernt – und haben einen Durchmesser von 18 cm. Vielleicht lassen sich die geringen Maße durch eine kleinere Statur der damaligen Bevölkerung erklären. Manche Fragen bleiben ungelöst, so z. B. die Trennung der Geschlechter für die Benutzung des Abortraumes, die vielleicht überhaupt nur für Männer bestimmt war; ferner die Frage, ob Holzsitze aufgelegt waren oder Holzroste noch auf dem Boden lagen, da die Sitzhöhe verhältnismäßig hoch ist. Die Abdeckplatten der Sitze waren an den Trennfugen der Platten durch eine Art steinerne Zungenwand unterstützt. Unter allen Sitzen führte aber als wesentliche hygienische Maßnahme ein Wasserkanal durch, der an das Entwässerungssystem der Gesamtanlage angeschlossen war. Ob er dabei von einem dauernd fließenden Gewässer – was man annehmen möchte – gespeist wurde, oder durch einen Wasserbehälter von Fall zu Fall, läßt sich allerdings ohne weiteres nicht mehr erkennen."

Die Bäder als Dienstleistungsbetriebe

Die riesigen Badebetriebe gaben einer großen Zahl von Menschen Arbeit und Auskommen. Wenn auch die meisten von ihnen Sklaven waren, in diesem Fall Sklaven der öffentlichen Hand, so erhielten sie doch ein bestimmtes Entgelt pro Tag. Bei den kleinen Anlagen lag die Organisation und Aufsicht meist in den Händen des Besitzers oder eines Pächters, bei den großen Thermen wohl ausnahmslos in denen höherer Staatsbeamter.

Wie lebten die Sklaven, die in öffentlichen Diensten standen? Wie die Haussklaven? Wie verbrachten sie ihre spärliche Freizeit? Wo wohnten sie und in welchem Verband? Dies sind Fragen, die sich stellen, wenn wir uns die Kehrseite des üppigen Badelebens der Kaiserthermen, nämlich den riesenhaften Bedienungsapparat betrachten.

Offenbar standen die Sklaven nicht auf der niedrigsten existentiellen Stufe der antiken Menschen. *Homer* läßt Odysseus den Hades besuchen und Achill nach seinem Befinden fragen (Odyssee XI, 489–491). „Lieber als König über alle Toten", antwortet Achill, „wäre ich Tagelöhner *(thete)*, der einem ungüterten Bauern das Feld bebaut." Nicht der Sklave, der *thete* hatte den niedrigsten menschlichen Status. Ihm sicherte niemand Unterkunft und Nahrung und eine gewisse Pflege.

Die Römer kannten zudem die Einrichtung des *peculium,* das

Unfreien Besitz zur Nutzung, zur Verwaltung und beschränkt auch zur freien Verfügung übertrug. Mancher Sklave konnte sich aus den Einkünften seines *peculium* freikaufen. Sklaven mit *peculium* steuerten einen beträchtlichen Teil des Handels, des Geldverkehrs, der gewerblichen Produktion, da die Beschäftigung mit solchen Dingen nach der damaligen Wertordnung vielen, vor allem aus den höheren Ständen, eines freien Mannes unwürdig erschien.

Die Gemeindesklaven *(servi publici)* werden zum Gefolge der Oberbeamten gezählt haben. Sie waren vornehmlich für die Betreuung der öffentlichen Bäder als Aufseher, Badewärter und Heizer, aber auch für die Reinigung der öffentlichen Gebäude zuständig. Es mußten zunächst einmal alle Zulieferungen koordiniert werden wie etwa Wasser und Brennmaterial. Die Qualität und Lagerung des Holzes war zu prüfen. Eine Reihe von kundigen Handwerkern und „Ingenieuren" wurde für Reparaturen ständig benötigt.

Der Badebetrieb selbst ruhte nur einige Stunden während der Nacht. Dies bedeutete zwar eine kurze Spanne für die Erholung der Heizer, denn der Heizbetrieb wurde reduziert, jedoch nicht unterbrochen. Alle innerbetrieblichen Tätigkeiten vollzogen sich in mehr oder weniger breiten, überwölbten Gängen, die, als Terrasse abgedeckt, vor den Baderäumen in Höhe des Präfurniumgeschosses oder im Kellergeschoß lagen. Das komplizierte Netz von Bedienungsgängen wird uns zum Beispiel in den sonst nur spärlich erhaltenen Ruinen der *Barbarathermen* von *Trier* oder den Thermen von *Ankara* vor Augen geführt.

T 66 b

T 65 a

Innerhalb dieser Gänge und ihrer raumartigen Erweiterungen befanden sich – meist in Kanälen frostfrei verlegt – die Ver- und Entsorgungsleitungen. Von hier aus waren die *präfurnien* (Heizstellen) zugänglich, sowohl zu den *hypokausten* der Baderäume als auch zu den Warmwasserkesselanlagen. Spärliches Licht fiel durch kleine Oberlichtöffnungen oder durch seitliche Fenster in das Gangsystem. Hier und da waren niedrige Räume angeschlossen, die dem Aufenthalt der Bediensteten während der Ruhepausen, teilweise wohl auch als Holzmagazine dienten. Erstaunlich häufig sind Mithraskultstätten im Zusammenhang mit den Bedienungsräumen gefunden worden.

Durch enge Treppenhäuser, meist gewendelt, standen die Kellergeschosse mit Galerien und Gängen der Obergeschosse und Gewölbe in Verbindung. An den bis zu dieser Höhe erhalten gebliebenen Ruinen der *Caracallathermen* in *Rom* könnten diesbezüglich genauere Untersuchungen neues Licht in die Dunkelheit unseres bisherigen Wissens bringen.

Wie die Untersuchungen an den islamischen Bädern in *Bursa* gezeigt haben, wurde das Heizsystem in hohem Maße von oben, vor allem vom Dach aus, reguliert, ebenso die Bedienung der Be- und Entlüftung.

Rechte und Pflichten eines Badepächters zeigt ein Auszug aus der *Gemeindeordnung* des Bergmannsdorfes *Vipascum* aus römischer Zeit in der Provincia Lusitana, dem heutigen Portugal. Die einzelnen Forderungen der Badeordnung lauten:

1. Der Pächter des Bades oder sein Teilhaber soll ganz auf eigene Kosten das Bad, das er vom 1. Juli ab immer auf ein Jahr pachten wird, täglich heizen und zugänglich machen von Tagesanbruch bis zur siebenten Stunde für die Frauen und von der achten Stunde bis zur zweiten Stunde der Nacht für die Männer nach dem Ermessen des Beamten, der das Bergwerk leitet.

2. Fließendes Wasser für das Bad soll er Männern und Frauen bis zum höchsten Frosch (Wasserstandsmarke) für die unterheizten Bassins und für das Becken ordnungsmäßig liefern.

3. Der Pächter soll sich von jedem Mann ½ As, von jeder Frau 1 As zahlen lassen. Ausgenommen sind die kaiserlichen Freigelassenen und Sklaven, die in den Diensten des Bergwerksleiters stehen und Vorrechte genießen, ebenso Kinder und Soldaten.

4. Der Pächter, sein Teilhaber oder sein Geschäftsführer sol-

len die Badeeinrichtung und alles, was ihm angewiesen wird, nach Ablauf der Pacht unversehrt zurückgeben, soweit es nicht abgenutzt ist. Die Kessel, die er benutzt, soll er allmonatlich aufs neue ordnungsgemäß abwaschen, reinigen und mit Fett einreiben.

5. Sollte höhere Gewalt oder ein unvermeidlicher Unfall verhindern, daß er das Bad ordnungsgemäß liefert, so soll der Pächter für diese Zeit nach Verhältnis den Pachtzins für sich in Rechnung setzen (dürfen).

6. Außer dem und (außer) wenn er noch etwas anderes zum Betrieb des Bades getan hat, darf er nichts für sich in Rechnung stellen. Dem Pächter soll nicht gestattet sein, Holz zu verkaufen, außer den Abfall von den Zweigen, der zur Heizung ungeeignet ist.

7. Wenn er dieser Bestimmung zuwiderhandelt, soll er für jeden einzelnen Verkauf 100 Sesterzen an die Staatskasse zahlen. Wenn das Bad nicht ordnungsmäßig geliefert wird, soll der Leiter des Bergwerks dem Pächter für jeden Fall bis zu 200 Sesterzen (Strafe) auferlegen.

8. Holz soll der Pächter jederzeit soviel in Vorrat haben, als für (30) Tage ausreichend ist.

In diesem Zusammenhang interessiert uns, welchen Wert der von Seneca genannte *Eintrittspreis* von ¼ As für das einfache Bad der republikanischen Zeit im Vergleich mit anderen Dienstleistungen und Warenangeboten hatte. Ein As war ursprünglich ein Pfd. Kupfer, sank aber in den Punischen Kriegen rasch im Wert. Für die Umrechnung der römischen Münzen in unsere Währung muß man von den Goldmünzen Cäsars, den *aurei*, ausgehen, die ein Gewicht von 8,19 g Feingold hatten. Einer DM entsprechen 0,399902 g Feingold; damit ergibt sich ein Verhältnis von *aureus* : DM = 8,19 g : 0,399902 g. Es entsprechen einem *aureus* DM 20,48. Ein *aureus* hat 25 Denare oder 100 Sesterze oder 400 Asse. Daraus ergibt sich eine Wertskala, die allerdings nur für das erste Jahrhundert der römischen Kaiserzeit gilt.

Cato, der von 234–149 v. Chr. lebte und der über Landwirtschaft schrieb, berichtet folgendes: „Schickt man sechs Leute (Sklaven) mit einem Ochsengespann nach der Stadt Suessa, um eine Mühle zu holen, so dauert der Transport 6 Tage." Als Transportkosten nennt Cato 72 Sesterze. Das ergibt einen Tageslohn von 2 Sesterzen je Sklave.

Cicero, der von 106–43 v. Chr. lebte, spricht von einem Sklaven, der für 1000 Denare gekauft und als Schauspieler ausgebildet wurde, der aber als Arbeitssklave nicht mehr als 12 Asse = drei Sesterze verdient hätte. Von den Löhnen in den Weinbergen des Nahen Ostens erfahren wir aus dem Evangelium des Matthäus 20, 1–2: „Das Himmelreich ist gleich einem Hausvater, der am Morgen ausging, Arbeiter zu mieten in seinen Weinberg. Und da er mit den Arbeitern eins ward um einen Denar zum Tagelohn, sandte er sie in seinen Weinberg", das sind 4 Sesterze je Tag. Einen erheblich geringeren Tagelohn überliefert eine pompejanische Inschrift, die 5 Asse = 1,25 Sesterze nennt. Eine andere Inschrift aus Pompeji nennt für ein Pfund (327,45 g) Öl einen Preis von 4 As.

Zeitgenossen über das Leben in den Bädern

Thermen wurden in zahlreichen Fällen durch Stiftungen finanziert (*Liturgien, munera,* s. S. 123), die auch zumindest für eine gewisse Zeit die Betriebskosten umfaßten, die erheblich gewesen sein müssen. Wo die Liturgien nicht ausreichten, mußten der Reichsfiskus und die Städte die Kosten decken. Zu den Betriebskosten gehörten Heizung und Warmwasserbereitung, Instandhaltung der Gebäude, der Ausstattung und der Geräte, die Reinigungskosten und die Pflege der Grünanlagen. Wir verweisen auf S. 118.

Die Griechen hatten ein System, öffentliche Ausgaben zu finanzieren, das sie *leitourgia* nannten. Das Wort bedeutet Kostenübernahme, Erbringung einer Leistung (für den Staat – später für die Kirche). Liturgie war Verpflichtung und Ehre zugleich. Der Staat konnte ohne Einsatz eigener Mittel bestimmte Aufgaben – ursprünglich vor allem für kultische Zwecke, z. B. für Spiele, Feste, Tempelbau – reichen Bürgern zur direkten Verantwortung für die Kosten und für die Durchführung der Aufgabe übertragen. Die Liturgie war eine bedeutende Finanzquelle auch für profane staatliche Aufgaben, zumal die meisten griechischen Staaten direkte Steuern auf Person und Besitz nicht kannten. Die Einrichtung der Liturgie wurde von Rom übernommen (lateinisch *munera*). Die Römer hatten direkte Steuern, vor allem Grundsteuern. Daneben erwartete man von den unbezahlten Amtsinhabern der Städte, den Magistraten (die nicht zu den privilegierten Posteninhabern der Reichsverwaltung gehörten), *summae honorariae,* eben die Liturgien, Spenden für Spiele, öffentliche Gebäude, Bäder. Wie viele Bäder im Römischen Reich mögen durch Liturgien Existenz und Betrieb gefunden haben?

Schilderungen vom Leben in den Bädern, wie die des Seneca (s. S. 167), zeigen uns, daß es auch gastronomische Betriebe gegeben haben muß, neben fliegenden Händlern für Getränke und Süßigkeiten. Verkaufsstände und Gasträume befanden sich wohl in erster Linie in den Umfassungsgebäuden. In den Säulenhallen wimmelte es nach den Beschreibungen der Zeitgenossen von „Garköchen, Schankmädchen und Kupplern".

Man erhitzte sich im Bad, um durstig zu werden und sich erneut betrinken zu können. Auch die dazwischenliegenden Mahlzeiten arteten oft in sinnlose Fressereien aus, wie sie von Petronius geschildert wurden (s. u.). Die Folgen waren in manchen Fällen üble Verdauungsstörungen, die zu einem frühen Tod führten. Einige, darunter auch Kaiser Commodus, badeten bis zu achtmal am Tage. Dies zermürbte natürlich die Nerven und erschlaffte Haut und Muskeln. Wie steht es seitdem mit der Verminderung der menschlichen Unvernunft?

Die reichen Badebesucher brachten wohl immer eigene Sklaven für ihre persönliche Betreuung mit. Diese werden auch für die notwendige Badewäsche, für die Unterbringung der Garderobe, für Massage- und Hautschabegeräte *(strigilles)* sowie für das Wichtigste, für das Öl gesorgt haben. Die weniger „Betuchten" konnten Öl im Bad kaufen, vermutlich in einer ladenartigen Anlage in der Nähe des Einganges und der Umkleideräume. An die Armen wurde Öl häufig kostenlos abgegeben.

Eine Episode schildert *Plutarch* in der Biographie Hadrians. Der Kaiser badete oft in den öffentlichen Thermen mitten unter dem Volk. Dabei bemerkte er einen Veteranen, den er von den Feldzügen her kannte. Dieser rieb sich den Rücken an der Marmorverkleidung der Caldariumwand. Als ihn Hadrian fragte, warum er das tue, antwortete der Alte, er sei zu arm, um einen Sklaven zu bezahlen. Darauf mietete der Kaiser ihm einen Sklaven und gab ihm außerdem Geld. Am folgenden Tag, als die Ankunft des Kaisers gemeldet wurde, scheuerten sich mehrere andere Alte den Rücken an den Wänden des Caldarium. Ihnen aber rief Hadrian zu, sie sollten sich gegenseitig beim Abreiben helfen. Von dieser Zeit an wurde das wechselseitige Abreiben einer der beliebtesten Zeitvertreibe im Bad.

Es ist durchaus möglich, daß die Kaiserthermen nicht immer den ganzen Tag über für das Publikum geöffnet waren. Vielleicht wurden die Flügelsäle auch zu gewissen Zeiten und an bestimmten Tagen als Reihenbad benutzt. Die repräsentativen Mittelsäle – *caldarium, tepidarium, frigidarium* – blieben unter diesen Umständen geschlossen. Die beiden seitlichen Anlagen konnten dann völlig getrennt voneinander besucht werden; möglicherweise diente die eine in diesem Fall als Männer- und die andere als Frauenbad.

Viele Schilderungen von römischen Schriftstellern werfen

Schlaglichter auf den Badebetrieb in den großen Thermen. Es seien hier weitere aus der frühen Kaiserzeit angeführt.

Petronius (›Satyrica‹): „Wir ... machen sorgfältig Toilette und sagen zu Giton, der mit Vergnügen den Dienst als Sklave versah, er solle uns ins Bad folgen... Selber begannen wir einstweilen, noch angezogen umherzuschlendern, richtiger gesagt Kurzweil zu treiben und uns an Gruppen anzuschließen, als wir plötzlich einen alten Kahlkopf erblicken, der in roter Tunica unter Burschen mit langem Haar Ball spielte. Dabei hatten nicht sosehr die Burschen, obwohl es sich gelohnt hätte, unsere Augen auf sich gezogen als der Hausvorstand selbst, der in Sandalen mit grünen Bällen übte. Und wenn einer davon etwa den Boden berührt hatte, verwendete er ihn nicht weiter, sondern ein Sklave hielt einen vollen Beutel und versorgte die Spieler. Weiter fiel uns als seltsam auf, daß zwei Eunuchen auf den entgegengesetzten Seiten der Gruppe standen, von denen der eine einen silbernen Nachttopf in der Hand hielt, der andere die Bälle zählte, aber nicht die, die im Prellspiel von Hand zu Hand folgen, sondern die, die zu Boden fielen. Als wir also diese Finessen bewunderten, kam Menelaus gelaufen und sagte: ‚Das ist der Mann, bei dem ihr zu Tische liegt, und zwar habt Ihr bereits die Einleitung zum Souper vor Augen.‘ Menelaus sprach noch, als Trimalchio mit den Fingern schnippte, zum Zeichen für den Eunuchen, ihm mitten im Spiel den Nachttopf unterzuhalten. Als er seine Blase geleert hatte, ließ er Wasser für die Hände kommen und sich ein paar Tropfen auf die Finger sprengen, die er dann an den Haaren des Burschen abtrocknete...

Es hätte zu lange gedauert, alle Einzelheiten in sich aufzunehmen. So betraten wir die Baderäume, schwitzten uns heiß und gingen augenblicklich zur kalten Dusche weiter. Trimalchio, von Parfum triefend, ließ sich schon abtrocknen, nicht mit Leinentüchern, sondern mit Frottétüchern aus samtweicher Wolle. Unterdessen zechten seine Masseure zu dritt vor seinen Augen Falerner Wein, und wenn sie im Streit eine Überschwemmung anrichteten, sagte Trimalchio, das sei ein Aperitif. Dann hüllte man ihn in einen pelzgefütterten Scharlachmantel und hob ihn in seine Sänfte. Vor ihm zogen vier Läufer mit Brustschilden ein Handwägelchen, in dem sein Schatz saß, ein schon ältlicher Knabe..."

Lukianos aus Samosata, dem wir schon begegnet sind (s. S. 94), schildert uns in seiner Schrift ›Nigrinus‹ einen rücksichtslos auftretenden Zeitgenossen, der sich aber – o Wunder – belehren ließ (folgt man dem Autor):

„Als er (der stets mit großem Gefolge auftretende Protz) aber auch in den Gymnasien und Bädern lästig wurde, da die ihn begleitenden Sklaven die Entgegenkommenden beengten und stießen, da flüsterte wohl einer leise, wie um nicht gehört zu werden und als ob er jenen gar nicht meine: ‚Er fürchtet, man könnte ihm beim Baden nach dem Leben trachten, und dabei herrschte doch tiefer Frieden im ganzen Bade; er braucht also gar keine Schutzgarde.' Der aber hörte das natürlich und ließ sich belehren."

Martial (›Epigramme‹ 7, 34 [57]:
Fragst Du, wie es nur kommen mag, Severus,
daß der allergemeinste Mensch, Charinus,
eins vortrefflich gemacht? Ich sag's sofort Dir:
Was hat's Schlimmeres als Nero je gegeben,
was gibt's Besseres, als die Bäder Nero's?
Doch gleich findet sich da ein Bösgesinnter,
der mit dreckigem Maule so daherschwatzt:
„Was da willst du den vielen großen Bauten
unseres Herrn und Gottes vorziehn?" – Neros
Thermen will ich dem Bad des Wüstlings vorziehn.

Martial (Epigramme 14, 163):
Gib den Ball! Es schellt in dem Bad! Ja, spielst Du noch weiter?
Willst Du mit kaltem Bad nur dich begnügen und gehen?

Martial (Epigramme 2, 14):
Auch Fortunatus' Bad und des Faustus wird nicht verachtet,
Lupus' Äolusheim, Gryllus' stichdunkles Loch.
In den Thermen da badet er wieder und wieder.
Hat er das alles getan, ohne daß ein Gott ihm geneigt,
sucht er, gebadet, auf's neu, Europas lauschige Hecken.
Selius
(um einen Freund zu finden, der ihn zur Mahlzeit einlädt).

Juvenal (6. Satire, 420f.) [56]:
„Doch ist dieser Fehler noch minder schlimm als die Roheit eines Weibes, das seine Nachbarn niederen Standes herbeischleppen ... und schlagen läßt ... Widerlich anzusehn und mit abstoßendem Gesichtsausdruck geht sie erst abends ins Bad; selbst in der Schwitzkammer muß es einen Wirbel geben, wenn endlich ihre Arme von den Hanteln ermüdet sind und der Masseur, der weiß, was sie will, ihren Kitzler reibt und ihre Schenkel knetet, bis sie aufschreit ... Ihre Salbflaschen und ihren Hofstaat befiehlt sie abends ins Bad."

Die ungleichen Stunden der Römer

Die Festlegung unserer heutigen Stunden auf einen einheitlichen Zeitraum von 60 Minuten sowie der Minuten auf 60 Sekunden war den Römern unbekannt. Diese fehlende gleiche Unterteilung der Zeiteinheit bewirkte, daß die Stunden je nach dem Stand der Sonne während der Jahreszeiten unterschiedlich lang waren. Der Zeitraum von Mitternacht zu Mitternacht ergab die Einheiten: Tag und Nacht (24 Stunden). Der Tag dauerte jeweils von Sonnenaufgang bis Sonnenuntergang. Dieser sich in der Dauer ständig ändernde Zeitraum wurde in 12 Teile unterteilt;

entsprechend der Zeitraum der Nacht – von Sonnenuntergang bis Sonnenaufgang ebenfalls in 12 Abschnitte.

Für die Zeitanzeige standen Sonnenuhren zur Verfügung, die aber naturgemäß nur für einen gewissen Bereich Geltung haben konnten. Jede große Stadt hatte demnach eine speziell geeichte stationäre Sonnenuhranlage.

Daneben gab es seit hellenistischer Zeit auch Wasseruhren: In ein zylindrisches Gefäß floß gleichmäßig Wasser, und man konnte an Markierungen, die nach dem Vorbild der Sonnenuhr angebracht waren, die Menge ablesen, die einer „Stunde" entsprach.

Der Dichter *Martial* schildert den Tagesablauf auf diese Weise [57]:

Dient die erste und zweite der Stunden dem Gruße am Morgen,
ruft die dritte des Rechts heißere Schwätzer ans Werk.
bis zur fünften da gibt es in Rom gar manche Geschäfte,
in der sechsten ist Ruh und in der siebenten Schluß.
Um gesalbt zu ringen, genügt bis zur neunten die achte.
Denn die neunte verlangt, daß man sich streckt auf dem Pfühl.

Um die unterschiedlichen Längen der römischen Stunden deutlich zu machen, je nachdem in welchem Abschnitt des Jahres man sich befand, wird in der folgenden Aufstellung die Zeitdauer der verschiedenen Tagesstunden zuerst für die Winter- und dann für die Sommersonnenwende gezeigt [11]:

Tagesstunden	*Wintersonnenwende*	*Sommersonnenwende*
I. Hora prima	von 7.33 bis 8.17 Uhr	von 4.27 bis 5.42 Uhr
II. Hora secunda	von 8.17 bis 9.02 Uhr	von 5.42 bis 6.58 Uhr
III. Hora tertia	von 9.02 bis 9.46 Uhr	von 6.48 bis 8.13 Uhr
IV. Hora quarta	von 9.46 bis 10.31 Uhr	von 8.13 bis 9.29 Uhr
V. Hora quinta	von 10.31 bis 11.15 Uhr	von 9.29 bis 10.44 Uhr
VI. Hora sexta	von 11.15 bis 12.00 Uhr	von 10.44 bis 12.00 Uhr
VII. Hora septima	von 12.00 bis 12.44 Uhr	von 12.00 bis 13.15 Uhr

VIII. Hora octava	von 12.44 bis 13.29 Uhr	von 13.15 bis 14.31 Uhr
IX. Hora nona	von 13.29 bis 14.13 Uhr	von 14.31 bis 15.46 Uhr
X. Hora decima	von 14.13 bis 14.58 Uhr	von 15.46 bis 17.02 Uhr
XI. Hora undecima	von 14.58 bis 15.42 Uhr	von 17.02 bis 18.17 Uhr
XII. Hora duodecima	von 15.42 bis 16.27 Uhr	von 18.17 bis 19.33 Uhr

Die Naturgegebenheiten (Sonnenstand) dieser Stundeneinteilung beschränkten in der Winterzeit die Tagesaktivitäten auf etwa acht heutige Stunden. Setzt man 45 Minuten für die römische Stunde zur Wintersonnenwende ein, so ergeben sich für den römischen Arbeitstag knapp sechs heutige Stunden; bei einer Stundenlänge von 75 Minuten im Sommer dagegen etwa sieben Stunden.

Juvenal erwähnt in einem Epigramm, daß die Besucher die Thermen von der fünften Stunde an benutzen. Als günstigste Stunde zum Baden sieht er die achte Stunde an, da es zur sechsten Stunde noch glühend heiß und auch zur siebten noch reichlich warm sei. In einem Erlaß von Hadrian wird verfügt, daß niemand die Thermen vor der achten Stunde betreten dürfe, es sei denn, er sei krank. Ebenfalls von Hadrian wurde verfügt, daß die Badezeit nach Geschlechtern getrennt angesetzt wurde. Nach Juvenal wurden die Türen der Nebenbauten zu seiner Zeit für beide Geschlechter zur fünften Stunde geöffnet, das Hauptgebäude aber erst zur sechsten Stunde, und zwar nur für die Frauen. Im Sommer zur achten Stunde, im Winter zur neunten läutete die Glocke *(tintinnabulum)* für die Männer, denen die Bäder dann offenstanden bis zum Sonnenuntergang.

VI. DIE AUSSTATTUNG DER THERMEN

Mosaiken und Bodenbeläge

Die Idee des Mosaiks – ein aus kleinsten Teilen zusammengesetzter Flächenschmuck, der zugleich eine Schutzverkleidung darstellt – kommt aus dem Orient. Dort wurden repräsentative Bauten nicht nur mit glasierten Keramikziegeln wie z. B. am *Ischtartor* von *Babylon* belegt. In *Uruk* wurden aus wesentlich früherer Zeit Tonstifte gefunden, die in den Lehm der Außenfassade eingefügt waren und eine wasserabweisende, aber auch schmückende Hülle bildeten.

Im 5. Jh. v. Chr. tauchen die ersten *Kieselmosaiken* auf, z. B. in den Bauten von *Olynth*. In *Pella*, der Hauptstadt des Makedonischen Reiches, sind erstaunlich lebendige, farbenprächtige Darstellungen mythologischer Szenen in dieser Kunstart gefunden worden. Um auf einer vorbereiteten Fläche mit farbigen Kieseln Bilder darzustellen, muß in Ländern mit zahlreichen Bächen, Geröllhalden und Flußufern nahegelegen haben. Die Sichtfläche der Kieselmosaiken ist uneben, unserem Waschbeton ähnlich.

Parallel zu den Kieselmosaiken entstand aus handwerklich hergestellten kleinen Stein- oder Glaswürfeln – *tessellae* – das *opus tesselatum*. Eine übergeordnete Bezeichnung für diesen Fußbodenbelag ist in *Rom* seit dem 4. Jh. als *opus musivum* nachzuweisen. Man hat diese Mosaikböden zunächst für eine römische Erfindung gehalten. Aber schon in hellenistischen Reihenbädern wurden reizvoll gestaltete Mosaikfußböden gefunden. In hellenistischer Zeit entstanden an mehreren Orten besondere Schulen der Mosaikkunst, die ihre Entwürfe an ferne

Mosaiken und Bodenbeläge

Orte lieferten. Als wichtige Stätten der Mosaikkunst sind *Alexandria, Delos* und *Pergamon* zu nennen. Soson aus Pergamon ist durch das „Taubenmosaik" und die Darstellung eines mit Abfällen bedeckten Fußbodens bekanntgeworden (Plinius nat. 36, 184). Beide Motive sind immer wieder nachgebildet worden. Auf Sizilien ließ Hieron II. sein Prunkschiff mit wunderbaren Mosaiken ausstatten; dasselbe Schiff, auf dem sich ein luxuriöses Bad befunden haben soll.

Vermutlich aus der ersten Hälfte des 1. Jh. v. Chr. stammt das Mosaik, das in *Arsameia* am Nymphenfluß in Kommagene freigelegt wurde. Der Raum mit dem Mosaikfußboden steht in unmittelbarem Zusammenhang mit einem kleinen, einige Jahrzehnte später angebauten hypokaustierten Bad. T 38 a – 43

Mosaikfußböden erhielten einen soliden Unterbau. Das sogenannte Mosaikbett wurde tief ausgehoben und die Grundfläche festgestampft. Darauf folgte eine dichte Schicht faustgroßer Steine, darüber eine etwa handbreite Lage aus Kieselmörtel. Zum Schluß bildete eine sehr feine Kalkmörtelschicht die eigentliche Ebene zum Verlegen der Würfel. Die Fußbodentechnik, an deren Entwicklung die Estrichverleger *(pavimentarii)* einen großen Anteil hatten, war so gut ausgebildet, daß die meisten Mosaikfußböden die Unbilden der Jahrhunderte besser überstanden als die Bauwerke. Selbst Erdbeben hielten sie stand. Nur die Hohlböden der Hypokausten verwölbten sich stark, für den Ausgräber oft ein Hinweis auf eine Heizungsanlage.

Die Kunst des Fußbodenmosaiks verbreitete sich zur Kaiserzeit zusammen mit der Entwicklung der monumentalen Architektur der Palast- und Thermenbauten über das gesamte römische Herrschaftsgebiet.

Dieser Belag diente nicht nur als Schmuck, sondern auch als vorzügliche Schutzschicht für die Böden der Naßräume und Sporthallen. Später verkleidete man auch Wände und Gewölbeflächen mit Mosaiken.

Die kostbarsten der uns erhalten gebliebenen Mosaiken

befinden sich heute in den großen Museen, so z. B. im Museo Nazionale Romano (in den *Diokletiansthermen*) in *Rom,* in den Sälen des Museo Nazionale in *Neapel* oder im Museum von *Antakia* (Türkei), dem antiken *Antiochia.* Eine besonders interessante und schöne Sammlung besitzt das Museum Aloui im Bardo in *Tunis.* Nördlich der Alpen seien *Trier* und *Paris* erwähnt.

In jüngster Zeit versucht man, große wertvolle Mosaikböden an Ort und Stelle zu konservieren und zu schützen. Als besonders gutes Beispiel dafür sei die Villa Herculia bei *Piazza Armerina* (Sizilien) genannt (s. S. 191). In *Ostia* sieht man in den *Neptunsthermen* schwarz-weiße Mosaiken, die wie Marmorteppiche wirken (aus der Zeit des Antoninus Pius).

T 42
T 43
T 40 b

Götterbilder und Skulpturen

In allen größeren Thermen, in besonderer Vielzahl in den Kaiserthermen, waren Gottheiten, mythologische Szenen und Darstellungen der kaiserlichen Familie zu sehen, auf Fußbodenmosaiken, als Bestandteile der architektonischen Ausstattung oder als Skulpturen. Vorbilder sind in vielen Fällen die ausdrucksstarken Schöpfungen griechischer und hellenistischer Kunst gewesen. Die hochentwickelte römische Porträtkunst stellt sich im Bereich der Badeanlagen in vielen Büsten und Statuen dar.

Die berühmte Laokoongruppe – heute im Vatikanischen Museum in *Rom* – stammt aus den *Trajansthermen,* und die im Museum in den *Diokletiansthermen* aufbewahrte Aphrodite wurde 1913 in den Thermen von *Kyrene* ausgegraben.

Die Thermen dienten also wie die Tempel als Museen und mit ihren Bibliotheken auch als kulturelle Zentren. Dort verkehrten Literaten, Philosophen und Dichter, die Vorträge hielten oder aus ihren Werken lasen.

Skulpturen – meist Kopien griechischer oder hellenistischer Werke – sind allenthalben bei Ausgrabungen in Thermen gefun-

T 21 b

den worden. Die Funde sind so zahlreich, daß man geradezu von museumsartiger Aufstellung sprechen kann, vor allem wohl in den Annexen der Palästren, der Sporthallen und der Porticus. Ein besonderes Glück hatten die Archäologen bei der Freilegung des „Musensaales" in den *Faustinathermen* von *Milet*. Dieser Raum erhielt seinen Namen von den in den Nischen des basilikal gestalteten Saales aufgefundenen Skulpturen der neun Musen.

Eigenständige Gestaltungen finden wir in Form von Götter-, Kaiser- und Stifterstatuen oder von Architekturteilen wie Wasserspeiern, Architraven, Kapitellen, Flachreliefs und Brüstungen. In den Heilthermen wird es häufig Götterstandbilder gegeben haben. Dem Kaiserkult diente eine gesonderte Exedra mit entsprechender Statue.   T 33

Innenausstattung und Wandschmuck

Vorhänge werden vermutlich in erster Linie in den Umkleide- und Liegeräumen eine erhebliche Rolle gespielt haben. Auch Teppiche auf den Ruhebänken und dem Fußboden sowie an den Wänden sind sicherlich vorhanden gewesen. Sessel wurden häufig mit Tierfellen ausgelegt, wie uns dies die Mosaiken der Villa Herculia bei *Piazza Armerina* zeigen (s. S. 192).   T 42
T 43

Einige Räume wurden insbesondere in Privatbädern bis zum 2. Jh. n. Chr. mit eindrucksvollen Wandmalereien geschmückt. T 56b Davon geben Beispiele aus *Pompeji* und aus den erst kürzlich freigelegten Bädern der Villa von *Oplontis* sowie aus dem Thermengebäude von *Schwangau* (Bayern) ein eindrucksvolles Bild. Je feuchter das Klima in den meisten Baderäumen wurde und je heißer die Temperatur im *laconicum* war, um so mehr litten die Malereien an den Wänden. Man ging deshalb später dazu über, Wandverkleidungen aus widerstandsfähigem Material wie z. B. Marmorplatten oder auch Mosaik herzustellen.

Neben den Wandmalereien sind auch Stukkaturen an Wän-

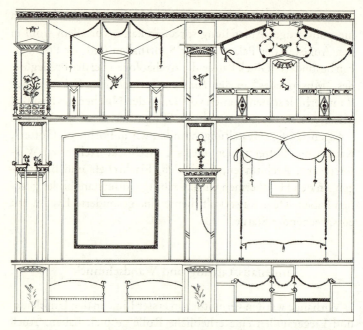

Z 38 Pompeji: Stabianerthermen, Wandmalerei
IV. Stil, Portikus der Palästra [104].

den und Gewölben in kleineren Thermen zu entdecken. Für die
Naßräume waren diese vom Material und der Plastizität her allerdings wenig geeignet. Reizvolle Gestaltungen zeigen in *Pompeji* die *Forumsthermen,* einige Räume in den *Stabianerthermen*
und die Umgänge der *Palästra*. Diese Dekorationsarbeiten wurden vermutlich im Laufe der Renovation der Bäder nach dem
Erdbeben von 62 n. Chr. ausgeführt. Ein wenig früher sind wohl
die Stuckdekorationen in den *Vorstadtthermen* von *Herculaneum* entstanden.

Vom letzten vorchristlichen Jahrhundert bis zum 4. Jh.
n. Chr. sind Beispiele solcher Dekorationen in der römischen
Architektur zu finden. Der Höhepunkt liegt in augusteischer

Zeit, wie die Wände und Gewölbe der Villa Farnesina in Rom zeigen. Stuckdekoration ist manchmal mit Wandmalerei kombiniert, wie später im europäischen Barock. Typisch für die römische Innenausstattung von Räumen und Sälen ist die Zusammenfassung der Flächen zu einer gestalterischen Einheit. Die einzelnen Kunstarten werden zu einem untrennbaren Teil der Gesamtkomposition. Das gilt für die Skulptur ebenso wie für Mosaik, Malerei und Ornament.

Schon immer war man bestrebt, unscheinbares Mauerwerk zu verkleiden. Inkrustationen aus keramischem Material und Verputz wurden seit der Kaiserzeit mehr und mehr durch Verkleidungen aus Marmorplatten abgelöst. Aus Schilderungen von antiken Schriftstellern erfahren wir vom Aufwand, der damit getrieben wurde. Auch große Teile der Thermeninnenwände müssen inkrustiert gewesen sein. Krencker [134] schreibt dazu: „An den Wänden der Kaiserthermen (in *Trier*) sind Spuren für die Befestigung von Marmortafeln nicht zu erkennen. Das liegt aber z. T. daran, daß manche dieser Räume innen mit Ziegelplatten und Ziegelkästen verkleidet waren und daß Marmor gelegentlich auch gegen starken Wandputz befestigt wurde, dessen Spuren verschwunden sind."

Aus Fundbeständen von Inkrustationsmaterial in den Museen und Dübelspuren an antiken Wänden lassen sich charakteristische Muster und Architekturteile rekonstruieren. An Elementen sind zu erkennen:
– Glatte und profilierte Leisten.
– Basen für Wandpilaster, Architravstücke, gemusterte Friesstreifen und gemusterte Füllungen.
– Fenster- und Türlaibungen.

Bronzene Krampen dienten der Befestigung von Inkrustationsteilen. Das dünne Ende griff in Bohrlöcher der Marmorstücke ein, das breitere in das Mauerwerk. Zwischen dem Marmor und der Wand lag eine 3–8 cm dicke Mörtelschicht. Aus den Dübellochspuren der Wände läßt sich die Art und Verteilung der Inkrustationsstücke häufig rekonstruieren. Im Römisch-Germanischen Museum in *Köln* ist eine solche rekonstruierte Wandverkleidung ausgestellt. Dieses feuchtigkeitsabweisende Material eignete sich ganz besonders für die Naßräume der Bäder.

Die Verwendung von Glas

T 76 b   Glas wird heute als der älteste Kunststoff der Welt bezeichnet. Ein Gemenge aus Quarzsand, Kalk, Soda oder Pottasche verflüssigt sich bei Erhitzen um 1100°, kann dann beim langsamen Abkühlen beliebig verformt werden und erstarrt zu einem durchsichtigen Werkstoff. Allerdings wußten die Hersteller der frühesten uns bekannten Glasgegenstände diese Eigenschaften noch nicht voll zu nutzen. Sie fertigten – wohl Ende des 3. Jahrtausends oder 1. Hälfte des 2. Jahrtausends v. Chr. – aus farbigen Glasbrocken Perlen, Schmuckplättchen, Einlagen und bald auch die ersten Gefäße. Dies muß nach heutiger Erkenntnis vor 1500 v. Chr. wahrscheinlich gleichzeitig in Mesopotamien, Syrien und Ägypten geschehen sein. Drei Glasgefäße mit dem Namen des ägyptischen Pharaos Thutmosis III. (1490–1436 v. Chr.) sind uns erhalten.

Diese ersten Gläser sind in der Sandkerntechnik hergestellt. Um einen Metallstab formte man aus Sand und Bindemittel einen dem Hohlraum des späteren Gefäßes entsprechenden Kern, tauchte diesen in heiße Schmelze oder umwickelte ihn mit einem dicken Glasfaden. Zur Verzierung konnten andersfarbige dünne Fäden spiralig um den Körper gelegt, mit einem dornartigen Werkzeug auf- und abwärts gekämmt und durch Wälzen auf einer Steinplatte in die Gefäßoberfläche eingedrückt werden. Dann entfernte man den Metallstab, kratzte aus dem Innern den Sandkern heraus, bildete nach erneutem Erhitzen die Gefäßmündung und konnte noch Henkel, Ösen oder einen Fuß ansetzen.

Die Technik des Formschmelzens eröffnete den Glasmachern die Möglichkeit, größere offene Gefäße wie Schalen, Teller, Tassen und Dosen herzustellen. Der Zwischenraum einer Mantel- und einer Kernform aus Ton, Gips oder Eisen wurde mit zerstoßenem Glas gefüllt, diese dann tagelang im Ofen einer relativ geringen Hitze ausgesetzt, bis die Masse völlig verschmolzen war.

Entscheidend für den Aufschwung der Glasindustrie aber war – neben der Verbesserung der Schmelzöfen – die Erfindung der Glasmacherpfeife vermutlich gegen Ende des 1. Jh. v. Chr. Für Plinius d. Ä. war sie bereits eine Selbstverständlichkeit. Der Glasmacher taucht eine etwa 1,50 m lange Eisenröhre in die rotglühende Schmelze und entnimmt mit der verdickten Spitze einen Batzen und bläst diesen unter ständigem Drehen der Pfeife zu einer Blase aus. Er kann sie mit einem Holzlöffel runden, mit einer Zange einschnüren, ein Muster herauszwicken, die Wandung eindellen. Er kann eine Flasche, einen Becher, eine Kanne oder ein figürliches Glas formen.

Verschließen konnte man die Glasgefäße mit Stöpseln aus Tuch, Ton oder auch sorgfältig bearbeiteter Bronze, wie ein solcher noch an einer dickbauchigen „Badeflasche" erhalten ist.

Der Werkstoff Glas konnte aber ebenso wie heute auch gepreßt oder in Formen gegossen werden, z. B. als Ersatz für Halbedelsteine in Halsketten oder Fingerringen. Er konnte zu gläsernen Armreifen oder Rührstäben gezogen, zu Mosaiksteinchen geschnitten oder zu Glasperlen für Fenster geformt werden. Laut Seneca sind große Fenster erst seit „seiner Zeit", d. h. seit der Mitte des 1. Jh. n. Chr. in den Bädern eingeführt worden.

Die Beleuchtung

Insbesondere in den Untergeschossen und Bedienungsgängen – beispielsweise in den Thermen von *Karthago* – hat man unzählige Lampen gefunden. Dieser Umstand beweist aber noch kei- T 77 neswegs, daß die großen Anlagen auch während der dunklen Nachtstunden benutzt worden sind. Eine künstliche Beleuchtung der von feuchten Dämpfen erfüllten Badesäle dürfte auf große Schwierigkeiten gestoßen sein, abgesehen von den enormen Kosten, die dadurch entstanden wären.

Dies ist vermutlich auch der Grund, warum die Öffnungszeiten den Jahreszeiten angepaßt wurden. In der antiken Literatur begegnet man mehrfach den Begriffen *balnea aestiva* und *balnea hiemalia*. In einigen Fällen beziehen sich diese Bezeichnungen auf verschiedene Gebäude, so z. B. in *Thuburbo Majus* (Tunesien). Gewiß wird man sich da, wo solche Alternativen nicht vorhanden waren, mit einer Reduktion des Betriebes, sei es in Raum oder in der Zeit, beholfen haben.

Anders war die Situation bei den Privatbädern der Reichen. Geld spielte dort keine Rolle, und die römische Technik war weit genug entwickelt, um befriedigende Lösungen für Lampen in feuchten Räumen zu schaffen. Glas wäre z. B. geeignet, die Dochtflammen vor zu hoher Feuchtigkeit zu schützen. Die Lampen konnten in Nischen, auf Marmorvorsprüngen, auf Ständern oder auf dem Boden an den Wänden entlang stehen; sie konnten aber auch hängen oder von Sklaven getragen werden.

In Guß- oder Treibarbeit stellte man bronzene Lampen her. In den Bädern wird man sich in erster Linie der keramischen Lampen bedient haben. Es gab die einfacheren, die vielfach auf der Töpferscheibe geformt wurden. Die besseren hingegen stellte man in Modellschüsseln wie folgt her: Man verfertigte zunächst durch Modellieren mit der Hand eine Modellampe. Um diese herum wurde der Ton gelegt und dann durch einen waagerechten Schnitt so auseinandergeschnitten, daß zwei Formen, eine für das Gefäß, die andere für den Deckel, entstanden. Um ein gutes Zusammenfügen der Teile zu sichern, versah man die Formen mit einem Zeichen, z. B. einem Buchstaben oder der Gefäßteil hatte am Rande des Deckels Buckel, die in entsprechende Aussparungen der Form des Deckels eingriffen. Die beiden Formen wurden jeweils mit Lampenton ausgekleidet, dann aufeinandergelegt und vermutlich zusammengebunden. Der in der Form bereits ziemlich getrocknete und daher auch geschwundene Ton trocknete nun nach der Herausnahme weiter, und danach brannte man ihn bei niedriger Temperatur. Vor dem Brand wurden eventuell noch Einzelteile wie Henkel oder Verzierungen daran angebracht, die vorher für sich mit der Hand geformt worden waren. Wer einen Eindruck von der Art solcher Massenprodukte haben möchte, die sogar in einem entsprechenden Ambiente gezeigt werden, sollte das Römisch-Germanische Museum in *Köln* besuchen.

Baustoffe und Konstruktionen

Wie man sich um die Zeitwende Zusammensetzung, Entstehung und Verwendung von Baustoffen vorstellte, schildert uns *Vitruv* (II, 1 und 7) [63] so: „Nun will ich auf mein Thema zurückkommen und werde fürder über die technischen Stoffe, welche zur Ausführung eines Bauwerkes dienlich sind, berichten und ausführen, inwieweit diese von der Natur unmittelbar erzeugt werden und aus welcher Mischung die Grundmassen ihrer stofflichen Verbindung bestehen sollen ... Denn kein stoffliches Sein, weder in Form eines belebten Körpers, noch als materieller Gegenstand, vermag ohne Verbindung aus den Grundstoffen zu entstehen ...

Alle Arten ..., die weich sind, haben den Nutzen, daß sie sich, wenn man aus ihnen Blöcke gebrochen hat, beim Bau leicht bearbeiten lassen. Wenn sie an bedeckten Orten verwendet werden, so halten sie ihre Lasten aus. An unbedeckten und offenen Stellen aber verwittern sie, von den Frösten und dem Reife angegriffen, und sie zerklüften sich. Sie werden an der Meeresküste von Salzwasser zerfressen und verwaschen, auch ertragen sie den Wogenandrang nicht. Der am meisten gebrauchte Tiburtinstein aber und alle Steine derselben Art halten sowohl die Belastung als auch die Unbilden der Witterung aus. Sie sind jedoch nicht feuerfest. Sowie sie vom Feuer angegriffen werden, bersten und zerfallen sie, weil sie ihrer natürlichen Zusammensetzung nach wenig Feuchtigkeit, nicht viel Erdiges, aber sehr viel an Luft und Feuer haben. Da an Feuchtem und Erdigem weniger in ihnen enthalten ist, dringt, nachdem durch den Dampf die Luft aus dem Gestein verdrängt ist, das Feuer an deren Stelle. Und indem es die leeren Zwischenräume einnimmt, macht es durch seine Glut den in seinen Bestandteilen dem Feuer ähnlichen Stein brennend..."

T 47 b Vom 2. bis 4. Jh. n. Chr. hat der Backstein die römische Bautechnik beherrscht. Der Renaissancebaumeister Leone Battista Alberti sagt über den Ziegel allgemein und über den römischen im besonderen: „Ziegel aus ein und derselben Erde werden viel fester, wenn die Masse wie der Brotteig erst gärt und sie von allen, auch den kleinsten, Steinchen gereinigt wird. Die Ziegel werden dann beim Brennen so hart, daß sie bei großem Feuer die Härte eines Kieselsteins annehmen. Und sie bekommen, sei es durch das Feuer beim Brennen, oder durch die Luft beim Trocknen, ebenso wie das Brot eine harte Kruste. Daher ist es von Vorteil, sie dünn zu machen, damit sie mehr Kruste und weniger Mark bekommen."

Puzzolan wurde in der Solfatara in *Puzzuoli* bei Neapel gefunden. Dieses Material war zunächst als lockere, lose Erde bei der Mörtelbereitung ein willkommener Ersatz für Sand. Erst später entdeckte man, wie beim Ziegelmehl, ihre hydraulischen Eigenschaften. Vitruv bezeichnet sie als eine Art von Staub, der „wunderbare Dinge hervorbringt... Wird dieser mit Kalk und Bruchsteinen gemischt, so verleiht er nicht nur den gewöhnlichen Bauwerken eine große Festigkeit, sondern auch die im Meer ausgeführten Dämme werden so fest, daß weder die Flut noch das Wasser sie trennen kann".

In vorrömischer Zeit bestanden aus Stein hergestellte Gewölbe in der Regel aus trocken gefügten Keilsteinen. Das Trockenmauerwerk hatte seine Grenzen in der Paßgenauigkeit der Fugen und darin, daß die Last nie vollflächig übertragen werden konnte. Der Mörtel, begünstigt durch die Entdeckung des Puzzolans in hellenistischer Zeit, ermöglichte erst die wirtschaftlicheren typisch römischen Bauarten und ließ eine weit bessere Ausnutzung der Gesteinsfestigkeiten zu. Auch der Kern dicker Mauern blieb nicht mehr reines Füllwerk, sondern wurde als Gußmauerwerk – *opus caementitium* – zum tragenden Bestandteil. Mauern und Kuppel bestehen zu einem Teil aus Ziegelmauerwerk, zum anderen Teil aus *opus caementitium*. Die Tatsache, daß für dieses Gußmauerwerk, eine Vorstufe des heutigen Betons, mit steigender Höhe über dem Fußboden immer leichtere Zuschlagstoffe verwendet worden sind, deutet darauf hin, daß die statisch-konstruktiven Vorzüge von Leichtbeton bereits bekannt waren.

Eingehende Untersuchungen des Mörtels am *Eifeler Römerkanal* (Wasserleitung nach *Köln*) hat beispielsweise ergeben, daß die römischen *cementarii* von Köln damals als Zuschlag den hydraulischen Traß verwendeten und durch Zermahlen der Tuffsteine einen ausgezeichneten Kalk-Traß-Sand-Mörtel herstellten. An anderer Stelle, auf halbem Weg der langen Wasserleitung bei *Sötenich*, hatten sie den Kalk aus Steinbrüchen gebrochen, die noch heute in Betrieb sind. Im gebrannten Kalkmergel hat man die hydraulischen Bestandteile Kieselsäure und Tonerde gefunden, die mit der Kalkerde zusammen eine im Wasser erhärtende Verbindung eingehen, ähnlich wie der Traß. Der innere rote Verputz der Kanalwände besteht aus einer 2 mm bis zu 1 cm dicken Schicht eines Mörtels von Wasserkalk und Ziegelsteinmehl, der wiederum hydraulisch ist.

Das Prinzip der römischen Bogenkunst hat um 1460 *Leone Battista Alberti* in seinen 'Zehn Büchern zur Architektur' (›De Re Aedificatoria‹) beschrieben:

„... Bei allen Öffnungen, die mit einem Bogen überspannt

sind, trage man Sorge, daß dieser Bogen nicht weniger als der halbe Teil eines Kreises sei, mehr einem Siebentel des Halbmessers. Denn man versichert, daß man von den kundigen Leuten erfahren habe, dieser Bogen habe die größte Dauerhaftigkeit. Alle anderen Bogen hält man für zu schwach, eine Last zu tragen, bereit und geeignet für den Einsturz. Außerdem halte ich den halbkreisförmigen Bogen für den einzigen, der einer Schließe und einer Unterstützung nicht bedarf. Alle anderen sehe ich durch eigene Kraft nachlassen und zusammensinken, wenn man ihnen nicht eine Schließe und Gegengewichte gibt, die sie in Spannung halten. Hier will ich nicht jenes ausgezeichnete und lobenswerte Vorgehen unerwähnt lassen, das ich bei den Alten erkannte. Derartige Öffnungen und auch die Bogen der Wölbungen wurden von diesen Meistern der Baukunst bei den Tempeln so angeordnet, daß man alle innenliegenden Säulen wegnehmen kann und dennoch die Bogen der Öffnung und die Wölbung der Decke bestehen bleiben und keineswegs einstürzen. So sind alle Bogenzüge, auf welchen die Wölbungen ruhen, bis zum Bogen hinuntergeführt mit wunderbarer Kunstfertigkeit, die aber nur wenigen bekannt ist, so daß das ganze Bauwerk
T 7a nur auf dem Bogen ruht. Da sie nun in der Erde die beste Schließe besitzen, warum sollten diese kräftigen Bogen selbst nicht auch ewig bestehen."

Der Fortschritt beruht konstruktiv in der Auflösung schwerer Baumassen. Den Elementen Säule, Kapitell, gerades Gebälk ste-
T 46b hen die ineinander übergehenden Bauteile von Mauerpfeiler, Bogen und Wölbung gegenüber.

Unter den Gewölbeformen, die die Römer entwickelten, verbindet zuerst der Rundbogen die Säulen, Pfeiler und Wände. In der Verlängerung der Horizontalen bildeten sie das Tonnenge-
T 28a wölbe – einen halben Zylinder, dessen Längsschnittflächen auf den Mauern ruhen. Aus der Überwölbung einer quadratischen Grundfläche durch zwei beidseitig offene Tonnengewölbe von gleicher Kämpfer- und Scheitelhöhe konstruierten sie das

Baustoffe und Konstruktionen

Z 39   Rom: Ponte Fabricio, Querschnitt. Kupferstich von Piranesi, 1779 [172].

Kreuzgewölbe und aus der Überdeckung einer kreisrunden Grundfläche mit einer ringsum gleichmäßig aufsteigenden Wölbung schließlich die Kuppel.

Auf einem Kupferstich von Piranesi sehen wir die *Ponte Fabricio* in *Rom* im Querschnitt. Darin erkennen wir die kunstvolle Verwendung des Bogens, über die Leone Battista Alberti schreibt: „Die Rippen führten die Alten fast immer nur mit gebrannten Ziegelsteinen aus. Und sie mahnen, die Ergänzungen nur aus sehr leichtem Stein herzustellen, damit nicht die Mauern durch ein zu unmäßiges Gewicht in Anspruch genommen werden. Die Sicherheit ihres Gewölbes haben sie aber derart mißbraucht, daß sie nur ein paar Fuß hoch aus Ziegelsteinen einfache Kränze mauerten und die übrige Wölbung ganz unregelmäßig in Mörtel ausführten."

Vitruv warnt in seiner Beschreibung der verschiedenen Mauerarten vor einer schlecht abbindenden bzw. die Steine unzulänglich zusammenkittenden Mörtelmasse. Er unterscheidet bei den Bruchsteinmauern *opus incertum*, wobei Bruchsteine von beliebiger Form und Größe mit Mörtel untereinander zu einer festen Mauer verbunden werden, und *opus reticulatum*, das sogenannte Netzmauerwerk, bei dem würfelartig vorbereitete Bruchsteine, von hinten mit Mörtel ausgefüllt, so zusammengesetzt werden, daß sie nicht mit einer Seitenfläche, sondern mit einer Ecke nach unten gerichtet sind. Dadurch erzielte man ein ansehnliches Mauerwerk, indem sich die Fugen in regelmäßiger paralleler Folge schräg überschneiden.

Man darf annehmen, daß die Römer erst nach Vitruv die Mörteltechnik so weit beherrschen lernten, daß sie der Mauermasse, d. h. dem Gemisch von Mörtel und Bruchsteinen, eben dem *opus caementitium*, vielseitigere Aufgaben zutrauen durften.

Die riesige Ausdehnung des Römischen Reiches, regional stark unterschiedliche Bautraditionen, die in den einzelnen Gebieten vorhandenen natürlichen und künstlichen Bausteine und schließlich seit dem 5. Jh. n. Chr. die politische Teilung des Reiches begünstigten unterschiedliche Entwicklungen der Bau- und Wölbtechnik in Ost und West.

VII. WASSERVERSORGUNG UND HEIZUNG

Unter dem Begriff „Haustechnik" verstehen wir heute alle diejenigen Vorrichtungen, die dazu dienen, dem Menschen den dauernden Aufenthalt in geschlossenen Räumen zu ermöglichen und angenehm zu machen, also Heizung, Lüftung, Belichtung, künstliche Beleuchtung, Kalt- und Warmwasserversorgung, Kanalisation, Fäkalien- und Schmutzwasserbeseitigung.

Die Untersuchungen an antiken Bauwerken und Anlagen, in denen die technische Ausstattung eine besondere Rolle spielte, wie z. B. den Bädern, zeigen, daß auf manchen Gebieten die Römer mindestens ebensoweit waren wie wir, insbesondere auf dem Gebiet der Frischwasserversorgung und Heizung.

Allgemeine Wasserversorgung

Das Problem, zusätzliche Wasserquellen in *Rom* zu erschließen, stellte sich erstmals unter den Zensoren Appius Claudius Caecus und Gaius Plautius im Jahre 312 v. Chr.

Die nach der *Aqua Appia Claudia* angelegten Aquädukte waren unter anderen:
– Die *Aqua Anio Vetus* (272–269 v. Chr.).
– Die *Aqua Marcia* (144–140 v. Chr.) von Quintus Marcius Rex erbaut. Von ihm wissen wir nur, daß seine Herrschaft als Prätor um ein Jahr verlängert wurde, damit er sein Werk vollenden konnte. Dieser Aquädukt war rund 100 km lang. Seinen Ausgang nahm er an den Quellen von Subiaco. Achtzig Kilometer weit floß das Wasser unter der Erde. In der Nähe von Rom wurde es etwa 10 km auf Bögen befördert. Das Ziel war der Ka-

pitolhügel. Später wurde dieses Wasser in Röhren auch zum Caelius, zum Aventinus und zum Quirinal weitergeleitet.
– Die *Aqua Tepula* (125 v. Chr.).
– Die *Aqua Virgo* (19 v. Chr.). Diese zweite Versorgungsleitung des Marcus Agrippa wurde Virgo genannt, weil angeblich ein junges Mädchen die Techniker zu Quellen nahe der Via Collatina geführt hatte. Etwa die halbe Strecke verlief unter der Erde, die andere auf Bögen, die Rom überspannten und in den Bädern des Agrippa auf dem Campus Martius endeten.
– Die *Aqua Claudia* (52 n. Chr.) wurde nach dem Kaiser Claudius benannt, der sie vollenden ließ.
– Die *Aqua Trajana* wurde 109 n. Chr. unter Kaiser Trajan erbaut. Der Kanal war 40 km lang und befand sich zum größten Teil unter der Erde. Wie der Aquädukt Alsietina kam er von Nordwesten und leitete das Wasser verschiedener Quellen am Bracciano-See nach Rom.
– Die *Aqua Alexandrina* wurde unter Kaiser Alexander Severus im Jahre 226 n. Chr. angelegt. Die Leitung maß etwa 20 km. Das Wasser entstammte den Quellen des Marschlandes nahe der Via Praenestina östlich der Hauptstadt. Der Kaiser ließ diesen Aquädukt errichten, um seine Bäder beim Pantheon zu versorgen.

Zur Zeit der Plünderung Roms durch die Goten im Jahre 410 n. Chr. versorgten 11 Aquädukte 1212 Brunnen, 11 große kaiserliche Thermen und 926 öffentliche Bäder. Nie zuvor hatte eine Stadt über derartige Wassermassen verfügt. *Strabo* äußert sich dazu: „Das Wasser wird in solchen Mengen in die Stadt geschafft, daß wahre Ströme durch die Straßen und Abzugsrohre fließen. Fast jedes Haus hat Zisternen, Leitungsröhren und Springbrunnen."

Plinius d. Ä. berichtet: „Doch wer die Fülle des Wassers sieht, das so geschickt in die Stadt geleitet wird, um öffentlichen Zwecken zu dienen – Bädern, Häusern, Rinnsteinen, Vorstadtgärten und Villen; wer die hohen Aquädukte betrachtet, die erforder-

Allgemeine Wasserversorgung 147

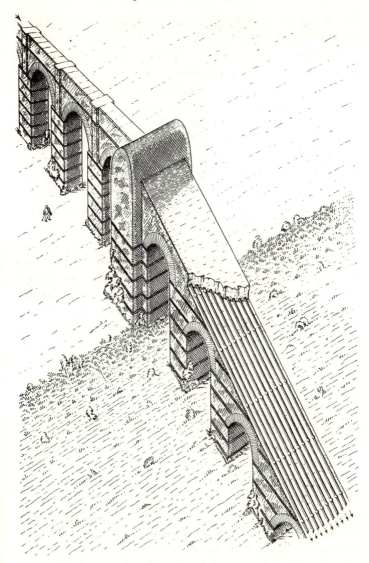

Z 40 Wasserleitung für Lugdunum (Lyon). Rekonstruktion des Dükers (Übergang aus dem offenen Gerinne des Aquädukts zu Rohrleitungen) [120].

lich sind, um die richtige Beförderung zu garantieren; wer an die Berge denkt, die deshalb durchstoßen, und die Täler, die aufgefüllt werden mußten, der wird zugeben, daß der Erdkreis nichts Bewunderungswerteres aufzuweisen hat."

Galen schließlich, der griechische Arzt, der Rom ums Jahr 164 n. Chr. besucht hat, schrieb: „Die Schönheit und Vielzahl der römischen Brunnen ist geradezu wunderbar."

T 22 a
T 22 b Fast alle Aquädukte römischer Zeit sind wassertechnisch gesehen offene Gerinne. Obschon Rohrleitungen – meist kleinerer Ausdehnung – besonders im innertechnischen Verteilernetz durchaus üblich waren, vermied man sie offensichtlich bei langen und großkalibrigen Zuleitungen. Davon macht die Wasser-
Z 40 versorgung von *Lugdunum (Lyon)* eine Ausnahme. Sie hat vier nacheinander gebaute und voneinander unabhängige Zuleitungen. Jede enthält mindestens einen Streckenabschnitt, in dem das frei durchflossene Gerinne von unter Druck stehenden Rohren abgelöst ist. Die jüngste, zu Anfang des 2. Jh. n. Chr. gebaute Leitung hat eine gestreckte Länge von 75 km und erschließt das in der Luftlinie 42 km entfernt liegende Quellgebiet des Flusses Gier. Sie verläuft entlang seiner linken Talflanke. Ihre Leistung wird auf 24 000 m³ pro Tag geschätzt. Die Leitung quert vier Täler mittels Düker, d. h. in Rohren, die in einem tiefhängenden Bogen der Fallinie der Talhänge folgen.

Die Überlandleitung führte in einem Gerinne das Wasser von der mit Klär- und Absetzanlage versehenen Quellfassung bis zu einem hochliegenden Punkt an oder in der Stadt. Dieses Gerinne ist der Aquädukt. Wo Tiefgelände zu überschreiten war, führte man das Gerinne auf Brücken. Eine der architektonisch schönsten Wasserbrücken ist die berühmte *Pont du Gard*, die zur Wasserleitung der Stadt *Nîmes* gehörte. Auf der ganzen übrigen Strecke lief das Wasser in unterirdischen Kanälen. So blieb es im Sommer frisch und kühl, im Winter war es frostgeschützt.

Die Kanäle sind hoch und durch regelmäßig verteilte Einsteigschächte begehbar. Nur der untere Teil des Querschnittes (etwa

Z 41 Revisionsschacht einer Wasserleitung (Eifel–Köln) [120].

35–50 cm hoch) führte das Wasser. Er war mit wasserdichtem Mörtel ausgekleidet. Der Wasserfluß ist vielfach noch an abgesetztem Sinter erkennbar. In der *Pont du Gard* erreicht er sogar fast 1,50 m Höhe. Aus den archäologischen Befunden lassen sich die Liefermengen der Aquädukte errechnen. Die Wassermengen betragen je Kopf der Bevölkerung das Drei- und Vierfache des heutigen Verbrauchs.

Der Aquädukt mündet am höchsten Punkt der Stadt in den Verteiler. Er hieß *castellum* (Wasserschloß) oder auch *castellum dividiculum* oder *piscina*. Dieser Verteiler ist mit dem heutigen Wasserturm vergleichbar. Die Verteilung ging aber ganz anders vor sich. Heute geht vom Turm eine Hauptleitung ab, gewissermaßen ein Stamm. Der Stamm verteilt sich in Äste. Diese führen

VII. Wasserversorgung und Heizung

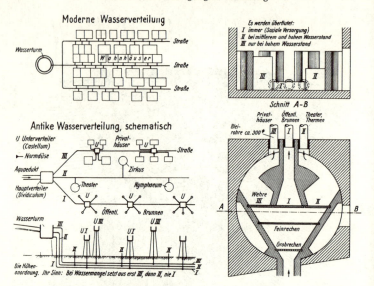

Z 42   Moderne und antike Wasserverteilung, nach Kretzschmer [135].

durch die einzelnen Straßen und verzweigen sich zu den einzelnen Häusern und Abnehmern. Im Altertum gingen vom Schloß meist drei Hauptäste ab. Der erste war für die Sozialwasserversorgung, *opera publica*. Das waren die öffentlichen Straßenbrunnen für Trinkwasser, aus denen die Bevölkerung ihr Wasser holte. Der zweite speiste die sonstigen öffentlichen Anlagen, *munera in nomine Caesaris*: Theater und Parkanlagen, sog. Nymphäen und Thermen. Der dritte Ast diente Privatabnehmern. Anstelle verschieden hoher Anzapfung erreichte man die Abstufung auch so, daß man das Wasser über drei verschieden hoch eingestellte Wehre fließen ließ, wie z. B. in *Pompeji*.

Man war sich der Bedeutung einer ausreichenden kommunalen Wasserversorgung voll bewußt. Ihre Verwaltung lag deshalb in den Händen der höchsten städtischen Behörden in *Rom*, in denen der kaiserlichen Regierung selbst. Der Direktor, *curator aquarum*, gehörte zu deren Spitzen. Zu Augustus' Zeit war es

Allgemeine Wasserversorgung

kein Geringerer als M. Vipsanius Agrippa; unter Trajan um 100 n. Chr. der dreimalige Konsul, General und Ingenieur Sextus Julius Frontinus. Er hat zahlreiche Messungen über Durchfluß und Wirkungsgrad angestellt und auch ein Buch über Wasserleitungen und Rohrnetzberechnung hinterlassen.

Dem Direktor unterstand ein Stab von technischen und kaufmännischen Aufsichts- und Verwaltungsbeamten; außerdem eine Gruppe von behördlichen Monteuren, den *aquarii*. Dazu kamen Installationsfirmen selbständiger Unternehmer, die durch Privatdienstvertrag der Behörde verpflichtet waren. Man legte nicht nur auf ausreichende Menge, sondern auch auf die Güte des Wassers großen Wert. Man unterschied deutlich zwischen Trink- und Nutzwasser. Von den 14 großen Versorgungsanlagen *Roms* um das Jahr 100 n. Chr. führte die Hochleistungsanlage, der *Anio novus*, Gebrauchswasser. Zwei kleine, die *Aqua Marcia* und *Aqua Virgo*, waren wegen der Güte ihres Trinkwassers berühmt. T 10a

Arles hatte neben der Stadtwasserversorgung eine zusätzliche Industriewasserleitung für eine Färberei und die Mühlen in Barbegal. Schon im 1. Jh. n. Chr. wurde die *Kölner* Anlage bei Hürth und Stotzheim unter gewaltigem Aufwand durch die Überlandleitung aus der Eifel ersetzt. Dies nicht nur, weil sie mengenmäßig nicht ausreichte, sondern weil sie gütemäßig gegenüber dem hervorragenden Eifeler Bergquellwasser nicht befriedigte.

Die Zentrale für die Wasserversorgung in *Rom* beschäftigte etwa 700 Arbeiter, die sog. *familiae*. Unter der *familia aquarum* befanden sich Inspektoren, Rohrleger, Stukkateure, Steinmetzen, Maurer und andere Handwerker sowie einige hundert Sklaven, *aquarii* genannt, die von Vorarbeitern beaufsichtigt wurden. Sie dichteten lecke Stellen ab, entfernten Bäume auf dem „reservierten Streifen" zu beiden Seiten der Aquädukte (etwa 4½ m breit) und führten allgemeine Reparaturen aus. In Rom hatten sie dafür zu sorgen, daß das Wasser ungehindert in die

Brunnen, Bäder, Amtsgebäude und Privathäuser floß. In den Ruinen von Rom sind tonnenweise Bleirohre gefunden worden. Diese Leitungen zogen sich in einem Labyrinth unter den Straßen dahin wie in einer modernen Stadt. Einige Hauptrohre waren so groß, daß Männer hineinsteigen und auch dort Reparaturen vornehmen konnten, ohne daß das Straßenpflaster aufgerissen werden mußte.

T 23 a – c

Interessant ist in diesem Zusammenhang die Grabinschrift eines Ingenieurs: „Der Seele des Quintus Candidus Benignus, Mitglied der Gilde der Ingenieure *(fabrorum tignatoriorum collegii)* sei dieser Stein gewidmet. Technisches Streben, Fachwissen und ehrenhafte Gesinnung zeichneten ihn aus. Große Ingenieure nannten ihn immer ihren Meister. Niemand war gelehrter als er, den niemand übertreffen konnte: Ihn, der es verstand, die Wasserbaukonstruktionen herzustellen und die Leitungsführung zu entwerfen. Er war ein gemütlicher Zechkamerad, im Freundeskreis ein geistreicher Unterhalter, aufgeschlossen für den technischen Fortschritt und von liebenswürdigem Wesen. Diesen Stein setzte sein Töchterchen Candida Quintina ihrem allerzärtlichsten Vater und Valeria Maximina ihrem geliebten Gatten."

Q. Candidus war Südfranzose (Gallier), lebte um 250 n. Chr. in *Arles* und war vermutlich am Bau der dortigen Stadtwasserleitung beteiligt.

Wasseranschlüsse und Abflüsse in den Thermen – Warmwasserbereitung

Die Badeanlagen erforderten naturgemäß große Wassermengen. Fließendes Wasser war vor allem in der späteren Zeit erwünscht. Charakteristisch für viele Thermen sind deshalb umfangreiche Zisternenanlagen, so z. B. in *Djemila* (Algerien), *Dugga* (Tunesien) und *Leptis Magna* (Libyen). Großzügig geplante, oft viele Kilometer lange Wasserzuführungen sind dort gefunden worden. Das Wasser spielte eine besondere Rolle in Städten, die in oder am Rande der Wüste lagen und allgemein nur einer so hoch entwickelten Technik ihre Existenzmöglichkeit verdankten. Nicht nur die Wasserzuführungen, sondern auch die Kläranlagen im sog. Wasserschloß, die Wasserreservoire und Verteilungssysteme sind an diesen Orten noch weitgehend erhalten.

Das Wasser wurde selbstverständlich von der Bedienungsseite aus den Baderäumen zugeführt. In kalten Gegenden mit starkem Frost im Winter waren die Leitungen frostfrei innerhalb der Bedienungsgänge verlegt. In allen geheizten Räumen, aber auch im *frigidarium*, in den Aborten und in der *natatio* mußten Anschlüsse vorhanden sein.

Die Warm- und Kaltwasserkessel standen in den Bedienungsräumen an derjenigen Wand, die diese von den Badesälen trennte. Von hier aus konnten Feuerung und Wasserzuleitung gleichzeitig reguliert werden. Die Warmwasserbereitung hing unmittelbar mit der Heizungsanlage zusammen, genauso, wie wir heute noch häufig diese beiden Erfordernisse koppeln.

Zu hohe Anfangstemperaturen mußten in den Hypokaustenräumen vermieden werden. Die Präfurnien wurden meistens vor den Warmwasserbadewannen angelegt, so daß die heißen Gase zunächst den Hohlraum unterhalb der Wanne durchstrichen. Zur besseren Wärmeleitung fügte man oft die *testudo* ein, ein Kupfergefäß, dessen flacher Boden über dem *präfurnium* lag. Andere Feuerstellen erwärmten das Wasser in sogenannten Durchlauferhitzern, Kupferkesseln, die über der Feuerstelle standen und dicht ummauert waren.

T 80a

Die großen Städte und der hohe Wasserbedarf erforderten einen großzügigen Ausbau der Kanalisationen, die in ihren Grundzügen in *Rom* schon sehr früh vorhanden waren. Die *Cloaca maxima* in Rom stammt beispielsweise aus früher republikanischer Zeit. An der Ponte Palatino, schräg gegenüber der

Tiberinsel San Bartolomeo und unmittelbar vor dem Rundtempel der Vesta, mündet die *Cloaca maxima* in den Tiber. Die Öffnung besteht aus wuchtigen Perperinoblöcken, die man als aschgraues, basaltisches Tuffgestein in den Albanerbergen findet. Eigenartig ist die Fugung dieser Steine sowie ihre gemauerte Versetzung, die, regelmäßig nach dem Läufer- und Bindersystem geschichtet, zugleich das Alter dieser Anlage verraten. Rom hatte sich von den Hügeln aus in die Niederungen ausgedehnt. Aber erst durch die Anlage weit verzweigter Entwässerungskanäle war die Entwicklung der Stadt überhaupt möglich geworden. Jene Wassermengen, die vom Quirinal, Viminal, Esquilin, Caelius, Palatin, Aventin und Capitol nach dem Forum abflossen, mußten gesammelt und in einem Hauptkanal – der *Cloaca maxima* – zum Tiber abgeführt werden. Während die Seitenkloaken ein gut gefügtes Ziegelgewölbe besitzen, besteht der Hauptkanal aus großen Quadern von Tuffsteinen, die Abmessungen von $2^{1}/_{2}$ m Länge, 80 cm Höhe und einem Meter Breite aufweisen. Die Wände setzen sich aus drei bis fünf Quaderlagen zusammen. Auf diesem ruht ein Tonnengewölbe, das aus sieben und neun Schichten sorgfältig bearbeiteter Keilsteine besteht. Die Sohle ist mit viereckigen Lavasteinen gepflastert. In Zwischenräumen von je 3,5 m ist ein Bogen in die Wölbung eingezogen, der aus Travertin besteht – porigem Kalkstein also, dessen Verwendung beim römischen Gewölbebau damit sehr früh schon eine gewisse statische Überlegung über die Tragkraft des Gewölbes und die Druckverteilung im Mauerwerk vermuten läßt.

In allen größeren Städten wurden die wichtigeren Straßen von einem unterirdischen Abwasserkanal durchzogen, der in regelmäßigen Abständen Einsteigeschächte aufwies. Die Ableitungskanäle für das Regenwasser führten häufig in Zisternenanlagen, insbesondere in Gegenden, in denen die Wasserversorgung derartige Reservoire für die Trockenzeit erforderlich machten. Selbstverständlich waren alle Bäder an das Abwasserkanalnetz angeschlossen.

Die Heizung in den Thermen

Die Faktoren, die die Behaglichkeit beeinflussen, sind Lufttemperatur, mittlere Wandtemperatur, Luftfeuchtigkeit, Luftbewegung und Luftreinheit. Die Heizung beeinflußt lediglich zwei dieser fünf Faktoren, nämlich die Lufttemperatur und die mittlere Wandtemperatur (einschließlich Heizkörper), die man beide unter dem gemeinsamen Begriff „Empfindungstemperatur" zusammenfaßt. Die übrigen Faktoren lassen sich nur durch eine Klimaanlage regeln, die man als das vollkommenste technische Mittel zur Erzielung eines behaglichen Raumklimas bezeichnen kann.

Bei den römischen Bädern der republikanischen und augusteischen Zeit handelt es sich noch um reine Zweckbauten, die allein dem Badebetrieb dienten. Die Warmbaderäume wurden mit einer Hypokaustenheizung versehen. Die immer größer werdenden Abmessungen der Präfurnien beweisen, daß Holz mehr und mehr vor der Holzkohle bevorzugt wurde. Wie sehr die Art und Qualität sowie der Trockenheitsgrad des Holzes eine Rolle spielte, können wir aus mancherlei Bemerkungen in den Werken der antiken Schriftsteller ersehen.

Der erste generelle Unterschied zur modernen Heizung besteht demnach darin, daß der Energielieferant möglichst vorgetrocknetes Holz ist. Das Brennmaterial liegt unmittelbar auf dem Boden des *präfurnium*. Ein Rost ist nur selten vorhanden, es wird mit Oberluft gearbeitet, wie bei unseren sog. offenen Kaminen. Der Luftüberschuß erwärmt sich an den heißen Gasen und strömt langsam mit diesen in Richtung der Abzüge, *ignis languidus inerrat* (ein glimmendes Feuer schleicht umher). Der zweite wesentliche Unterschied zu unserer modernen Heizung ist folgender: Die Abgase und die von ihnen erwärmte Luft sind zugleich Energiespender und Wärmeträger. Bei der neuzeitlichen Heizung sind diese beiden Elemente immer voneinander getrennt.

Bei der römischen Heizanlage waren Feuerung und Heizkörper eine Einheit, die somit einen wesentlich größeren Einfluß auf die Gestaltung der Räume hatte als unsere Heizungsanlagen, die nur als Heizkörper (Radiator, Ofen, Konvektor u. a.) im Raum in Erscheinung treten. Energiemäßig erreichte die römische Heizung einen ganz besonders hohen Wirkungsgrad (über 90 % der Wärmeenergie) und war in dieser Beziehung unseren heutigen Anlagen überlegen. Wir haben bei Versuchen im *präfurnium* um 400°–600° C und am Schornstein 40° C Ausgangstemperatur der Rauchgase gemessen (s. S. 109, 274). Die Ansprüche der Benutzer steigerten sich im Laufe der Zeit. Das Heizsystem wurde dementsprechend ausgebaut. Man erweiterte die Heizfläche um ein Vielfaches durch Wandhohlräume, vermutlich später sogar durch Decken- oder Gewölbehohlräume, bis sie schließlich in einigen Sälen wie eine wärmende Hülle den ganzen Raum umschloß.

Es gibt zwei Arten der Wärmeübertragung: Zum einen die direkte Strahlung auf die im Raum befindlichen Gegenstände, zum andern die Konvektion, die die an den Heizkörpern vorbeistreichende Luft erwärmt; die erwärmte Luft steigt nach oben, es kommt frische Luft nach, die sich ihrerseits erwärmt; allmählich entsteht auf diese Weise eine ständig in Bewegung begriffene Lufterwärmung. Das römische System der Flächenheizung besteht zu zwei Dritteln aus Strahlungs- und zu einem Drittel aus Konvektionsheizung. Die Strahlungsheizung hat den Vorzug, daß sie eine sehr gleichmäßige Wärmeempfindung für den menschlichen Körper erzeugt. Es gibt keine wärmeentziehenden Außenwände. Zugerscheinungen treten nicht auf. Bei zwei Versuchen hat man dies erprobt: auf der *Saalburg* und in einer kleinen Badeanlage in *Furfooz* (in der Nähe von Dinant/Belgien). In beiden Fällen wurden die antiken Gebäudereste so weit restauriert, daß Heizversuche am Objekt vorgenommen werden konnten.

Die Innenraumtemperatur ließ sich zum einen durch die Größe der Heizflächen regulieren, zum andern durch die Größe und Zahl der Präfurnien, zum dritten durch Nachschalten indirekter Hohlräume, seien es Tubulatur oder Hypokausten. Wir finden Kanäle, die sowohl Heizgase als auch die mit den Heizgasen mitwandernde Warmluft in weit entfernte Räume transportierten.

Besonders interessant und andersartig als die anderen bekannten Thermen sind die Anlagen in *Karthago*. Dort lagen die geheizten Baderäume im zweiten Stock. Die Feuerstellen befanden sich im Erdgeschoß. Von dort aus wurden Gase und erhitzte Luft in gewaltigen Tonröhren in die Hypokausten-Räume gebracht. T 62a

Es gab im Verlauf der Entwicklung der Heiztechnik vom 1. bis zum 4. Jh. n. Chr. vielfältige Variationsmöglichkeiten. Das Grundprinzip blieb aber immer gleich. Die Außenschalen des Gebäudes bildeten sozusagen einen riesenhaften Heizkörper mit Strahlungsheizung zu den Räumen hin: vom Fußboden, von den Wänden und unter Umständen auch vom Deckengewölbe. In den Bädern wurde diese Heizungsart mit der Heißwasserbereitung kombiniert. Heizung und Warmwasserverdampfung in Wannen, Becken und auf den Fußböden bildeten die entsprechende Klimatisierung der feuchtwarmen Baderäume. Die Vorteile dieser Heizung liegen in der gleichmäßigen Erwärmung, den zugfreien Räumen und der für den Körper als äußerst angenehm empfundenen leichten Wärmestrahlung von den Raumbegrenzungen her. Der Nachteil besteht in der Trägheit des Systems. Daher eignet sich dieses vor allen Dingen für Dauerbetriebe, wie es die Heizanlagen in den Bädern waren.

Die von Natur gegebene Wärmeenergie heißer Quellen wurde nachgewiesenermaßen in zahlreichen Heilbädern auch zur Erwärmung der Räume genutzt, so in den Bädern von *Pautalia* im heutigen Bulgarien und in den Heilthermen von *Djebel Oust* in Tunesien. T 24b
T 25a

Bei einer durch Holzfeuer erhitzten Warmwasserbereitungsanlage ließ sich das erwärmte Wasser im geschlossenen System mittels Schwerkraft in einen Hochbehälter transportieren. In vielen Fällen ist das Becken bzw. der Kessel samt Ofen von vornherein höher als die Zapfstellen in den Warmbaderäumen angeordnet. Eine Art Wärmeaustauscher wurde in einem großen Schwimmbecken einer römischen Villa auf *Elba* gefunden. Ein etwa 40 m langer Heizkanal, giebeldachähnlich abgedeckt, wurde auf den Boden des Beckens gesetzt, so daß der Wasserspiegel mindestens 10–20 cm darüberlag. Der Kanal war demnach auf drei Seiten von Wasser umspült. Am einen Ende war der Kanal mit einem außerhalb des Beckens liegenden *präfurnium* verbunden, am anderen Ende lief dieser Kanal gegen die Beckenwand aus. Kurz davor ragten einige Keramikrohre schnorchelähnlich aus dem Kanalinnern über das Wasserniveau hinaus. Die Gase des im *präfurnium* entzündeten Feuers konnten also durch die Rohre ins Freie abziehen, nachdem durch sie die Kanalwände aufgeheizt worden waren.

Zentralheizungssysteme der Römer

Die technische Begabung der Römer und ihr zivilisatorisches Niveau werfen die Frage auf, ob die Flächenstrahlungsheizung in den Bädern wirklich die einzige zentrale Heizungsart war, die das Römische Reich kannte, ob die an Luxus gewöhnten Schichten, ob die Kaiser in ihren Palästen und Hallen *(aulae palatinae)* sich im kalten Winter (wenn „der Soracte im tiefen Schnee leuchtet und die Flüsse von starkem Frost starr sind", wie Horaz in
T 12b I, 9 schreibt) außerhalb ihrer Bäder mit einigen offenen Holz-
T 80b kohlenbecken in ihren großen Räumen begnügten.

Es ist zu vermuten, daß die Römer in Verbindung mit der ihnen geläufigen Unterflur- und Wandheizung der Hypokausten die Luftheizung kannten, die nicht auf Strahlung, sondern auf Konvektion beruht. Diese Heizung ist uns aus dem frühen Mittelalter bekannt, aus einer Epoche also, die in technischer Hinsicht unschöpferisch war und sich technisch fast ausschließlich auf die römische Überlieferung stützte.

Eine Unterflurluftheizung beruht auf dem Wärmespeichervermögen des Hypokaustenraums. Ist der Raum mit seinen Pfeiler-, Wand- und Deckenmassen aufgeheizt, so läßt man das Feuer im *präfurnium* ausgehen, schließt nach Abzug der Rauchgase deren Abzüge, läßt über das *präfurnium* Frischluft eintreten und öffnet die Verbindungskanäle zu den zu beheizenden Sälen.

Solche Verbindungen sind zahlreich gefunden worden. Aus der antiken Literatur sei z. B. *Plinius* zitiert [60]: „Angefügt an den Schlafraum ist ein winziger Heizraum *(hypocaustum perexiguum)*, der vermittels einer schmalen Klappe die aufsteigende Wärme ausstrahlt oder zurückhält" (Ep. II 17, 23) und „Ein im Winter behaglich warmes Schlafzimmer, weil es reichlich vom Sonnenschein durchströmt wird; damit ist ein Hypokaust verbunden und ersetzt bei bedecktem Himmel durch die eingelassene Warmluft den Sonnenschein." (Ep. V 6/24)

Fusch [114] erwähnt eigene Untersuchungen in *Neckarburken* und *Augst* und zitiert einen Bericht Winckelmanns, der in der zweiten Hälfte des 18. Jh. die frühen Ausgrabungen in *Herculaneum* besuchte: „In diesem Fußboden waren viereckige Röhren eingemauert, deren Mündung in das unterirdische Kämmerchen ausging. Die Röhren liefen vereinigt innerhalb der Mauer des Zimmers, das unmittelbar über dem Kämmerchen war, in einem bedeckten und mit einem Überzug von feingestoßenem Marmor bekleideten Gange bis in das Zimmer des zweiten Stockwerkes und da ließen sie die Hitze durch eine Art aus Ton gebrannter Hundsköpfe, die mit Stöpseln versehen waren, von sich."

Bevor wir uns weiteren Indizien zuwenden, die für eine Luftheizung in römischer Zeit sprechen, gilt es zwei wichtige Fragen zu klären:

1. Welche Qualität hat die in die zu beheizenden Räume ein-

strömende Warmluft, d. h., wie groß ist die Belästigung von Nase und Auge durch Rauchgasreste in der Warmluft?

2. Wie rasch und wie intensiv ist die Heizwirkung der eindringenden Warmluft?

Um sich davon ein Bild zu machen, wurden Versuche auf der *Saalburg* (1976) durchgeführt, auf deren Bericht verwiesen wird [83]. Hier nur soviel: Nach Erlöschen des Holzkohlenfeuers im *präfurnium*, nach Abzug der Rauchgase und Öffnen der Verbindungen zwischen zu beheizendem Raum und Hypokaustenraum (Wärmespeicher) wurde dieser Raum durch die einströmende warme Luft rasch erwärmt. Auch für die zeitgenössisch empfindliche Nase der Versuchsperson war die Qualität der Warmluft ausreichend, d. h. nicht störend. Sie war auf jeden Fall besser als die Luftqualität in Räumen mit offenen Holzkohlenbecken, von ihrer viel besseren Heizwirkung ganz abgesehen.

Bei der Betrachtung unzähliger Hypokaustenräume im gesamten Gebiet des Römischen Reiches fiel immer wieder auf, wie unterschiedlich die Abmessungen bezüglich Höhe des Hypokaustenraums, der Maße der Pfeiler und besonders bezüglich der Stärke der Decke oder des Deckengewölbes bei vergleichbarer Grundfläche waren. Das konnte kein Zufall sein. Es gibt Deckenstärken von ca. 30 cm bis fast zu einem Meter und Pfeilerhöhen von den Vitruvschen „zwei Fuß", also ca. 60 cm, bis zu Mannshöhe.

Nun zeigt eine Wärmerechnung, daß eine Decke von einer bestimmten Stärke ab (je nach den k-Werten – den Wärmedurchgangskoeffizienten – ihres Materials) als Isolator gegenüber den Rauchgastemperaturen des Hypokaustenraums wirkt, d. h. daß die Wärme nicht mehr in ausreichendem Maße an die Oberfläche der Decke gelangt. Aus den gegebenen Daten des Mauerwerks mit seinen k-Werten und aus den Rauchgas- und Außen- bzw. Raumtemperaturen läßt sich ohne weiteres die höchstmögliche Fußbodentemperatur errechnen, die sich in dem über dem *hypokaustum* liegenden Raum einstellen kann. Bei einigen solcher

Decken zeigt diese Rechnung, daß von einer wirkungsvollen Fußbodenheizung nicht mehr gesprochen werden kann.

Hohe Hypokaustenräume mit dicken Pfeilern und dicken Decken sind aber vorzügliche Wärmespeicher. So eine Anlage, die als Fußbodenheizung wenig brauchbar ist, wird sehr sinnvoll, wenn man annimmt, daß sie nach dem oben angegebenen Funktionsschema als Warmluftheizung verwendet wird.

Unser Verständnis antiker Heizungsanlagen wird sicher gefördert, wenn die interessierten Archäologen aus den zahlreichen Grabungsberichten und durch neue Datensammlung Material und Abmessungen der Hypokaustendecken und ihrer Pfeiler zusammenstellen würden und bei den Decken, deren Stärke ca. 40 cm einschließlich der Fußbodenbeläge überschreiten, die aus diesen Daten sich ergebenden Fußbodentemperaturen errechnen ließen, falls sie nicht selbst die Thermodynamik beherrschen. Dann wird man sehen, bei welchen Hypokaustenfunden man sicherlich nicht mehr von einer wirkungsvollen Fußbodenheizung sprechen kann, wo also andere Deutungen notwendig werden. T 16b T 24a T 24b T 60b T 62a

Während des Winters muß in den nicht durch Hypokausten beheizten Sälen der großen Thermen (Sporthallen, Gesellschafts- und Umkleideräume, manche *frigidarien*) eine wenig angenehme Temperatur geherrscht haben. Man geht wohl nicht fehl in der Annahme, daß über Kanäle, die mit den Hypokaustenräumen in Verbindung standen, Warmluft in diese Säle geleitet wurde. In *Pompeji* und *Heraculaneum* sind an mehreren Stellen Öffnungen von den Baderäumen zu den Hypokausten zu beobachten, in den öffentlichen Bädern ebenso wie in Privatbädern (Haus des Menander), z. B. auch in der Villa Herculia in *Piazza Armerina* (s. S. 192).

Der Feuchtigkeitsgrad der Raumluft ließ sich durch Dämpfe regeln. Öffnungen im Bereich der Warmwasserkessel zu den Caldarien und Sudatorien werden diesem Zweck gedient haben. Eine Minderung des Feuchtigkeitsgehalts der Raumluft konnte durch Zuführung warmer, trockener Luft erreicht werden. Es war somit eine Klimatisierung des ganzen Gebäudeblocks möglich, eine technische Hochleistung, die wir heute noch in den Überresten der *Caracalla-* und *Diokletiansthermen* erahnen können.

VIII. HEILBÄDER – MILITÄRBÄDER – PRIVATBÄDER

Die Heilbäder

Die Heilbäder besitzen eine uralte Tradition, die weit zurück in vorrömische Zeit reicht. Wie wir bereits im Abschnitt über die Entwicklungsgeschichte des Bades gesehen haben (S. 2), decken sich häufig in der Frühzeit die Begriffe: Kult- und Heilbad. Obwohl der Schutzgott auch in der Kaiserzeit weiterhin eine gewisse Rolle spielt, so werden doch einige Anlagen wie z. B. diejenigen von *Bajae* weitgehend säkularisiert. Anders verhält es sich bei den *Asklepieien* (u. a. denjenigen auf *Kos* und in *Pergamon*) oder dem *Amphiareion* in der Nähe der Küste, der Insel Euböa gegenüberliegend. Solche Anlagen dokumentieren schon durch ihren Namen die enge Bindung an den Gott. Eine einheitliche Sonderform ist für die Heilthermen nicht entwickelt worden. Dazu waren die örtlichen Bedingungen zu unterschiedlich. Typisch für das Thermalquellenbad sind aber die großen Schwimmbecken, umgeben von Einzelwannenräumen und Nischen, sowie Umkleide- und Ruheräume.

Z 47
Z 48

Man darf mit großer Wahrscheinlichkeit annehmen, daß bereits in griechischer Zeit, vielleicht aber noch sehr viel früher, die heißen Dämpfe und Thermalquellen der Hügelkette von *Bajae* bekannt waren. Eine Benutzung zu therapeutischen Zwecken ist durch Livius für das Jahr 178 v. Chr. bezeugt. Er berichtet, daß zu dieser Zeit der Konsul Gnaeus Cornelius – an Arthritis erkrankt – sich zur Kur dorthin begeben habe. Nach dem Ende der Republik wurde Bajae fast vollständig zur kaiserlichen Domäne

164 VIII. Heilbäder – Militärbäder – Privatbäder

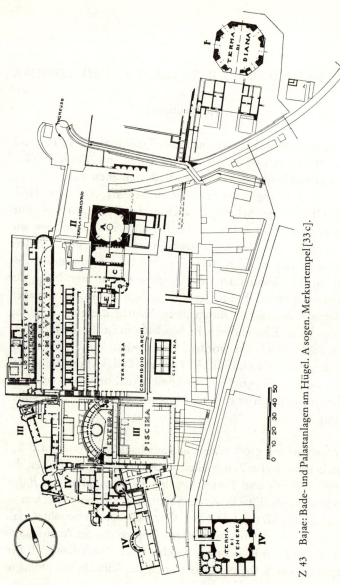

Z 43 Bajae: Bade- und Palastanlagen am Hügel. A sogen. Merkurtempel [33 c].

Die Heilbäder 165

und zeitweiligen Residenz. Schritt für Schritt gelangten die Privatvillen in den Dominialbesitz der Kaiser. Der ganze Strand und die Hänge der Hügel von Bajae glichen bald einer einzigen großen Villa mit Molen und Buchten, mit Aquarien für Fische und Austernzuchten. Es gab Schwimmbassins und Einrichtungen für Thermal- und Seebäder. An den Hängen und am Fuße der Hügel bis zum Meer waren großartige Thermenbauten entstanden mit Portiken, Gärten und Wald, der die Höhen der umliegenden Hügel gekrönt haben muß.

So ist der sog. *Merkurtempel,* ein großartiger Rundsaal mit Kuppelgewölbe, sicher ein Thermensaal gewesen, während die humanistische neapolitanische Überlieferung dazu neigte, die monumentalen Reste der Thermen- und Küstenbauten der Gegend mit Göttertempeln zu identifizieren. Die akustischen Phänomene im Innern des Gewölbes verhalfen dem Bau auch zu dem Namen „Tempel des Echos". Da sein Tuffsteingewölbe nahezu vollständig erhalten ist, zählt dieser Baurest zu den bedeutendsten Anlagen in den phlegräischen Feldern. Umfangreiche Restaurierungsarbeiten in den dreißiger Jahren haben dem Raum seine ursprüngliche architektonische Form wiedergegeben und das Bauwerk wieder standfest gemacht, nachdem Risse in Mauerwerk und Wölbung und in der äußeren Verkleidung ausgebessert wurden.

Wer diesen großen Saal zum ersten Mal durch den engen Eingang betritt, wird unwillkürlich erinnert an das großartigste Beispiel römischen Kuppelbaus, das *Pantheon* in *Rom*. Der Innenraum besitzt vier große Nischen (heute durch Erdreich halb verschüttet) und wird überwölbt von einer Kuppel in Halbkugelform mit einer kreisrunden Öffnung im Scheitel der Wölbung. Der innere Durchmesser von etwa 70 römischen Fuß (21,55 m) ist etwas kleiner als die Hälfte desjenigen des Pantheon. Auch das Verhältnis von Durchmesser und Höhe, das in dem Bau von Bajae nicht mit Sicherheit festzustellen ist, muß bei beiden Bauten ungefähr gleich gewesen sein. Der Rundbau von

T 26 a

T 27 a
T 27 b
T 28 a

Bajae ist aber bedeutend älter als das Pantheon und alle anderen ähnlichen Bauten mit Kuppeln in Bajae, am Lucriner und am Averner See. Dies läßt sich aus der gleichartigen Mauermasse, die ganz aus Tuffsteinen, deren Seitenlänge nicht mehr als 8 cm an der Wandfläche mißt, ohne Verwendung von Backsteinen besteht, und vor allem aus der Bauweise der Wölbung, die noch aus großen, grob behauenen Tuffblöcken und in radialer Anordnung gefügt ist, schließen. Aufgrund von Vergleichen mit anderen, datierbaren Baudenkmälern ist der Bau in die Zeit der Republik anzusetzen.

Von den Thermalgebäuden ist noch vieles an der Küste oder hinter den Wänden bescheidener Häuser, die am Meeresstrand von Bajae standen, erhalten geblieben. Von den prachtvollen Villen, die den ganzen verfügbaren Hügelhang am Gestade bedeckten, ist nur noch wenig vorhanden. Es war die Bauleidenschaft, die Luxussucht und die Freude am sommerlichen Badeleben, die das Patriziat dazu trieben, Schätze und Reichtümer über die zauberhafte Küste von *Bajae* auszuschütten, während der Dichter *Horaz* – gleich dem Vergil glücklich über seine bescheidene kleine Villa – warnend ausrief:

... Du baust dir Häuser
Denkst nicht an das eigene Grab –
Und suchst den Strand in Bajae vorzurücken
Aller Meeresflut zum Trotz,
da Du am festen Land noch nicht genug hast.
(Hor., Carmina II, XVIII, 18)

Über die „Folgen" des Badelebens in Bajae dichtet *Martial* (Epig. I, 62) [57]:

Keusch war Laevina wie nur die Sabinerfrauen der Vorzeit;
und war streng schon ihr Mann, strenger doch war sie noch selbst.
Doch wie sie bald am Lucriner und bald am Averner See wandelt
und sie in Bajaes Bad häufig die Welle umkost,

packt sie die Glut; sie verläßt ihren Mann und folgt einem Jüngling:
die als Penelope kam, geht nun als Helena fort.

Seneca schreibt aus Bajae: „Von allen Seiten umtönt mich wirrer Lärm; denn ich wohne gerade über dem Bade. Stelle dir jetzt einmal alle Arten von Tönen vor, die es einen bedauern lassen, daß man Ohren hat. Wenn die Kräftigeren ihre Leibesübungen treiben und dabei ihre Hanteln schwingen, wenn sie sich abarbeiten oder auch bloß so tun, dann höre ich ihr Stöhnen und, sobald sie dem angehaltenen Atem wieder seinen Lauf lassen, ihr Zischen und heftiges Keuchen. Wenn ich aber auf einen Müßiggänger stoße, der sich bescheiden nach plebejischer Manier salben läßt, so höre ich das Klatschen der Hand (des Masseurs) auf den Schultern, das seinen Ton ändert, je nachdem die Hand hohl oder flach aufschlägt. Kommt vollends noch ein Ballspieler hinzu, der zählt, wie oft er den Ball abprallen läßt, dann ist es um mich geschehen. Nimm nun noch einen Zankteufel hinzu und einen ertappten Dieb und einen (Sänger), der gern seine eigene Stimme im Bade ertönen hört; nimm ferner noch hinzu die, die unter lautem Klatschen des aufplätschernden Wassers ins Schwimmbassin springen! Außer diesen, deren Laute doch wenigstens natürlich sind, denke dir noch einen Haarausrupfer, der, um sich bemerkbar zu machen, wieder und wieder seine dünne, schrille Stimme hervorpreßt und erst schweigt, wenn er jemand die Haare unter den Achseln ausreißt und so einen anderen an seiner Statt schreien läßt. Endlich die verschiedenen Ausrufe des Kuchenhändlers, der Wurstverkäufer, der Zuckerplätzler und aller Kellner der Kneipen, die sämtlich in ihrer eigentümlich durchdringenden Tonweise ihre Waren anpreisen."

In Deutschland sind die römischen Thermalbäder von *Badenweiler* – heute im Kurgarten gelegen – in ihren Grundmauern noch recht gut erhalten. In diesen Bädern lassen sich einige der bisher als Wannen interpretierten wasserdichten Zellen als Auf- T 45

VIII. Heilbäder – Militärbäder – Privatbäder

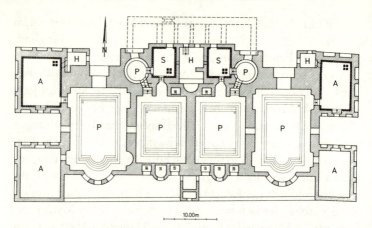

Z 44   Badenweiler: Grundriß der Heilbäder, letzter Bauzustand nach neuesten Untersuchungen [124].

nahmebecken für das Thermalwasser erklären. Sie konnten als Wärmespeicher zu den zu beheizenden Räumen hin dienen.

T 44   Die Heilbäder von *Bath* in Südengland sind in der Anlage derjenigen von Badenweiler nicht unähnlich. Sie sind wesentlich besser erhalten und kürzlich vorzüglich publiziert worden. Das auch heute noch stark besuchte Heilbad ist nicht nur wegen der eindrucksvollen römischen Ruinen und dem gut erhaltenen mittelalterlichen Stadtkern, sondern auch wegen einer wohlausgewogenen klassizistischen Stadtteilneuplanung von John Wood (von 1725) einen Besuch wert.

T 24 b   Zu den neuentdeckten Heilbädern von *Pautalia (Kjustendil)* (Bulgarien) zitieren wir aus dem Bericht Böttgers [78]: „Von der Fruchtbarkeit des Talkessels und den heißen Quellen angezogen, ließen sich hier schon im 4. und 5. Jh. v. Chr. Thrakerstämme nieder. Sie erkannten die Heilkraft des Wassers und begannen sie zu nutzen. Es kamen bald auch Heilungsuchende aus anderen Siedlungen und verbreiteten so den Ruf der Quellen in

Die Heilbäder 169

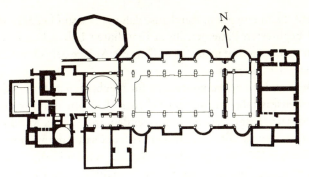

Z 45 Bath: Römische Heilbäder, letzter Bauzustand [93].

ganz Thrakien. Der noch unorganisierte Bäderbetrieb erbrachte sicher nur geringe Einnahmen, doch verhalf er als attraktives Werbemittel den Handwerkern des Ortes zu besserem Absatz ihrer Erzeugnisse. Pautalia, die Quellstadt, wie der Ort seit römischer Zeit hieß, nahm einen ungeahnten Aufschwung. Am Berghang wurde der berühmteste Kultbau Pautalias errichtet, der Tempel des Asklepios, des griechischen Heilgottes, von den Einwohnern als Schutzgottheit der Stadt verehrt.

Unterhalb dieses Heiligtums (im heutigen Zentrum von Kjustendil) erstreckte sich um die Thermalquellen als weitläufiger Komplex des Asklepieion der eigentliche Kurbezirk. Seine heiligen Wasserbecken, die Badhäuser, die kleineren Tempel mit den dazugehörigen Sälen zum Ausruhen, Spazieren, Musizieren und Gymnastiktreiben lagen in einem schattigen Eichenhain, dessen erholsame Ruhe den Heilungsuchenden umfing. Die ozonreiche Bergwaldluft und eine variabel gestaltete Badekur trugen beträchtlich zu seiner Gesundung bei und verhalfen Pautalia zu einem guten Ruf in vielen Provinzen des Römischen Reiches.

Die Stadt lebte friedlich in ruhiger, wohlsituierter Zurückgezogenheit, aber mit steter Verbindung zur großen Welt durch den Strom der Kurgäste. Pautalia war kein Modebad, sondern Stätte echten medizinischen Bemühens um die Gesundheit der

Gäste. Dem entspricht durchaus, daß man darauf bedacht war, den begüterten Patienten ihren gewohnten Lebenskomfort zu bieten. So entstand im 4. Jh. n. Chr. die Anlage der öffentlichen Bäder, der Thermen.

Bei Fundamentierungsarbeiten für Neubauten in der heutigen Smirnenskistraße wurden im Februar 1962 fünf Räume dieser Thermen ausgegraben. Sie liegen seitdem frei zutage. Mit diesen Räumen konnte allerdings bisher erst ein Drittel der vermuteten Fläche von 3000 m² erforscht werden, da sich der übrige Teil unter bebautem Gelände oder der Straße befindet. Alle Räume sind rechteckig angelegt, ihre Wände in *opus mixtum* aufgeführt, einer gemischten Bauweise aus dicken Bruchsteinlagen und mehrfachem Ziegeldurchschuß, die an Ecken und Türen von reiner Backsteinschichtung abgelöst wird. Diese kostbares Ziegelmaterial sparende Technik erwies sich als sehr dauerhaft und verbreitete sich im ganzen Römischen Reich. Zur Bindung der Stein- und Ziegelschichten wurde Kalkmörtel verwandt, dessen Qualität sich im Laufe der Jahrhunderte durch Beimengung von Ziegelmehl, später von kleinen Ziegelsplittern, endlich gar von größeren Brocken allmählich verschlechterte. Seine Zusammensetzung ist nachgerade zu einem Datierungsmerkmal geworden, und auch der Unkundige kann an der durch Ziegelzuschläge verursachten rötlichen Färbung den späten Mörtel vom frühen weißen, hochqualitativen unterscheiden."

In Tunesien sind vor zwei Jahrzehnten umfangreiche Anlagen eines Heilbades am Fuße des *Djebel Oust* freigelegt worden. Besonders eindrucksvoll sind hier die Raumkompositionen und die üppigen, farbigen Mosaiken der Säle, die im Gegensatz zu dem aufgehenden Mauerwerk fast alle noch gut erhalten sind. Beheizt wurden die Baderäume nachweisbar durch das heiße Wasser der Quellen. An der Übereinanderlagerung mehrerer Mosaikfußböden läßt sich eine lange Benutzungszeit erkennen.

Ein architektonisch großartig gestaltetes und noch weitgehend

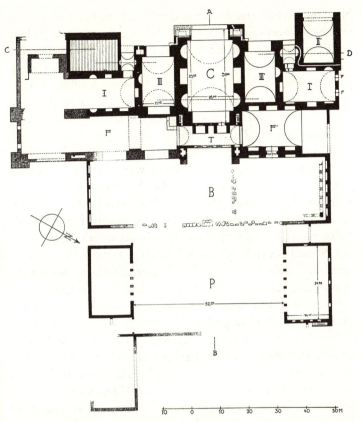

Z 46 Hierapolis (Pamukkale): Thermen. Grundriß nach D. Krencker [134].
Neue Untersuchungen durch eine italienische Gruppe.

erhaltenes Thermalquellenbad liegt im Ruinenfeld der antiken
Stadt *Hierapolis*, dem heutigen *Pamukkale* (bei Denizli/Türkei).   T 46a
Die Zimmertrakte eines alten bescheidenen Bungalowhotels
umgeben eine antike *natatio*, die mit warmem Quellwasser gefüllt
ist. Wenn man darin schwimmt, so erkennt man durch das glas-
klare Wasser eine Reihe antiker Architekturstücke wie Kapi-
telle, Säulenstümpfe und Architrave. Das durch die Schwimm-

bewegungen bewegte Wasser und ein durch die Brechungen verursachtes geheimnisvolles Spiel des Lichtes verzaubert die Relikte der Vergangenheit und macht das Baden dort zu einem ganz besonderen Erlebnis. Auch landschaftlich übt dieser Ort einen ganz besonderen Reiz aus. Schon von weitem leuchten bei der Anfahrt aus dem Tal des Mäander die weit ausgebreiteten schneeweißen Sinterterrassen des stark kalkhaltigen Quellwassers dem Ankömmling entgegen.

Die antiken Bäder waren mindestens bis zur Hälfte ihrer Höhe im Kalksumpf eingegraben. Mühselig wurden sie in den letzten Jahrzehnten durch eine italienische Archäologengruppe teilweise von der Versottung befreit. Es lassen sich heute gut die verschiedenen Hallen, riesenhaften Wasserreservoire und der große Palästrahof mit angrenzenden Repräsentationsräumen erkennen. Soweit es sich heute übersehen läßt, war keine Heizungsanlage mit Präfurnien vorhanden. Die erforderliche Wärme für Wasser und Raumheizung wurde durch die heißen Quellen geliefert. Auf welche Weise dieses System funktioniert hat, ist in Hierapolis noch nicht geklärt.

Das *Asklepieion* auf der griechischen Insel *Kos* ist im Gegensatz etwa zu demjenigen von Pergamon vorwiegend eine hellenistische Anlage. Auf drei eindrucksvollen Terrassen erheben sich die verschiedenen Bauten. Am Fuß des Hanges befinden sich römische Thermen, auf der unteren Terrasse, hinter Säulenhallen, die Räume für die Kranken, auf der mittleren Terrasse, neben einem kleinen jonischen Tempel mit dem berühmten Gemälde des Apelles, ein großer Altar und ein zweiter Tempel aus römischer Zeit, und auf der obersten Terrasse der hellenistische Haupttempel, der später in eine Kirche umgewandelt wurde. Der gesamte Bezirk ist mit großzügigen Treppenanlagen versehen und von Säulenhallen umgeben.

In *Kos* pflegte man vorrangig die wissenschaftliche Heilkunde. Hippokrates, der Begründer der Medizin als Wissenschaft und berühmtester Arzt der Antike, wurde auf Kos um die Mitte des

Die Heilbäder

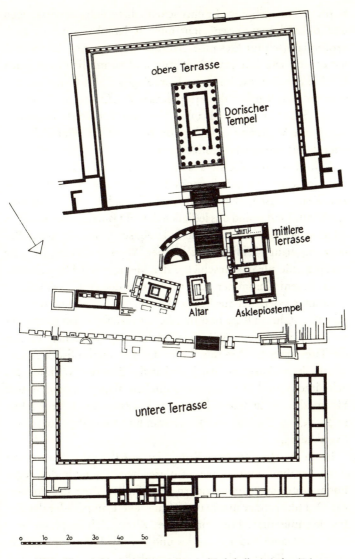

Z 47   Kos: Asklepiosheiligtum in griechisch-hellenistischer Zeit.
Ähnlichkeit mit Epidaurus [Knell, Grundzüge der griech. Architektur].

5. Jh. v. Chr. geboren. Er entwickelte diätetische Anweisungen und Behandlungsweisen nicht nur für Kranke, sondern auch prophylaktisch für Gesunde. Mit der Wirkung von Badekuren hat er sich sehr intensiv beschäftigt und vermutlich auch einen Einfluß auf die Gestaltung der Kuranlage gehabt. Galen hat sich sehr mit den Werken des Hippokrates befaßt und sie häufig in seinen Schriften zitiert. Dank Galen war Pergamon in diesem Sinne eine Weiterentwicklung von Kos und für seine Zeit eine höchst fortschrittliche Konzeption.

Aulus Cornelius Celsus aus Ephesos schrieb zur Zeit des Tiberius eine Enzyklopädie in sechs Teilen: Landwirtschaft, Medizin, Kriegswesen, Beredsamkeit, Philosophie und Rechtswissenschaft. Leider sind uns lediglich die acht Bücher über Medizin erhalten geblieben. Er schrieb in lateinischer Sprache unter Benutzung hauptsächlich griechischer Werke. Celsus ist eine Hauptquelle für die Geschichte der Medizin seit Hippokrates.

In diesem Zusammenhang muß noch der Arzt Asklepiades genannt werden, der aus Bursa (Bithynien) stammt und seit dem Jahr 91 v. Chr. in Rom praktizierte. Er verfaßte einen Kommentar zu Hippokrates sowie andere Schriften, von denen wir nur die Titel kennen. Von ihm nahm die sog. methodische Ärzteschule ihren Ausgang. Auch er hat die günstige Wirkung des Schwitzens und der unterschiedlichen Badeprozeduren und Heilmethoden in seiner Heimatstadt systematisch beobachtet und studiert. Deshalb wohl auch sein Beiname „Psycholoutres" (Kaltbader).

In trajanischer Zeit war Rufus, ein aus Ephesos stammender Arzt, berühmt wegen seiner erfolgreichen Heilmethoden gegen Podagra mittels Schwitzbädern. Ein Traktat über das Podagra hat O. Hiltbrunner in einem Aufsatz ›Die Dampfbäder des Rufus‹ kommentiert. Hier ein kurzes Zitat: „Ich empfehle aber auch die Dampfbäder mit Kies und die mit Fell oder Tüchern verhängten Bäder und die Laconicumbäder für diejenigen, welche Trockenschwitzbäder nehmen wollen."

Die Heilbäder

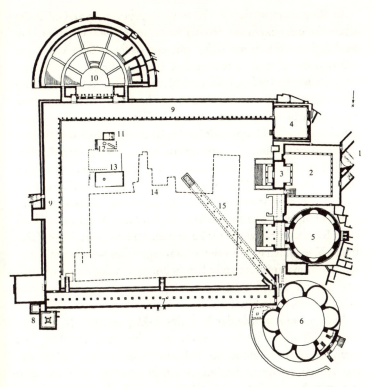

Z 48 Pergamon: Asklepieion, römische Epoche. 11–15 Spuren der hellenistischen Anlagen, 6 Brunnenhaus, 5 Asklepiostempel, 2/3 Palästra, 4 Kaisersaal mit Bibliothek [97].

Das *Asklepieion von Pergamon* war nicht nur Heilbad, sondern eine sanatoriumsähnliche Kuranlage, die in hellenistischer Zeit aus bescheidenen, sehr alten Anfängen um heilige Quellen entstanden war. Im 2. Jh. n. Chr. wurde das Asklepieion von den Römern umfassend ausgebaut und vergrößert, denn hier befand sich eine der berühmtesten Ärzteschulen, die zeitweilig unter der Leitung des griechischen Arztes Galen stand.

In Pergamon im Jahre 129 n. Chr. geboren, war Galen der letzte der uns bekannten großen Ärzte der Antike. Über sein Leben sind wir durch ihn selbst gut unterrichtet. Sein Vater war Mathematiker und Architekt. Galen studierte seit seinem 15. Lebensjahr Philosophie und Mathematik in Alexandria, etwas später schloß sich das Medizinstudium an. Nach beendetem Studium arbeitete er zunächst als Gladiatorenarzt in Pergamon und Rom. In der Hauptstadt fand er bald als geschickter Diagnostiker Anerkennung und wurde von zahlreichen hohen Persönlichkeiten gefördert. Der Ausbruch einer Pestepidemie vertrieb ihn im Jahre 166 n. Chr. aus Rom, und er ging nach Pergamon zurück. Dort entstanden dann die Konzepte der beiden anatomischen Hauptwerke. Etwas später rief ihn Marc Aurel als Leibarzt nach Rom zurück, wo er bis zu seinem Tod im Jahre 199 n. Chr. blieb. Von Galen ist ein äußerst umfangreiches Schrifttum erhalten. Er muß eine glanzvolle Erscheinung von ungeheurem Fleiß und großer schriftstellerischer Begabung gewesen sein, aber auch von größter Eitelkeit.

In *Pergamon* wurde der Kult des Asklepios im 4. Jh. v. Chr. begründet und unter Eumenes II. zum Staatskult erhoben. Die prunkvolle Architektur der auf uns gekommenen Anlage des *Asklepieion* gehört in die Zeit des Antoninus Pius. Wir erkennen einen Rechteckhof von 110 × 130 m, auf allen Seiten von Hallen und Gebäuden verschiedener Art umgeben, mit Vorhof und Propylon, die die Verbindung zur Heiligen Straße herstellten. Neben dem Vorhof stand auf der Ostseite der *Asklepiostempel,* eine Nachbildung des *Pantheon* in *Rom*, allerdings in geringeren Abmessungen (Kuppeldurchmesser 28,85 m). Dem Tempel in der Südostecke benachbart, erhob sich ein zweigeschossiger Rundbau mit einem Außendurchmesser von 60 m. Von diesem Gebäude sind die massiven Mauern des Untergeschosses erhalten. Der Oberbau besaß Halbrundnischen auf der Innenwandseite. Von hier aus führte ein unterirdischer, 80 m langer Gang zur radioaktiven Heiligen Quelle im Hof, dem Ursprungsort des

Kultes. Dieser Bau diente den Kranken wohl für Trinkkuren. Am Westende der Nordseite des Hofes liegt ein Theater für etwa 3500 Zuschauer.

Neben dieser das Bild heute beherrschenden römischen Anlage, der Hauptwirkungsstätte des Arztes Galen, sind auch hellenistische Teile bei den vom Deutschen Archäologischen Institut durchgeführten Grabungen zutage gekommen. Für die Interpretation dieser griechisch-hellenistischen Bauten ist ein Vergleich mit der noch fast vollständig erhaltenen heiligen Kuranlage aus hellenistischer Zeit in *Epidauros* aufschlußreich. Offensichtlich liefen parallel zu physischen Heilmethoden wie Bade- und Trinkkuren psychische Behandlungen wie Traumdeutungen, Schlafbehandlung, Psychodrama und Suggestionen bzw. Hypnosen.

In seinem Werk ›de methodo medendi‹ beschreibt *Galen* die Abfolge der Badeprozedur bei einem Kranken: „Nach ihrem Eintritt halten sie (die Kranken) sich zuerst im Warmluftzimmer auf, darauf steigen sie ins warme Bad, dann gehen sie hinaus und steigen ins kalte, schließlich reiben sie sich den Schweiß ab. Es dient der erste Akt des Bades dazu, die Stoffe durch den ganzen Körper zu erwärmen und zu lösen und ihre Ungleichheiten auszugleichen, endlich die Haut aufzulockern und, was sich unter ihr angesammelt hat, zu entleeren. Der zweite dagegen, falls jemand bei trockener Körperkonstitution ihn anwendet, heilsame Feuchtigkeit in die trockenen Teile des Körpers zu bringen. Der dritte Teil des Badeganges, wenn wir nämlich das Kaltbad anwenden, soll den ganzen Körper abkühlen, die Hautporen schließen und die Kräfte stärken. Der vierte endlich soll den Körper durch Schweißfluß entleeren, ohne ihn einer Gefährdung durch die Abkühlung auszusetzen.

Wenn der erste der drei Baderäume warm genug ist, soll der Kranke, vor seinem Weitertransport in den zweiten, hier entblößt werden; sollte er dir aber noch zu kalt scheinen, so soll er nicht nackt, sondern bedeckt (weitergeschafft werden)... Es soll aber dieser mittlere Raum nicht nur der Lage nach der mittlere sein, sondern auch hinsichtlich des Wärmegrades den ersten ebensoweit übertreffen, wie dem zweiten nachstehen. In diesem Raum soll laues Öl bereit sein, um es sofort auf den Kranken zu schütten.

Darauf sollen sie in den dritten Raum gehen und ihn in die warme Wanne bringen, so daß sie die drei Baderäume (ohne sich aufzuhalten) bloß als Durchgang benutzen.

Es soll aber die Luft in allen Baderäumen weder übermäßig heiß noch übermäßig kalt sein, sondern ziemlich temperiert und mäßig feucht; das wird sie aber sein, wenn wohltemperiertes Wasser reichlich aus der Badewanne gesprengt wird, so daß es durch alle Räume hindurchfließt.

Im Wasser der warmen Wanne soll er sich nur kurze Zeit aufhalten, ohne daß ihm eine Übergießung, wie wir sie sonst gewohnt sind, zuteil wird. Dann soll er hinausgetragen und mit dem ganzen Körper ins kalte Wasser getaucht werden."

Daß offensichtlich schon die Sportmedizin in der Antike eine Rolle gespielt hat, geht aus folgenden Worten Galens hervor, mit denen er den Ablauf des Kaltbades in der Ringschule schildert: „Das gleiche scheint mit uns vorzugehen, wenn wir beim Bade ins Kaltwasserbecken steigen, wie bei der Stählung des Eisens; denn auch wir werden abgekühlt und spannkräftig gemacht, wie jenes, wenn es in glühendem Zustand in kaltes Wasser getaucht wird. Und deshalb hat man für die schwächeren Konstitutionen die Bäderfolge ersonnen, die für das Kaltbad den Körper vorwärmt und vorbereitet. Etwas Ähnliches aber bewirken auch die, die ohne Benutzung des Warmbades kaltes Wasser anwenden, wenn sie nach vorhergehender gymnastischer Übung in dasselbe hineinspringen. Was nämlich für uns das Warmbad ist, das ist für jene die gymnastische Übung, die sie nicht nur erwärmt, sondern auch die Bewegung der dem Körper innewohnenden Wärme von innen nach außen hervorruft, so daß sie der andringenden Kälte entgegenzutreten vermag und sie abwehren und verhindern kann, gewaltsam in die Tiefe des Körpers zu dringen und eines der inneren Organe zu treffen."

Die Militärbäder

Eine gesonderte Gruppe bilden seit dem Beginn des 2. Jh. n. Chr. die Militärbäder. Um den Bedarf zu verstehen, dem sie in Zahl, Größe und Ausstattung entsprachen, muß die Struktur des römischen Heeres zu dieser Zeit mit einigen Worten umrissen werden.

Die Umbildung des Heeres von einer Art Wehrpflichtarmee (durch Aushebungen – *legio* – gebildet) in der republikanischen Zeit in ein stehendes Heer, in eine Berufsarmee der Kaiserzeit, führte auch zu einer Umbildung der Heeresorganisation. In einer Legion durften ursprünglich nur römische Bürger dienen, meist als Infanteristen. Seit 212 n. Chr. erhielten alle Einwohner des Imperium Romanum das römische Bürgerrecht, sie konnten nun auch in allen Heereseinheiten dienen. Neben den Legionen gab es die Auxilia, die Hilfstruppen, von Verbündeten und Unterworfenen gestellt, die meist als Reiter dienten. Diese Reitereinheiten *(alae)* waren unter den Hilfstruppen am angesehensten, sie waren höher eingestuft als die Auxiliarinfanterie oder gar die Marine. Ich verweise auf O. Doppelfelds interessanten Bericht ›Die Römer am Rhein‹ [50].

Die Legion war bei einer Stärke von etwa 6100 Mann mit den zugehörigen technischen Truppen mit einer heutigen Division zu vergleichen. Zwei Legionen bildeten nach dem im römischen Heerwesen geltenden Zweierprinzip ein Heer (Armeekorps). Die Legion (Division) ihrerseits gliederte sich in 10 Cohorten (Bataillone) zu je 6 Centurien (Kompanien). Zu jeder Legion gehörte eine kleine, in vier *turmae* (Züge) gegliederte Reitertruppe von 120 Mann und seit den Soldatenkaisern eine in der Stärke nicht bekannte Abteilung *fabri* (Artillerie und Pioniere) und der

VIII. Heilbäder – Militärbäder – Privatbäder

Troß *(calones)*. Die eigentliche taktische Einheit (mit eigenem Feldzeichen und Signalhorn) war das Manipel, gebildet aus zwei Centurien. Drei Manipel (3 × 2 = 6 Centurien) waren eine Cohorte. Die Legionen waren durch Nummern und Namen gekennzeichnet. Viele Nummern, aber mit verschiedenen Beinamen, treten mehrfach auf. Einige Nummern zwischen I und XXX waren unbesetzt. Drei Nummern – XVII, XVIII, XIX –, die Nummern der 9 n. Chr. im Teutoburger Wald vernichteten Legionen, wurden nicht wieder belegt.

Die Kriege der römischen Kaiser mit den Anrainern des Reichs an Rhein und Donau, in Mesopotamien und Nordafrika zwangen wegen mancher verlustreichen Niederlage zur Anpassung der Feldarmee an Taktik und Waffentechnik des Gegners. So entstanden im römischen Feldheer Einheiten von Panzerreitern (Kataphrakten genannt), von berittenen Bogenschützen und Speerwerfern, die in den Kämpfen zunehmend eine entscheidende Rolle spielten. Diese Einheiten verursachten durch ihre Ausrüstung und ihre wachsende Zahl höhere Kosten für Aufstellung und Unterhalt als die römischen Heere um die Zeitwende und erhöhten die Anforderungen an die Finanzkraft des Staates. Aber ohne sie wären die römischen Heere nicht mehr mit Parthern und Germanen, mit Mauretaniern, Britanniern und Dakern an den ausgedehnten Grenzen des Reiches fertiggeworden.

Die große Bedeutung, die das Militär besonders in den Grenzprovinzen hatte, macht die Rolle verständlich, die die Militärbäder gespielt haben müssen. Sie gehörten immer zu einem Truppenstandort, Lager oder Kastell. Bereits in der Mitte des 1. Jh. n. Chr. trugen Anlagen wie diejenigen von *Vindonissa (Windisch), Aventicum (Avenches), Moguntiacum (Mainz)* und *Coriovallum (Heerlen)* wesentlich zur Entwicklung des Thermenbaus bei. Das *laconicum* und die *natatio* waren immer ein wichtiger Bestandteil dieser Anlagen, ebenso die *palaestra,* der offene Sportplatz, und die gedeckte *palaestra,* die Sport- und

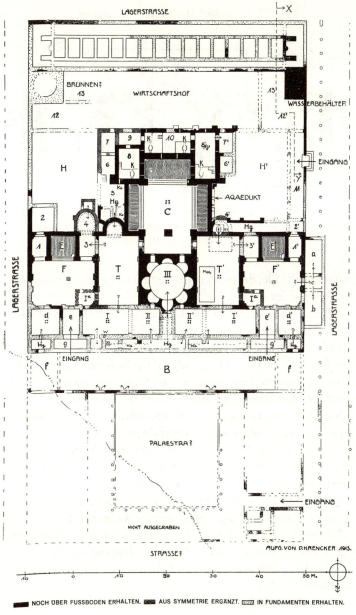

Z 49a Lambaesis: Lagerthermen. Grundriß [134].

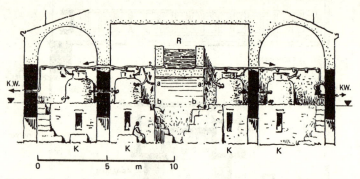

Z 49b Lambaesis: Lagerthermen. Schnitt durch die Kesselräume 8, 9, 10, 8', 9'
mit Blick zum caldarium. K Durchlauferhitzer, R Behälter für Kaltwasser, a Zulauf des Mischwassers zu den Wannen [134].

Gymnastikhalle, die bei den kleineren Bädern mit dem *apodyterium* vereinigt war.

Deutschland ist neben der Schweiz besonders reich an Militärbädern gewesen. Leider ist nur ein kleiner Teil von ihnen erhalten und dem Besucher zugänglich. Es sei auf die zahlreichen großen Militärbäder in England, auf die Bäder am Limes in Ungarn, Rumänien *(Dinogetia)* und am Rande der Sahara in Nordafrika hingewiesen. Die großen *Lagerthermen* von *Lambaesis* (Algerien) sind ein interessantes und relativ gut erhaltenes Beispiel von den Bädern eines Legionslagers.

Unter Leitung des Museums für Vor- und Frühgeschichte hat man in den Jahren 1953 bis 1955 das Trümmergelände der Altstadt von *Frankfurt* (1944 zerstört) in mühevoller Arbeit archäologisch untersucht. Im Jahre 1972 wurde dort ein weiteres Mal gegraben. Die Grabungen brachten die Reste zweier römischer Militärbäder zutage. Sie wurden wahrscheinlich in Verbindung mit einem Erdkastell oder Erdlager auf dem sog. Domhügel, einer hochwasserfreien Erhebung zwischen Römerberg und Dom, errichtet [176].

Als der römische Kaiser Domitian (81–96 n. Chr.) um 83

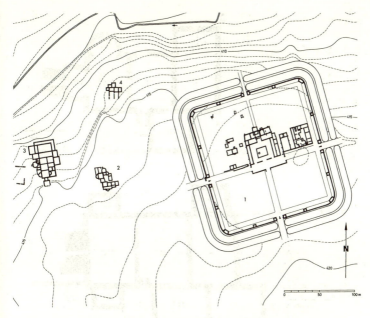

Z 50 Weißenburg (Bayern): Lageplan des Legionslagers und der Bäder 2–4.
Bad 3 ist ein großes Reihenbad mit laconicum. Die Ruinen wurden überdeckt
und zu einem Museum gestaltet.

n. Chr. von Mainz aus einen Feldzug gegen die germanischen Chatten führte, sicherte er seine Vormarschwege und das eroberte Land (Untermain, Taunus und Wetterau) mit kleinen und großen Kastellen. Die militärischen Anlagen dienten wohl auch dem Schutz der hier durch den Main führenden Furt, die der Stadt *Frankfurt* ihren Namen gab. Diese Furt war Mittelpunkt dreier sich kreuzender Fernstraßen. Ziegel, welche die römische 14. Legion Gemina Victrix in den Militärziegeleien zu Nied herstellte, waren hier verbaut. Zu sehen sind von diesen Militärbädern die Reste des *caldarium*. Die beiden anschließenden Baderäume des *tepidarium* und *frigidarium* wurden durch den Bau des U-Bahn-Einganges zerstört.

Über die Bauweise vieler Militärbäder schreibt D. Baatz [70]:

VIII. Heilbäder – Militärbäder – Privatbäder

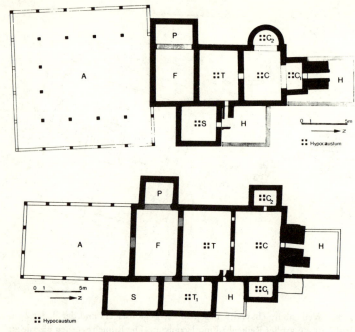

Z 51 Walldürn: oben: älteres Kastellbad, unten: jüngeres Bad [69].

„Die teilweise aus Holz erbauten römischen Bäder sind nur besondere Beispiele einer eigenartigen Holz-Stein-Mischbauweise, die man auch sonst gelegentlich bei römischen Bauten antrifft. Sie dürfte verbreiteter gewesen sein, als es im Augenblick den Anschein hat. Sie ist gerade bei Militärbauten häufiger beobachtet worden. Die Bauweise resultiert aus einer gewissen Austauschbarkeit der Holz- und Steinbauweise. Ich möchte annehmen, daß die Fachwerkwände in den meisten Fällen innen und außen völlig überputzt und getüncht waren. Daher konnte man im Aufgehenden äußerlich kaum einen Unterschied zwischen Holz- und Steinbauten bemerken. Welche Bauweise man wählte, hing dann vermutlich von Fragen der Wirtschaftlichkeit und

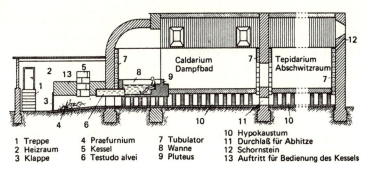

Z 52 Furfooz (Belgien): kleineres rekonstruiertes Bad, in dem Heizversuche gemacht wurden [135].

Zweckmäßigkeit ab. Bei Bädern konnten vornehmlich jene Räume aus Holz gebaut werden, in denen nicht gebadet wurde, die also nicht feucht waren, d. h. die Apodyterien. Ein hölzernes *frigidarium* (wie in *Theilenhofen*) dürfte eine Ausnahme gewesen sein. Für hypokaustierte Räume kam die Holzbauweise natürlich nicht in Betracht.

Bei den hölzernen Apodyterien der Militärbäder zeichnen sich bisher zwei Typen ab, die beide in *Walldürn* vertreten waren. Es gab einmal die einfache, rechteckige Halle ohne Innenstützen. Ferner wurde eine aufwendigere Halle mit einem inneren Pfostenkranz beobachtet. Diese Halle besaß vermutlich ein Dach mit Oberlichtern. Diese Hallen waren ziemlich groß. Andererseits kamen viele Bäder auch mit weit kleineren Apodyterien aus. So ist es wahrscheinlich, daß die großen Hallen noch anderen Zwecken dienten. Vielleicht übernahmen sie zum Teil die Funktionen der Palästra an städtischen Thermen, die für Sport und Spiel bestimmt war. Im Gegensatz zur *palästra* bot die gedeckte Halle Schutz vor der Witterung. Die lateinische Bezeichnung für die große Halle an den Militärbädern war *basilica*.

Bei zukünftigen Grabungen an römischen Thermen wird es unerläßlich sein, nach einer hölzernen Umkleidehalle zu suchen, wenn ein steinernes *apodyterium* fehlt. Das gilt nicht nur für

Militärbäder, sondern auch für Zivilbauten und sogar für kleine Privatthermen. Man wird darauf gefaßt sein müssen, daß dieser hölzerne Gebäudeteil in manchen Fällen recht ausgedehnt ist."

Die Privatbäder

In seinen Briefen erwähnt *Plinius d. J.* an zahlreichen Stellen die Bäder großer Villenanlagen, seien es nun seine eigenen oder die von Freunden und Bekannten. Oftmals schildert er auch recht eingehend die einzelnen Teile und ihre Gruppierung, so daß wir uns ein lebendiges Bild von dem jeweiligen Bad machen können. In Auszügen bringen wir deshalb einige Beispiele.

II/17. Brief C. Plinius an Gallus:
„Du fragst verwundert, weshalb ich so große Freude... an meinem Laurentinischen Landgute habe. Deine Verwunderung wird schwinden, wenn Du die Anmut dieses Landsitzes, die Örtlichkeit und das Meeresufer in seiner ganzen Ausdehnung näher kennenlernst...
Der Vorsprung dieses Zimmers und jenes Triclinium bilden einen Winkel, der die reinen Sonnenstrahlen wie in einem Brennpunkt zusammenfaßt und verstärkt. Da ist der Winteraufenthalt, da zugleich der Turnplatz meiner Leute. Hier schweigen alle Winde, außer denen, die Wolken mit sich führen und nicht sowohl den Aufenthalt an dieser Stelle benehmen als den heiteren Himmel entziehen. An diesen Winkel schließt sich ein Gemach, das, zu einem Halbkreis gerundet, dem Laufe der Sonne mit allen seinen Fenstern folgt. In der Wand desselben ist in Gestalt einer Bibliothek ein Schränkchen angebracht, das solche Bücher enthält, die nicht einmal, sondern oft zur Hand genommen werden. Damit hängt ein Schlafraum vermittels eines dazwischenliegenden Durchgangs zusammen, unter dem sich ein Souterrain befindet, das mit Heizungsröhren versehen ist und

die mitgeteilte Wärme in gesunder Temperatur hierhin und dorthin verbreitet und zirkulieren läßt. Der übrige Teil dieser Seite ist für den Gebrauch der Sklaven und Freigelassenen bestimmt, größtenteils aber so nett, daß er auch Gäste aufnehmen könnte. Auf der anderen Seite kommt ein allerliebstes Zimmer, dann ein großes Wohn- oder ein mäßiges Speisegemach, das hell von der Sonne und dem vom Meer zurückgespiegelten Lichte erleuchtet ist; nachher ein Zimmer mit einem Vorraum, der seiner Höhe nach für den Sommer, seiner geschützten Lage nach für den Winter paßt; denn er ist gegen jeden Wind gesichert. Daran schließt sich dann mit gemeinsamer Mauer ein anderes Zimmer mit einem Vorraum. Nun folgt die weite und geräumige Zelle für das kalte Bad, an deren entgegenstehenden Wänden zwei Badebassins im Bogen vorspringen, vollkommen groß genug, wenn man nicht gerade an das nahe Meer denkt. Daneben liegt das von unten geheizte Salbzimmer und der Heizraum des Bades; dann folgen zwei mehr geschmackvolle als kostbare Zellen, mit denen ein prächtiges warmes Schwimmbassin zusammenhängt, aus dem die darin Schwimmenden die Aussicht auf das Meer haben. Nicht weit davon befindet sich die Ballstube, die zur Zeit der größten Hitze erst dann, wenn der Tag sich neigt, für die Sonne zugänglich ist..."

C. Plinius an Calvisius: (III, 1) „Ich weiß nicht, ob ich je eine Zeit angenehmer verlebt habe als vor kurzem, wo ich bei Spurinna war. Wirklich, wenn ich je alt werden sollte, so möchte ich im Alter mir niemanden lieber zum Muster nehmen als ihn; ...

Während der Frühstunden sitzt er am Schreibtisch; um die zweite Stunde steht er auf und geht drei Meilen spazieren, wobei er den Geist nicht minder als den Körper in Tätigkeit setzt. Sind Freunde da, so werden die gebildetsten Gespräche geführt; wenn nicht, so wird ein Buch gelesen, manchmal auch in Gesellschaft von Freunden, jedoch nur, wenn es diesen genehm ist. Darauf geht er wieder an die Arbeit; abermals wird ein Buch zur Hand genommen oder ein Gespräch geführt, das einem Buche vorzuziehen ist. Dann fährt er aus und nimmt seine Frau, ein wahres Muster in ihrer Art, oder irgendeinen seiner Freunde mit, wie neulich mich. Nach einer Fahrt von 7 Meilen geht er wieder eine Meile spazieren und setzt sich dann wieder hin oder begibt sich in sein Zimmer und arbeitet. Denn er schreibt, und zwar in beiden Sprachen, meisterhafte lyrische Gedichte von einer wunderbaren Zartheit, einer wundervollen Anmut, einem wundervollen Humor, dessen Reiz noch durch die reine Unschuld des Verfassers erhöht wird...

Ist die Stunde zum Baden gemeldet (es ist im Winter die neunte, im Sommer die achte), so geht er, wenn es windstill ist, leicht bekleidet in der Sonne spazieren. Dann macht er sich mit dem Ballspiel kräftige und anhaltende Bewegung, denn auch in dieser Art Leibesbewegung macht er dem Alter seine Herrschaft streitig. Nach dem Bade ruht er liegend aus und wartet noch eine Zeitlang mit dem Essen; währenddem läßt er sich etwas Leichteres und Gefälliges vorlesen...

Während dieser ganzen Zeit steht es den Freunden frei, ein Gleiches zu tun oder etwas anderes vorzunehmen, wenn sie es vorziehen. Dann wird das ebenso anständige wie frugale Mahl auf glattem und altem Silbergeschirr aufgetragen. Auch korinthische Gefäße sind dabei im Gebrauch, an denen er seine Freude hat, ohne gerade sein Herz daran zu hängen. Nicht selten wird auch durch einen Komiker Abwechslung in die Tischfreuden gebracht, um den Sinnenreiz auch durch geistige Genüsse zu würzen. Man sitzt selbst im Sommer bis in die Nacht zusammen. Niemandem wird die Zeit lang, so gemütlich verläuft die ganze Tafel. Dabei hat er dann trotz seiner 77 Jahre noch den vollen Gebrauch seines Gesichts und Gehörs, daher noch die Beweglichkeit und Lebendigkeit des Körpers und vom Alter selbst nichts als die reife Erfahrung. Ein solches Leben ist es, in das ich mich in Wunsch und Gedanken schon jetzt versetze und das ich mit der freudigsten Bereitwilligkeit antreten werde, sobald die Zeit gekommen ist, die mir zum Rückzug zu blasen gestattet..."

Die Privatbäder

6. Brief (Bd. 5) an Apollinaris:

„Am (anderen) Ende der Säulenhalle tritt man von dem Speisesaal aus in ein sehr geräumiges Zimmer, dessen Fenster die Aussicht teils auf die Terrasse, teils auf den Wiesenplatz gewähren, zunächst aber auf einen Fischteich, der dicht unter den Fenstern liegt und Ohr wie Auge ergötzt. Das von oben herabplätschernde Wasser bildet nämlich in dem Marmorbecken, von welchem es aufgenommen wird, einen weißen Schaum. Eben dieses Zimmer ist im Winter sehr warm, weil die Sonne sehr stark hineinscheint. Mit demselben steht ein Heizraum in unmittelbarer Verbindung, welches an trüben Tagen durch die in jenes hinübergeleitete Wärme die Sonne ersetzt. Von hier gelangt man durch ein geräumiges und freundliches Auskleidezimmer in das für kalte Bäder bestimmte Gemach, wo sich ein geräumiges und schattiges Schwimmbad befindet. Verlangt man einen größeren oder laueren Raum zum Schwimmen, so ist im Hofe ein Teich und unmittelbar dabei ein Brunnen, aus welchem man sich wieder abkühlen kann, wenn einem die Wärme lästig wird. Mit dem Gemach für kalte Bäder steht eins für lauwarme Bäder in Verbindung, auf welches die Sonne aufs wohltätigste einwirkt, doch nicht so sehr wie auf den Warmbaderaum, denn dieser ist weit hinaus angebracht. In diesem geht es drei Abstufungen hinab; zwei liegen in der Sonne, die dritte, der Sonne weniger ausgesetzt, ist gleichwohl nicht minder hell. Über dem Auskleidezimmer liegt der Ballspielsaal, der für mehrere Arten von Körperübungen eingerichtet ist und verschiedene Abteilungen enthält. Nicht weit von dem Bade befindet sich eine Treppe, welche nach einer bedeckten Halle, vorher aber in drei Zimmer führt. Von diesen geht das eine auf den kleinen Hof hinaus, wo die vier Platanen stehen, das andere auf diesen Wiesenplatz, das dritte auf die Weingelände, so daß jedes nach verschiedenen Seiten hin die Aussicht hat. An dem obersten Ende der bedeckten Halle ist ein aus dieser selbst herausgeschnittenes Gemach, welches die Aussicht auf die Rennbahn, die Weingelände und die

Berge bietet. An dieses stößt ein anderes Gemach, welches sehr sonnig ist, namentlich im Winter."

Im *Haus des Menander (Pompeji)* ist das Bad mit einem großen Teil der sehr schönen Ausstattung erhalten geblieben. Auch die Wanddekorationen der Baderäume im Haus mit dem Kryptoporticus und das Bad der Villa von *Bosco Reale* seien hier hervorgehoben.

In der Villa von *Oplontis,* die erst vor einigen Jahren unter der Leitung von Alfonso de Franciscis freigelegt worden ist, befindet sich ein Bad mit reizvollen Wandmalereien. Hier sind auch Fresken in den Feuchtbaderäumen vorhanden. Es muß demnach ein Verfahren bekannt gewesen sein, durch welches die Farben vor der Luftfeuchtigkeit geschützt waren. Vermutlich handelte es sich um eine Art Firnis.

Auf einer der Donauinseln bei *Aquincum* fand man umfangreiche Mauerreste einer Statthaltervilla. Diese besaß auch ein großes, luxuriöses Privatbad, von dem wir hier eine Rekonstruktionszeichnung bringen.

Zu erwähnen sind u. a. die Bäder des großen Palastes von *Fishbourne* bei Chichester (England), die im Verlauf der Grabungen in den sechziger Jahren unseres Jahrhunderts freigelegt wurden.

Die berühmt gewordene kaiserliche Villa Herculia bei *Piazza Armerina* wurde vermutlich an der Wende vom 3. zum 4. Jh. n. Chr. erbaut. Als Bauherrn hat man bisher den Kaiser Maximianus Herculeus vermutet. Datierungsmöglichkeiten ergeben sich vor allem aus Interpretationen der reichen, teilweise vorzüglich erhaltenen Mosaiken. Man neigt heute allerdings dazu, den Baubeginn noch etwas später anzusetzen. Wenn auch eine gesicherte Datierung vorläufig nicht möglich ist, so haben wir doch eines der schönsten Beispiele spätrömischen Palastbaues vor uns. Die Ruinen wurden vorbildlich durch einen leichten, mit Plexiglas gedeckten Überbau geschützt, so daß das Tageslicht zwar

Die Privatbäder

Z 53   Aquincum: Rekonstruktion des Bades in der Statthaltervilla auf der „Schiffswerft"insel von Obuda [187].

Z 54   Fishbourne (England): Rekonstruktion des Badehauses der römischen Villa [94].

gedämpft, aber in ausreichendem Maße eindringt. Ein seltenes Glück hat uns in den Bädern dieser Villa durch den teilweise ausgezeichneten Erhaltungszustand der unteren Teile der Anlage, insbesondere der Mosaikfußböden, eine genaue Identifikation der einzelnen Räume ermöglicht.

Die Abbildung Z 55 zeigt den Grundrißplan. Bei der Beschreibung beziehen wir uns auf die eingetragenen Zahlen und Buchstaben. Die Thermen waren zugänglich zum einen vom Eingangsperistyl (2) her über einen Vorraum (5) und einen zweiten Windfangraum (7). Vom Raum 5 konnte man auch zu einer großen Latrinenanlage (6) gelangen. Der zweite Eingang lag am inneren Portikus der eigentlichen Villa in der Nähe der privaten Räume. Das trapezförmige Vestibül (13) stellte die Verbindung zwischen den Thermen und dem Peristyl her. Eine Bank aus dikken, weißen Steinplatten läuft an den Wänden entlang.

Auf dem Mosaikfußboden ist eine vornehme Dame dargestellt in einem langen, rötlichen Gewand, schwarzen Streifen, weiten Ärmeln und einer weißen Schärpe. Neben ihr rechts ein Knabe in einer gelben *tunika* und übergeworfenem grünen Mantel, und links von ihr ein Mädchen in einer grünen *tunika* und einer gelben *palla* auf den Schultern. Zu beiden Seiten befinden sich außerdem Dienerinnen in einer langen Stola. Die eine trägt um den Hals eine große, rote Tasche mit dem notwendigen Badezeug.

Eine zweite Tür führt von diesem Raum in die sog. *palästra* (8), die auch als der große Saal mit dem Mosaik der Circusszenen bezeichnet wird. Auf den Säulen ruhten Kreuzgewölbe. Dieses Fußbodenmosaik zeigt große figürliche Darstellungen der *ludi circenses*. Am nördlichen Ende, auf dem Feld zwischen dem Tempel der Roma, des Herkules und des Jupiter sowie den *carceres* (Kerker) vor den zwölf Toren des Circus, bereiten sich zwei Wagenlenker, begleitet von Knaben, zum Kampf vor. Aus den offenen Toren sind die Quadrigen der vier Parteien in vollem Lauf herausgekommen. Sie tragen die vier Farben Grün, Rot, Blau und Weiß. In der Arena des Circus, zu beiden Seiten der

Die Privatbäder

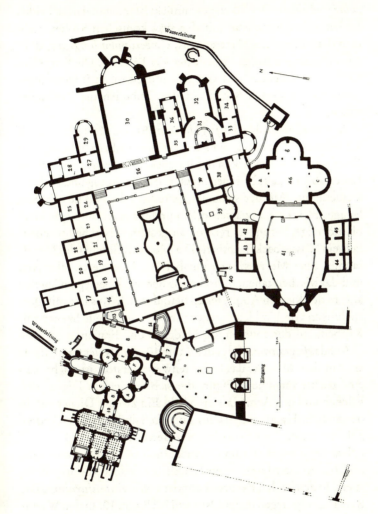

Z 55 Villa Herculia bei Piazza Armerina (Sizilien) [33 b].

mittleren Spina, die mit Wasserbecken, Statuen, kleinen *aediculae* und einem Obelisken geschmückt ist und mit den an beiden Enden stehenden *metae* mit den drei konischen Säulen, sieht man den Ablauf des Wettrennens, ein *certamen binarum*, d. h. zwei Quadrigen laufen für jede der vier Parteien. Die Kurve des Circus am Südende wird von einem dreitorigen Bogen eingenommen, zu dessen Seiten auf den Tribünen die Zuschauer sitzen.

Anschließend folgt das *frigidarium* (9), ein Zentralraum mit achteckigem Grundriß, von einer Kuppel überwölbt, die auf Granitsäulen in den Ecken des Raumes ruht. Sechs tiefe, an den Enden abgerundete Nischen dienten als Durchgang und als Umkleideräume. Auf der siebenten Seite liegt die Nische mit dem langgestreckten Kaltwasserbecken und ihr gegenüber eine kleeblattförmige, besonders reizvoll ausgestattete Nische, die ebenfalls ein Wasserbecken enthält. Der Mosaikfußboden des Mittelraumes zeigt Meeresszenen mit Barken, Meerwesen aller Art, und dazwischen tauchen Fische aus den stark bewegten Wellen auf. In den kleinen Apodyterien befinden sich Mosaike mit Darstellungen von Umkleideszenen; auf der einen Seite Szenen mit Knaben, auf der anderen mit Mädchen und Frauen.

Auf das *frigidarium* folgt der Raum 10, der als *alepterion* diente. Auf dem Mosaik, das leider teilweise zerstört ist, sieht man eine nackte männliche Figur, die sich von einem Diener den Rücken und den Arm massieren läßt. Ein zweiter Diener hält in der rechten Hand eine *strigilis* und ein Salbfläschchen. Andere Sklaven tragen Eimer *(situlae)* mit Besen herbei.

Das *tepidarium* (Raum 11) wiederholt in der Raumform die *palästra*, ist allerdings wesentlich kleiner, jedoch voll hypokaustiert. In den beiden Exedren befindet sich je ein *präfurnium*. Die Rauchabzüge liegen in der Ostwand bei Raum 10. In den Warmbaderäumen sind die Mosaikfußböden fast völlig zerstört. Das weitläufige *tepidarium* besaß ebenso wie die sog. *palästra* ein Kreuzrippengewölbe. Rechts und links führt je eine Tür in die seitlichen Baderäume; der mittlere dieser Räume ist jedoch nur indirekt durch einen der anderen zu erreichen (12). Jeder der drei Hypokaustenräume hat ein eigenes *präfurnium,* dessen Gestaltung erkennen läßt, daß hier nicht nur indirekt das *hypokaustum* aufgeheizt, sondern auch heiße Dämpfe und heiße Luft direkt in die Räume eintreten konnten (s. S. 160).

Der mittlere und der linke Raum besitzen eine runde Apsis. Unklar ist, ob der linke Raum in seiner Apsis eine Wanne aufwies. Im rechten Raum dagegen befindet sich im Anschluß an das *präfurnium* eine rechteckige Marmorwanne. Vermutlich wurde der Salbraum (10) direkt mit Heißluft vom Raum 11 aus beheizt. Hier sei noch auf die kleine Latrinenanlage (14) hinge- T 14b wiesen, die lediglich vom Peristylhof des Palastes aus zugänglich war. Dieser Umstand und die Lage zeigt, wie sehr man darauf bedacht war, sich vor Geruchsbelästigung zu schützen.

In der Exedra D des achteckigen *frigidarium* ist auf dem Fußbodenmosaik ein Knabe dargestellt, der, mit einem *linteum* bekleidet, sich nach dem Bade ausruht. Er sitzt auf einem bequemen Sessel *(sella),* der mit einem Leopardenfell ausgelegt ist. Auf der linken Seite reicht ihm ein Diener die weiße Tunika auf den ausgebreiteten Armen, während auf der anderen Seite ein anderer Diener mit beiden Händen die sorgfältig zusammengelegten Kleider hinhält.

Als weiteres Beispiel eines Privatbades folgt ein Bericht von Walter Drack [99] über die Ausgrabungen einer weitläufigen Villa mit großer Badeanlage des römischen *Gutshofes* bei *Seeb* (Schweiz): „Die Baugeschichte läßt sich kurz so skizzieren: Wohl schon bald nach der Gründung des Legionslagers Vindonissa muß im Rahmen der Nachschubsicherung zwischen 20 und 30 n. Chr. ein erster Bau wohl in Holz errichtet worden sein (1. Bauetappe). Spuren davon kamen östlich des Laconicum, 3 m unter heutiger Oberfläche, direkt über dem gewachsenen Boden zum Vorschein. Schon bald nach 30 dürfte man den Kernbau, einen zweigeschossigen Langbau mit umlaufendem Portikus, und

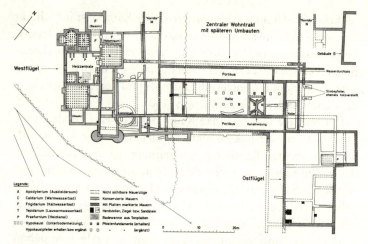

Z 56 Seeb (Schweiz): Römische Villa, 3. Bauperiode mit späteren Umbauten [99].

westlich davon ein erstes Bad mit Kaltbad und griechischem Schwitzbad *(laconicum)* errichtet haben (2. Bauetappe). Kurz nach der Mitte des 1. Jh. n. Chr. scheint ein großer Ausbau erfolgt zu sein. Anfügung eines Ostflügels und Ersetzung des 1. Bades durch ein größeres zweites (3. Bauetappe), zu welchem vorab Fragmente von Wandmalereien mit Girlandenmotiven gehören, wie wir sie aus den großen Thermen von *Vindonissa* kennen. ...

Der Westflügel muß im letzten Viertel des 1. Jh. erbaut worden sein. Er ersetzte die erste Badeanlage, von der sicher gefaßt werden konnten die Fundamentmauern eines *laconicum*, eines runden griechischen Schwitzbades, sowie noch recht hoch erhaltene Mauern eines Kaltwasserbades und möglicherweise eines zugehörigen, nördlich anschließenden Auskleideraumes.

Außerdem könnten auch noch weitere Mauerreste, die indes sehr schlecht erhalten oder nur in kleinsten Teilen zu erfassen waren, ebenfalls zu dieser ersten Badeanlage gehört haben. Der

Badetrakt umfaßt eine geräumige Heizzentrale mit 5 Präfurnien und nördlich und südlich davon mehrere Räume, die offensichtlich zwei gleichwertige mehrräumige, komfortable Bäder bildeten, mit je einem Auskleideraum, Kaltwasser-, Lauwarmwasser- und Warmwasserbad. Drei Räume wurden später mit Mosaiken ausgestattet. Der Mosaikrest aus dem südwestlichen Raum wurde 1966 ins Schweiz. Landesmuseum in Zürich transferiert, der Mosaikrest im nordöstlichen Raum konnte nach Entfernen der östlichen Badewanne daselbst freigemacht werden, und das dritte Mosaik ist an Ort und Stelle mehr oder weniger ganz erhalten geblieben. Vor dem Einbau zumindest der westlichen Badewanne war über dem dortigen *präfurnium* eine *testudo* eingesetzt."

IX. DIE BÄDER IN DER RÖMISCHEN STADTKULTUR

Die römische Stadtkultur

Das Ziel dieses Buches ist es, das antike Badewesen, besonders das römische mit seinen großen zivilisatorischen Leistungen zu schildern und seine Bedeutung für die gesellschaftlichen Verhältnisse im Römischen Reich darzustellen. Das erfordert aber, daß wir uns über wesentliche Züge dieser Kultur klar werden. Wir meinen dies dadurch am besten tun zu können, daß wir einen so hervorragenden Kenner der kulturhistorischen Zusammenhänge wie Rostovtzeff aus seinem fundamentalen Werk ›Gesellschaft und Wirtschaft im römischen Kaiserreich‹ zu Worte kommen lassen.

Rostovtzeff erwähnt den Rhetor P. Ailios Aristides. Er galt als eine der gebildetsten Persönlichkeiten seiner Zeit (117 bis etwa 187 n. Chr.). Von seinen Reden sind über fünfzig erhalten geblieben, darunter die Rede ›auf Rom‹, die Rostovtzeff als eine erstrangige politische Analyse des Römischen Reichs dieser Epoche bezeichnet.

„Aristides hatte vollkommen recht zu betonen, daß das Römische Reich ein Verband von Städten war, griechischen, italienischen und Provinzstädten, welche letztere von mehr oder weniger hellenisierten oder romanisierten Einheimischen der betreffenden Provinz bewohnt wurden. Zu jeder Stadt gehörte ein kleinerer oder größerer Landdistrikt, den wir gewöhnlich als ihr Territorium bezeichnen...

Die Welt ist ein einziger Stadtstaat geworden. In diesem Staat gibt es nicht Griechen und Barbaren, nicht Eingeborene und Fremde: alle, so können wir die Worte des Aristides ergänzen, sind Menschen. Vor dem Staat sind alle gleich, groß und klein, arm und reich. Es gibt jedoch einen Unterschied: hier die Elite der besten Männer, dort die Massen...

Dank der Beamtenschaft und dem Heer waltet in der ganzen Welt Friede und Wohlstand in einem Maße wie nie zuvor. Der allgemeine Friede verhilft den Städten zu einer gedeihlichen Entwicklung, er hat das Reich zu einem Verband von Städten gemacht, die meist mit einem prächtigen Äußeren blühenden Wohlstand vereinen, besonders in Griechenland, Ionien (Kleinasien) und Ägypten...

Trajan ... war der erste, der die Urbanisierung des heutigen Rumäniens und Bulgariens unternahm und diese Länder der römischen sowohl wie der griechischen Kultur erschloß.

Was Caesar und die Kaiser des ersten Jahrhunderts, die Flavier einbegriffen, für Norditalien, Gallien, das Rheinland, Britannien, Spanien, Dalmatien und einen Teil Pannoniens getan hatten, das leisteten Trajan und seine Nachfolger, besonders Hadrian, für den östlichen Teil der Donauländer. Von geringerer Bedeutung war das Urbanisierungswerk Trajans im Ostjordanland und in Arabien, wo ein guter Teil der Arbeit schon von den Flaviern getan war. In Afrika nahm die Urbanisierung seit der Zeit des Augustus ununterbrochen ihren Fortgang. Sogar in Ägypten gründete Hadrian eine griechische Stadt, die erste und letzte seit der Gründung des Ptolemaios, und gab ihr den Namen Antonoupolis.

... Mochten die Städte groß oder klein sein, reich und luxuriös oder arm und bescheiden, allen war es gemeinsam, daß sie sich bis zum äußersten bemühten, das städtische Leben so angenehm und komfortabel wie möglich zu gestalten.

... Das schöne Rom, die riesige Weltstadt, wurde natürlich unter allen Städten des Reiches am meisten bewundert und umschmeichelt. Und es verdiente die Bewunderung der Zeitgenossen ebenso wie die unsere vollkommen: so schön ist Rom noch in seinen Ruinen, so eindrucksvoll sind seine öffentlichen Bauten –

die Tempel, die Kaiserpaläste, die kaiserlichen „Gärten" in der Stadt und die suburbanen Villen, die Prachtbauten für das Volk (Bäder, Basiliken, Säulenhallen) und die öffentlichen Plätze und Gärten. Mit Rom wetteiferten die Hauptstädte der reichsten und blühendsten Provinzen: Alexandria in Ägypten, Antiochia in Syrien, Ephesos in Kleinasien, Karthago in Afrika und Lyon in Gallien.

Die Städte des Römischen Reiches waren natürlich nicht alle vom gleichen Typus. Sie unterschieden sich entsprechend ihrer historischen Entwicklung und den lokalen Bedingungen. An erster Stelle stehen die großen, reichen Handels- und Industriestädte, die meist den Mittelpunkt eines ausgedehnten See- oder Flußhandels bildeten; Städte wie Palmyra, Petra und Bostra, regelrechte Karawanenstädte, waren wichtige Treffpunkte für Kaufleute, die einen lebhaften Karawanenhandel betrieben. Zu dieser Klasse gehören zum größten Teil die Städte, die oben als die schönsten und wohlhabendsten des Reiches aufgezählt worden sind. Nach ihnen kommen die vielen großgebauten urbanen Zentren ausgedehnter fruchtbarer Ackerbaugebiete, Hauptstädte von Provinzen oder Provinzteilen.

Trotz der Unterschiede in Größe, Bevölkerungszahl und Vermögen, in politischer und sozialer Bedeutung waren doch allen Städten des Reiches gewisse Züge gemeinsam. Alle strebten, wie gesagt, nach dem größtmöglichen Grad von Komfort für ihre Einwohner.

Fast alle Städte des Reiches, besonders im hellenistischen Osten, besaßen ein zweckmäßig angelegtes Kanalisationssystem, reichliche Wasserzufuhr auch in den oberen Stockwerken der Häuser, die durch technisch einwandfrei gebaute Aquädukte geliefert wurde; dem allgemeinen Komfort dienten gut gepflasterte Straßen und Plätze, gedeckte Säulenhallen längs der Straßen, die die Fußgänger vor Sonne und Regen schützen sollten, geräumige Märkte, die den Erfordernissen der Hygiene genügten – besonders Fisch- und Fleischmärkte mit reichlichem

Wasserzufluß –, ausgedehnte prächtige Bäder in verschiedenen Teilen der Stadt, die es jedem Bürger ermöglichten, täglich für ein Geringes oder umsonst zu baden, ausgedehnte gut eingerichtete Anlagen für Sport und Leibesübung – Gymnasien und Palästren...

Sie (die Städte) zeigten, wie stolz die Bevölkerung des Römischen Reiches auf ihre besten Schöpfungen war, auf ihre Städte und auf die städtische Kultur. Die Städte verdankten ihren Glanz fast ausschließlich der Freigebigkeit der oberen, wohlhabenderen Klasssen ihrer Einwohnerschaft. Ihre laufenden Ausgaben wurden natürlich durch die regelmäßigen Einnahmen gedeckt, die in Form verschiedener Steuern von den Einwohnern erhoben wurden, und zwar sowohl von den Bürgern wie von den vorübergehend in der Stadt weilenden Fremden oder von den Anwohnern...

Das Steuersystem beruhte auf der jahrhundertelangen Erfahrung besonders der hellenistischen Zeit. Man bezahlte Steuern oder Pachtgeld für Grundbesitz im Territorium der Stadt, für unbewegliches Eigentum in der Stadt, für Einfuhr und Ausfuhr (munizipale Zollgebühren), für die Ausübung eines Handels, für Verträge und geschäftliche Unternehmungen, für Benutzung der Marktplätze (Miete für die Läden, die der Stadt gehörten) und anderen unbeweglichen Gemeindeeigentums und so fort.

Das Einkommen der Städte, besonders der reichen Großstädte, war daher in manchen Fällen sehr beträchtlich. Aber wir dürfen nicht vergessen, daß andererseits auch die laufenden Ausgaben der Städte sehr erheblich waren, allem Anschein nach größer als die moderner Städte. Natürlich zahlten sie ihren Magistraten keine Gehälter. Der kommunale Dienst der zivilen oder priesterlichen Funktionäre wurde entweder als Ehre oder als Pflicht betrachtet; in jedem Falle bedeutete das, daß er umsonst getan wurde. Aber die Städte besoldeten ihre Unterbeamten, entweder öffentliche Sklaven, die mit Wohnung, Kleidung und Verpflegung versehen werden mußten, oder Freie, die Gehalt empfingen. Die Besoldung dieser Beamten bedeutete eine beträchtliche Ausgabe. Noch größer waren die Aufwendungen für Instandsetzung und Erhaltung der verschiedenen öffentlichen Gebäude.

... Ein anderer wesentlicher Posten im Budget der Städte waren die Ausgaben für die öffentliche Erziehung und die körperliche Ausbildung von jung und alt, besonders in den vollständig hellenisierten Städten des Ostens. Einen Lehrgang in der Palästra oder im Gymnasium absolviert zu haben, war das Merkmal des Gebildeten im Gegensatz zum Banausen. In Ägypten z. B. bildeten diejenigen, die im Gymnasium erzogen waren, eine besondere, sehr exklusive und mit gewissen Rechten und Privilegien ausgestattete Bevölkerungsklasse.

Viele Inschriften zeigen, daß die Städte des griechischen Ostens ihre ruhmreiche Vergangenheit nicht vergessen hatten und womöglich noch eifriger als früher danach strebten, der städtischen Jugend, wenigstens soweit sie den privilegierten Ständen angehörte, eine gute Erziehung nach griechischer Art zu sichern. Das war jedoch sehr kostspielig. Große Summen waren erforderlich, um die Lehrer zu bezahlen, um Schulen und Sportplätze anzulegen und in gutem Zustand zu erhalten und an diejenigen Öl zu verteilen, die es sich nicht kaufen konnten. Die Sicherung einer genügenden Ölzufuhr für die Stadt war fast ebenso wichtig wie das Vorhandensein eines ausreichenden Getreidevorrates zu mäßigen Preisen. Aufkäufer von Olivenöl waren daher in griechischen Städten fast ebenso häufig wie die Getreideaufkäufer. Das Amt war ebenso wichtig wie beschwerlich.

Die reichen Bürger waren bereit zu helfen und spendeten freiwillig Geld, wo immer es sich um das Wohl der Stadt handelte; man kann sagen, daß die meisten der schönen öffentlichen Gebäude in den Städten des Ostens und Westens ihre Geschenke waren ...

Die Kultur blieb den Städten vorbehalten. Die ländlichen

Gemeinden lebten in sehr primitiven Verhältnissen. Sie hatten keine Schulen, keine Gymnasien, keine Palästren, keine eigenen Bibliotheken, und die Städte, wo das alles zu finden war, waren zu weit entfernt. Alles, was sie besaßen, waren eine oder einige Kapellen für die lokalen Gottheiten und zuweilen ein Bad oder ein Amphitheater. Man lernte natürlich ein wenig Lateinisch oder Griechisch sprechen und vielleicht auch Lesen und Schreiben. Um zu beurteilen, was für ein Latein oder Griechisch das war, braucht man nur ein paar von den Inschriften zu lesen, in denen sich die Landbevölkerung der Donauprovinzen oder Kleinasiens verewigt hat. Der Fortschritt vollzog sich langsam, sehr langsam. Der Staat schenkte den Bedürfnissen der Dörfer keine Beachtung; die Städte hatten genug zu tun, sich selbst mit dem größtmöglichen Komfort auszustatten und konnten für die Dörfer kein Geld erübrigen; die Dörfler selbst waren zu arm, als daß sie ihre Lebensverhältnisse hätten verbessern können... zudem waren sie meist sehr schlecht organisiert...

Die kulturelle und soziale Verschmelzung innerhalb des Reiches war das Ergebnis der Verbreitung eines weitgehend ähnlichen Typs griechisch-römischen Stadtlebens über das ganze Reich. Mit dieser Aussage wird das bedeutsamste Charakteristikum griechisch-römischer Kultur berührt, ihre grundlegend koloniale Wesensart. Das bedeutet, daß außerhalb Roms und Italiens die Gesellschaft und Kultur aller Gebiete des Reiches durch Import, Eroberung, Emigration und Assimilation einer vorherrschenden fremden Kultur oder durch Verschmelzung mit ihr geformt wurden.

... Will man die römische Kaiserzeit verstehen, muß man sich zunächst mit dem Regierungsüberbau beschäftigen. Denn ohne diesen Überbau hätte es überhaupt kein römisches Kaiserreich gegeben. Will man sodann aber begreifen, wie das römische Kaiserreich als Gesellschaft und Zivilisation, als ein Teil menschlicher Erfahrung beschaffen war, muß man sich den einzelnen Teilen des Reiches zuwenden, um die unterschiedlichen Formen kennenzulernen, die die dominierende griechisch-römische Kultur in jedem von ihnen annahm.

... In den Staatsdenkmälern, bei Skulpturen und Münzprägungen erscheint der Kaiser nicht nur als Staatsoberhaupt und siegreicher Feldherr, sondern auch als religiöser Mittler zwischen dem Schicksal und der Welt, im Besitze übernatürlicher, in seinen Tugenden begründeter Glückhaftigkeit. Er kann über das Böse triumphieren, Frieden und Wohlstand bringen und über das natürliche Maß hinaus zum Wundertäter werden. Diese übernatürliche Kraft, von der er erfüllt ist, ermöglicht die Vollendung seiner ihm gestellten Aufgaben, ebenso wie diese Kraft die Himmelskörper bewegt und die Regelmäßigkeit der Jahreszeiten sichert, ... so glauben es seine Untertanen.

... So fanden die Römer, als sie das Land (Nordafrika) übernahmen, eine auf die Küstengebiete beschränkte Zivilisation vor und eine Vielzahl von Eingeborenenstämmen und Königreichen im Hinterland, die oft genug der Zivilisation gleichgültig gegenüberstanden...

Manche der größeren Städte Nordafrikas verraten durch eine gewisse Zufälligkeit der Planung ihren nichtrömischen Ursprung; in der gleichen Weise wie Dugga und Thuburbo Majus, so auch Hippo Regius, eine bedeutende Hafenstadt an der Küste des von römischen Konsuln verwalteten Teils Nordafrikas.

Die systematische Ansiedlung ausgedienter Soldaten in neuen Landstädten, oder, wie Thuburbo Majus, neben alten Städten in den entlegenen Provinzen des wachsenden Imperiums, war eine militärische Notwendigkeit. Diese halbmilitärischen Gründungen dienten zugleich als Schutz und Bollwerk des Imperiums."

Die Städte Nordafrikas und ihre Thermen

Von der Geschichte *Duggas* und *Thuburbos* weiß man nur wenig, jedoch bezeugen Inschriften, daß diese Städte im 2. und

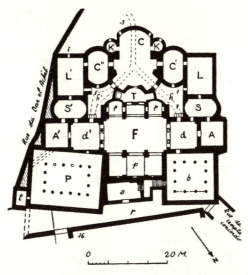

Z 57 Dugga: Thermen im Stadtkern. P und b überdeckte Sportsäle, S, L, C' entsprechen den Räumen I, II, III bei Krencker [Brödner, Der Einfluß des Heizungssystems ... Koldewey-Tagung Bamberg 1963].

3. Jh. n. Chr. zur Zeit der afrikanischen Dynastie der Severer, die von 193 bis 235 n. Chr. die römische Welt regierten, eine besondere Blütezeit erlebten. Unter Kaiser Septimius Severus erhielt *Dugga* im Jahre 205 den ehrenvollen Rang eines *municipium* und im Jahre 261, unter Kaiser Gallienus, den einer *colonia*.

In diesen Städten – *Dugga* und *Thuburbo* – winden sich willkürlich verlaufende, ganz unrömische Straßen von wechselnder Breite zwischen konventionellen und oft fast luxuriösen Bauten hindurch. Beide werden heute von einem Kapitol mit den Tempeln der hohen Götter Jupiter, Juno und Minerva beherrscht. Sie hatten große öffentliche Bäder, Marktplätze, Hallen, Theater und ansehnliche Privathäuser.

In der Palästra der *Sommerthermen* von *Thuburbo* wurde

IX. Die Bäder in der römischen Stadtkultur

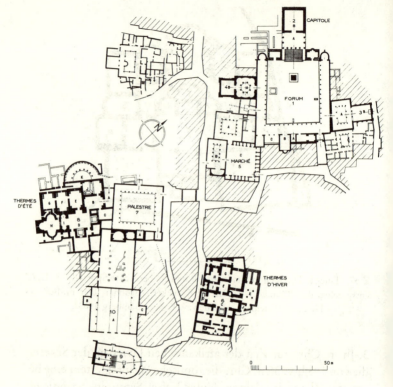

Z 58 Thuburbo Majus (Tunesien): Ausschnitt aus dem Stadtplan mit Forum, Sommer- und Winterthermen [146].

eine Inschrift gefunden. Sie berichtet, daß L. Numisius Vitalis „im Auftrage des Aesculapius" (iussu domini Aesculapii) ein Podium errichtet hat. Diese Formel „iussu domini Aesculapii" läßt vermuten, daß Numisius auf Grund eines Orakels oder einer göttlichen Eingebung gehandelt hat. Die Reinlichkeitsklauseln und sakralen Vorschriften der Inschrift zeigen die enge Verbindung religiöser Rituale mit den Bädern. Sie sind hier wahrscheinlich punischen Ursprungs. Der afrikanische Aesculapius war der

Nachfolger des punischen „Eshmoun". Die Inschrift verordnet, „daß derjenige, der dies Podium zu betreten wünscht, sich drei Tage lang der Frau, des Schweinefleischs, der Bohnen, des Barbiers und der öffentlichen Bäder enthalten müsse. Im übrigen sei er verpflichtet, beim Betreten die Schuhe auszuziehen".

In der Umgebung jeder ständigen römischen Befestigungsanlage siedelte sich „Anhang" dieser oder jener Art an: Händler mit ihren Familien, Gastwirte, Frauen – legitime und andere –, Kinder, Soldaten, die vorübergehend Dienst taten und, falls sie es nicht schon besaßen, das römische Bürgerrecht erhielten, wenn sie sich zur Ruhe setzten. Eine kleine Ansiedlung dieser Art könnte man als *vicus* bezeichnen; sie besaß eine städtische Verwaltung im kleinen. War sie größer, wie das bei der Siedlung einer ganzen Legion leicht vorkommen konnte, so strebte sie auch wohl nach der Erlangung des römischen Bürgerrechts. Sie erhielt es, sobald die Siedlung in den Rang einer *colonia* erhoben wurde. In *Lambaesis* bei der III. Legion „Augusta" und ihren *canabae legionis* ging dies offenbar stufenweise vor sich. Dort wurden Veteranen und ihre Familien seit Trajan im Jahre 100 n. Chr. getrennt von der eigentlichen Stadt versorgt. Zu dem Zweck wurde die *colonia Thamugadi* (Timgad), gut 19 bis 20 km von der Garnison entfernt, gegründet.

Das auf Befehl Trajans im Jahre 100 n. Chr. in einem Zuge angelegte Stadtzentrum von *Timgad (Thamugadi)* beeindruckt vor allem durch die Regelmäßigkeit seiner quadratischen Grundstruktur, die von sich im rechten Winkel schneidenden Straßen in gleiche Inseln unterteilt wird. Die Lage auf einer kahlen, eintönigen Hochebene im Norden des Aurèsgebirges ermöglichte die Anwendung von Vermessungsmethoden, die jenen verwandt waren, deren sich die römischen Militäringenieure beim Bau der großen Legionslager bedienten. Wir befinden uns hier in einem Grenzgebiet, und die von dem kaiserlichen Legaten hierher gebrachten Siedler waren Veteranen der III. Legion, einer Elite-

IX. Die Bäder in der römischen Stadtkultur

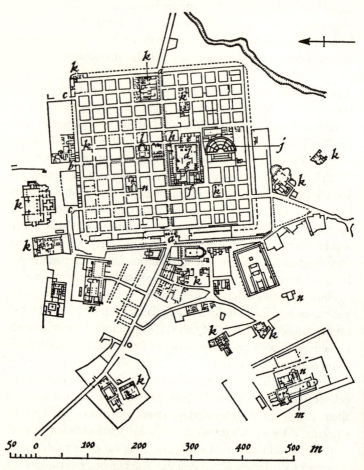

Z 59 Timgad (Thamugadi) (Algerien): Stadtplan.
Bäder sind durch den Buchstaben k bezeichnet [153].

truppe der afrikanischen Armee. Das Quartier dieser Einheit befand sich in dem 20 km weiter westlich gelegenen Lambaesis. Durch die stark angewachsene Bevölkerung dehnte sich die trajanische Stadt bald recht eigenwillig nach allen Seiten hin in Vorstädten entlang den Zufahrtstraßen aus.

Timgad besitzt so viele Bäder, daß man sich schon immer gefragt hat, ob dieser Ort nicht vielleicht auch Kurzwecken diente. Nachdem in einer byzantinischen Festungsanlage ein größeres Heilbad zutage kam, das von einer Thermalquelle gespeist wurde, scheint sich diese Vermutung zu bestätigen. Thermalquellen, ein äußerst gesundes Klima am Rande der Sahara und dem dicht bevölkerten Küstengebiet Nordafrikas waren ideale Voraussetzungen für Erholung und Gesundung. Aber trotz der Berühmtheit, die Timgad dank der vielfältigen baulichen Hinterlassenschaft erlangt hatte, spielte dieser Ort unter den römischen Städten Afrikas nur eine bescheidene Rolle.

An Thermen finden wir außerhalb der Stadtmauern die großen Süd-, die Nord- und die Ostthermen. Innerhalb des Mauerquadrates gibt es fast in jeder *insula* Bäder, von ganz kleinen Anlagen bis zu reizvoll gestalteten Thermen bzw. *balnea*.

Besonderer Beachtung bedürfen die großen *Nordthermen* von Timgad. Eine genaue Datierung ist nicht möglich; vermutlich stammen diese Bäder aus der Zeit von Antoninus Pius oder Septimius Severus. Sie liegen außerhalb der trajanischen Stadtmauer und nehmen die Grundfläche von mehreren *insulae* ein. Ihre Gesamtausdehnung beträgt 64,95 × 80,50 m. Wir finden die Mittelachse F, T, C, dazu die Querachse mit S, F, S. Die Säle S sind der großen Mittelachse parallel gestellt. Der Grundriß weist dadurch Ähnlichkeit mit der Raumanordnung in den Caracallathermen in Rom auf. An der nördlichen Außenseite hat das Gebäude zwei Maueransätze. Sie deuten vielleicht an, daß hier eine große *natatio* oder eine Palästra geplant waren. Die seitlichen Eingänge führen zunächst in den Raum R mit einer Statuennische an seiner Rückwand. Von hier gelangte man

Z 60

IX. Die Bäder in der römischen Stadtkultur

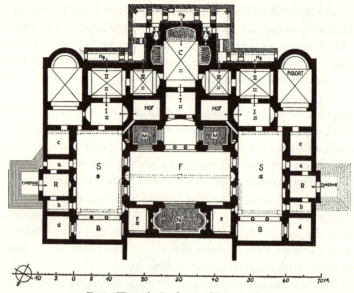

Z 60 Timgad: Große Nordthermen [86].

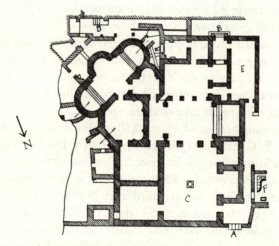

Z 61 Lambaesis: «bains de chasseurs» (Jägerbäder) [Brödner, Der Einfluß des Heizungssystems ... Koldewey-Tagung Bamberg 1963].

über kleine, Windschleusen ähnliche Gänge in den Saal S, an dem sich, durch zwei Säulen abgetrennt, eine Art Exedra (B) befindet. Am Südende des Saales S liegt der Zugang zu einem Abort. Der Saal S ist an den Längswänden abwechselnd mit eckigen und runden Nischen geschmückt. Jeweils zwei Türen führen von den Sälen zum stattlichen *frigidarium*.

Das nur 20 km entfernte Legionslager *Lambaesis* besaß neben den riesenhaften Lagerthermen in der Vorstadt eine zweite, ebenso große Ziviltherme. Zu erwähnen sind auch die wesentlich kleineren Jägerbäder, die ihren Namen von den dort gefundenen Fußbodenmosaiken erhielten, auf denen Jagdszenen dargestellt sind. Hier haben wir ein Beispiel von besonders phantasievoller Raumgestaltung.

In Tripolitanien gab es, wie der Name andeutet, nur drei Städte, während Tunesien und Algerien mehrere hundert zählten. Die eine der drei großen Städte Tripolitaniens, nämlich *Leptis Magna*, rühmte sich, die Geburtsstadt des Kaisers Septimius Severus gewesen zu sein. Dieser beschenkte seine Vaterstadt mit gewaltigen und aufwendigen Monumentalbauten, unter anderem einem Forum und einer Basilika. Uns interessiert hier die große Thermenanlage.

Laut einer Inschrift, die an der *porticus* der vorderen Hallen gefunden worden ist, wurden diese Thermen in hadrianischer Zeit erbaut und unter Septimius Severus umgebaut und restauriert. Im Zentrum des *frigidarium* steht noch heute in situ eine Marmorbasis mit einer Inschrift für Septimius Severus. Die Mittelachse besteht aus den Räumen C, T, F; das *caldarium* liegt im Süden. Die repräsentative Querachse wird durch das breit gelagerte *frigidarium* gebildet. Vor dem *frigidarium*, durch eine Wand von diesem getrennt, liegt die große *piscina natatoria*. Daran schließt sich eine weite, von Säulenhallen umgebene *palästra* an, die an den Enden halbkreisförmig geschlossen ist. Aus städtebaulichen Gründen wurde dieser Hof aus der Achse der

T 54 b

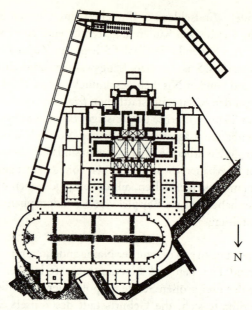

Z 62   Leptis Magna: Große Thermen [134].

Thermen nach Osten gerückt. Das Gebäude hat fünf Eingänge vom Vorplatz aus. Die an den Enden der Seitenfronten liegenden Eingänge führen durch lange, für die Benutzung von Dienern und Sklaven bestimmte Flure zum *frigidarium*. Außerhalb des östlichen Flurs ist ein Abort angebaut.

T 55a
T 55b
Die Anlage im Frigidariumbereich verdient eine eingehende Betrachtung. Bemerkenswert sind acht große Wandsäulen, jeweils zwei einander gegenübergestellt, über die sich drei Kreuzgewölbe spannten; Sitzbänke an den Wänden und Statuensockel an den hervortretenden Stellen des Saales; in der Mitte der Sockel für die Statue des Septimius Severus. An den Enden der Schmalseiten befindet sich je eine Flügelpiscina mit umlaufendem schmalen Flur, zu dem Türen führen. In die Wannen stieg man auf marmorbelegten Stufen hinab. Die Wände der Becken waren

ursprünglich mit Säulen und Statuennischen geschmückt. Fragmente der Skulpturen sind in reichlichem Maße bei den Ausgrabungen gefunden worden. Die kleinen, an die Flügelpiscinen gelegten Korridore öffneten sich allseitig mit Pfeilerbögen auf eine das ganze *frigidarium* und die Becken umfassende 4,5 m breite Flurhalle. An vielen der Bogenpfeiler erkennt man noch heute die senkrechten Rillen für die Rohrleitungen. Die Ringhalle wird vermutlich auch als Auskleideraum gedient haben.

Auf der Südseite des Gebäudes liegen die Warmbaderäume; in der Mitte das *caldarium* (C). Von diesem aus führten seitliche Türen zu den anderen Badesälen. Das *caldarium* war mit drei großen Wannen ausgestattet und besaß außerdem an der Südwand noch zwei kleinere in Seitennischen. Dieser Raum war mit einem großen Tonnengewölbe überspannt.

In unmittelbarer Nähe der Thermenanlage befindet sich ein Nymphäum. Zu den Thermen wie auch zum Nymphäum gehört sicherlich die große Zisternenanlage in 40 m Entfernung.

Leptis Magna besaß außer den großen Thermen auch viele kleine *balnea*, von denen die „*Jagdbäder*" wegen ihres vorzüglichen Erhaltungszustandes und den noch intakten Wasser- und Heizungsanlagen von besonderer Bedeutung sind. T 54 a

Kleinasien

Ephesos hat unter den antiken Städten Kleinasiens in unserer Zeit eine besondere Bedeutung erlangt. Seit dem zweiten Drittel des 19. Jh. werden dort unter der Leitung des Österreichischen Archäologischen Instituts systematische Ausgrabungen vorgenommen.

In Ephesos hat es zu allen Zeiten eine große Zahl von Bädern gegeben. Spuren der hellenistischen Anlagen sind im Hafengymnasium noch festzustellen. Es sind aber die Thermen aus römischer Zeit, die das Bild beherrschen. Als Beispiel einer sol- T 59 a– 60 b

IX. Die Bäder in der römischen Stadtkultur

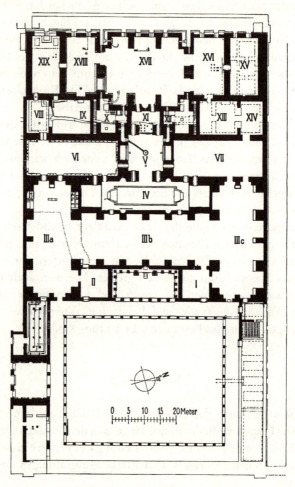

Z 63   Ephesos: Vediusgymnasium [130].

chen Thermenanlage, die von 1927–30 freigelegt wurde und sogar bis auf die Türgewände im Schutz des Erdreiches die Jahrhunderte gut überdauert hatte, wollen wir den Grundriß und die technische Ausstattung des sog. *Vediusgymnasium* betrachten.

Das stattliche, in seinem nördlichen und nordwestlichen Teil von gewaltigen Substruktionsgewölben mit vorgelagerter Säulenfassade getragene Gebäude ist in großen Teilen freigelegt und als *gymnasion* identifiziert worden. Die Anlage ließ der reiche und wegen seiner üppigen Bautätigkeit als zweiter Stadtgründer von Ephesos gefeierte P. Vedius Antoninus zusammen mit seiner Gattin Flavia Papiana um die Mitte des 2. Jh. n. Chr. errichten und der Artemis, seinem Freund und Gönner Kaiser Antoninus Pius und seiner geliebten Vaterstadt weihen.

Im Grundrißplan erkennen wir, daß dem beiderseits einer ostwestlichen Mittelachse symmetrisch angelegten Gebäude im Osten ein geräumiger, von Säulenhallen umsäumter, ungepflasterter Hof angegliedert war, den man von der Straße her durch eine prächtige und einst mit Statuen geschmückte Eingangshalle betrat. Westlich davon, in dem von Süden und Westen zugänglichen Raum, ist uns ein besonders klares Beispiel einer antiken öffentlichen Abortanlage erhalten: ein schmaler, in der Mitte ungedeckter Langraum, an dessen Wänden ein tiefer, mit Zu- und Abfluß versehener Wasserkanal umlief, über dem die marmornen Sitze in ununterbrochener Reihenfolge angeordnet waren. Die erforderliche Wassermenge wurde dem Gymnasium durch einen eigenen Aquädukt zugeführt, dessen Kanal am Ost- und Nordhang des Panayır Dağ an vielen Stellen zu erkennen ist.

Gegen die Westhalle des Hofes, deren Säulenbasen noch fast alle in situ stehen und von deren Gebälk ein Joch im südlichen Teil wiederaufgebaut ist, öffnet sich in der Mitte, durch sechs mächtige Pfeiler mit angearbeiteten Halbsäulen von ihr getrennt, ein besonders prächtig ausgestalteter Raum, der als Festsaal oder Kaisersaal des Gymnasiums bezeichnet wird. Eine reiche vor-

und rückspringende Säulenarchitektur, von der ein Teil in der Hofhalle nördlich des Saales wiederaufgerichtet worden ist, umzog in zwei Geschossen die Wände, in der Mitte der Westseite durch eine flache Nische unterbrochen, die durch beide Geschosse hindurchgeführt war. In dieser Nische steht noch die Basis eines Standbildes, und vor ihr befindet sich auf einem Marmorgetäfel des Bodens ein Altar. Zweifellos stellte dieses Standbild den römischen Kaiser Antoninus Pius (138–161 n. Chr.) dar.

Nach Durchschreiten des Zimmers II und des nur zum kleinen Teil ausgegrabenen, zu Spiel und Gymnastik bestimmten dreiteiligen Flügelsaales III gelangt man in den Saal VI, der von der Straße aus einen unmittelbaren Eingang besaß. Hier handelt es sich um den Auskleideraum *(apodyterium)*. Eine umlaufende Bank später Zeit weist eigenartige Löcher auf, in denen einst verschließbare Kästchen zur Aufbewahrung wertvoller Gegenstände steckten, während an den hier wie überall mit bunter Marmortäfelung geschmückten Wänden Haken zum Aufhängen der Kleider vorauszusetzen sind. Der Mittelraum V, der an der Nord- und Südseite je ein großes Kaltwasserbecken und in der Mitte einen Springbrunnen besaß, läßt sich als *frigidarium* ausweisen. Dieser Raum war einerseits mit dem Saal mit dem langgestreckten Schwimmbecken IV *(natatio)*, andererseits mit einem kleinen Zimmer XI mit einer Warmwasserwanne, jedoch ohne Bodenheizung, verbunden. Dieses Zimmer dürfen wir wohl als *tepidarium* bezeichnen. Gedeckte Gänge führten von dort in kleine Wirtschaftshöfe, die außer Wasserbassins, Vorratsstellen für Brennmaterial u. a. m. vor allem sehr gut erhaltene *präfurnien* enthielten, von denen die Verbrennungsgase und die erhitzte Luft zunächst unter hohlgelegten Fußböden der Warmbadeabteilung *(caldarium)* im Westen des Gebäudes (Räume XV bis XIX) dahinstrichen, um dann beim Durchzug durch die unter dem Mauerputz verlegten Hohlziegel die Wände zu erwärmen.

Es darf als Glücksfall gelten, daß in dem sehr zerstörten Westteil wenigstens einzelne Reste der ursprünglichen Innenausstattung wiedergefunden wurden; so haben auch die östlicheren Zimmer und Säle manches wertvolle Stück ihres reichen Statuenschmuckes geliefert, wie z. B. zwei am Süd- und Nordende des Schwimmbeckens gelagerte Flußgötter und eine Kopie der berühmten Hermesstatue des Alkamenes, die zusammen mit einer zweiten ähnlichen Herme des Herakles neben der Doppeltür im Südwesten des Auskleidesaales aufgestellt war. Ganz besonders reich aber sind die Funde im Festsaal mit dem Kaiseraltar gewesen. Hier haben die übereinandergestürzten Architekturstücke einen erheblichen Teil des einstigen Schmuckes an Statuen und Reliefs vor dem Untergang bewahrt. Es sind jedoch kaum originale Werke aus der Entstehungszeit des Gymnasium, sondern meist Kopien nach berühmten Meisterwerken der Vergangenheit.

X. DIE GROSSEN KAISERTHERMEN DES CARACALLA UND DIOKLETIAN IN ROM UND DES CONSTANTIN IN TRIER

Die Entwicklungsreihe der Thermen des großen Kaisertyps läßt sich in der Stadt *Rom* von den Anfängen an nachvollziehen, wenn auch die Spuren der frühen Anlagen spärlich sind. Als im 15. und 16. Jh. das Interesse an den römischen Bauformen wieder erwachte, beschäftigten sich mehrere Architekten mit den Ruinen. Diese wurden vermessen und gezeichnet. Die fehlenden Teile, vor allem die Gewölbe, wurden mehr oder weniger phantasievoll rekonstruiert und perspektivisch dargestellt. Aus dem Vergleich dieser zahlreichen Wiedergaben lassen sich eine Reihe von Erkenntnissen gewinnen. Dazu kommen Bemerkungen über die einzelnen Bauwerke in der Literatur sowie Tiefgrabungen an Stellen, die der heutige städtebauliche Zustand zuläßt.

Die erste, gemessen an den hellenistischen Bädern überdimensionale Anlage waren die *Agrippathermen* (s. S. 42). Sie wurden auf dem antiken Stadtplan Roms aus dem 2. Jh. n. Chr., der *Forma Urbis*, als *thermae* im Gegensatz zu anderen Bädern – *balnea* – bezeichnet.

Unter dem umfangreichen Werk des *Palladio* ›antichitá di Roma‹ befindet sich ein Buch ›libro delle terme‹, das sich ausschließlich mit Bäderbauten beschäftigt. Es liefert uns die Grundrisse der frühen Thermen.

Unter Nero entstanden die bei Palladio als *terme di Nerone o Allessandrine* bezeichneten Bäder (s. S. 48). Der Grundriß bietet zum ersten Mal ein Beispiel des symmetrischen Doppelrings mit repräsentativer Mittelachse. Allerdings ist diese neue Idee noch nicht sicher ausgeformt. Die Gestaltungsabsicht und

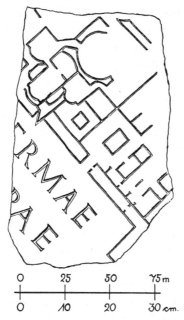

Z 64   Forma Urbis: Teilstück mit Agrippathermen [134].

die praktischen Bedürfnisse der Lage des Baus sind noch nicht zu einer Einheit verschmolzen. Wahrscheinlich sind diese Thermen unter Alexander Severus verändert, vergrößert und erneuert worden, so daß sie danach lange Zeit als die größten und schönsten Bäder galten.

Die *Titusthermen* wurden von Palladio *terme di Tito gia dette di Vespasiano* genannt. Sie waren, wie er schreibt, *molto ruinato* – weitgehend zerstört. Diese Thermen waren kleiner als die Nero- oder die Trajansthermen. Es handelt sich aber um eine streng symmetrische Anlage, die in der Raumordnung weitgehend mit dem Kaisertyp übereinstimmt. Krencker vermutete bereits basilikal überdeckte Säle (s. S. 89) in den früher als quadratische Peristylhöfe angesehenen Räumen. In den Zeichnungen wird Palladio manches aus seiner Phantasie auf Grund besser erhaltener Anlagen ergänzt haben. Als sicher können wir die Lage der Bäder westlich von der Domus Aurea an den Hängen des Monte Celio und die symmetrische Grundrißgestaltung um eine Mittelachse in der Raumfolge *frigidarium, tepidarium, caldarium* annehmen.

Z 19 Die für die weithin ausgedehnte Terrasse der *Trajansthermen* erforderlichen Substruktionen werden die Umfassungsmauern der *Titusthermen* tangiert haben. Ihre Besucherzahl wird durch die Konkurrenz der „moderneren" und luxuriöseren Trajansthermen zurückgegangen, ihre Instandhaltung vernachlässigt worden sein. Spekulativ denkbar wäre ihre Umwandlung in Frauenbäder nach der Errichtung der Trajansthermen.

Palladios Studien an den Thermen gehen vor allem auf seinen Romaufenthalt 1545–47 zurück, eine Zeit, in der wesentlich mehr antike Bausubstanz vorhanden war als im 19. Jh. So ist es verständlich, daß er Thermen erwähnt, die uns heute unbekannt sind; so die *Thermen des Aurelian* in Trastevere, *des Domitian, des Gordianus* und *des Severus,* von denen bisher keine Spuren gefunden sind. Erwähnt werden ferner die *Deciusthermen* und die *Thermen der Helena.* Von Lanciani sind diese Bäder entsprechend Palladios Angaben in die *Forma Urbis* eingetragen worden.
T 18 Von den *Trajansthermen* sind Reste der Grundmauern archäologisch erfaßt worden. Erhalten geblieben sind auch die
T 19 Zeichnungen von Palladio und vom Anonymus Destailleur. Wenden wir uns nun den großartigen Thermenbauten des 3. Jh. n. Chr. zu.

Die Caracallathermen

Seitwärts der antiken Via Appia am Stadtrand des antiken Rom stehen die gewaltigen Ruinen der Caracallathermen inmitten von parkähnlichen Grünanlagen, die durch Anpflanzung und Wegführung, an vielen Stellen durch Doppelreihen von

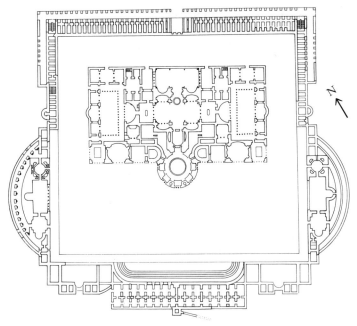

Z 65   Rom: Caracallathermen. Gesamtanlage [Rieche, Das antike Italien aus der Luft, 1978].

Zypressen, die Lage der ehemaligen Umfassungsgebäude markieren.

Einige Zahlen und Maßangaben mögen die Dimensionen dieser zweitgrößten Thermenanlage Roms darstellen. Das Thermenareal einschließlich der großen *palästra* umfaßt 337 × 328 m, das sind etwa 109000 m². Das kompakte Badegebäude war 220 m lang und 114 m breit. Der innere Durchmesser des kreisrunden *caldarium* betrug 35 m. Berechnungen der Gesamthöhe vom Fußboden bis zum inneren Kuppelscheitel des *caldarium* ergeben nach Iwanoff 24 m, nach Blouet wesentlich mehr, über 35 m.

Im Jahre 206 n. Chr. wurde unter Septimius Severus mit den

Bauarbeiten begonnen. 216 ließ Caracalla den Betrieb eröffnen, unentgeltlich für jedermann, ein großzügiges Geschenk des Kaisers an das Volk. Nach einem großen Brand ließ Aurelian umfangreiche Reparaturen durchführen. Unter Diokletian wurde die Wasserzuführung über den Aquädukt der „aqua Marcia" erneuert. Im 5. Jh. n. Chr. sind die Thermen laut literarischer Überlieferung noch voll im Betrieb gewesen. Die letzte uns bekanntgewordene Restauration wurde unter Theodorich dem Großen (454–526 n. Chr.) durchgeführt. Danach ist die Schlagader dieser grandiosen Anlage, die Wasserzufuhr, bei den Kämpfen Belisars mit den Ostgoten 537 n. Chr. durchschnitten worden.

Das Erdbeben des Jahres 847 brachte einen großen Teil der Gewölbe zum Einsturz. Regen, Hitze und Frost setzten in den folgenden Jahrhunderten den Mauern und den Einrichtungen im Inneren zu. Aber bis in die Mitte des 16. Jh. galten die Caracallathermen als die am besten erhaltene Ruine eines Badepalastes. Viele Architekten dieser Epoche haben sich zeichnerisch mit dieser Anlage auseinandergesetzt. Ihnen verdanken wir wichtige Pläne, die in Einzelheiten voneinander abweichen, in den wesentlichen Teilen und Maßen aber übereinstimmen. Als wichtige Ergänzung zu den uns von Palladio überlieferten Unterlagen – er erstellte sie während seines Romaufenthaltes 1545–47 – sind die Bauaufnahmen des Anonymus Destailleur zu erwähnen, die wichtige Einzelheiten der Architektur und der technischen Anlage bringen. Palladio haben dagegen in erster Linie die Raumstrukturen, das Aneinanderfügen der verschiedenartig gestalteten Säle, Nischen und Wandöffnungen mit ihren raffinierten Gliederungen und Durchblicken interessiert. Man darf sagen, daß Palladio wichtige Anstöße für die Formensprache seiner eigenen Architektur durch die eingehenden Studien an den römischen Bauwerken, vor allem an den römischen Thermen, erhalten hat.

Römische Ruinen haben den Bewohnern Roms durch Jahr-

Z 66 Rom: Caracallathermen. Rekonstruiertes Teilstück des Mosaikfußbodens (LT) oberhalb der Säulengänge von B (Z 67, 69) [86].

hunderte als Steinbruch gedient. Der Papst Paul III. Farnese überließ die Ruinen der Caracallathermen den Bauleuten von St. Peter und ließ selbst erhebliche Mengen Material und Skulpturen für seinen Familienpalast verwenden, so die Gruppe des „farnesischen" Stiers, den Herkules des Glykon und die Statue der Flora. Eines der beiden 5 m breiten Porphyrbecken aus dem *frigidarium* steht auf der Piazza Farnese, das andere im Belvederehof des Vatikan. Eine der gewaltigen Säulen des *frigidarium* mit einem Kapitell von 1,25 m Höhe schmückt seit 1563 die Piazza S. Trinitá in Florenz. Die Mosaikbilder der Athleten und Gladiatoren, die den Fußboden der halbkreisförmigen Exedra der westlichen Sporthalle zierten, sind heute in den vatikanischen Sammlungen zu besichtigen. Sie deuten auf die Nutzungsart dieser basilikalen Prunksäle hin. Von den entsprechenden Mosaiken der östlichen Exedra sind leider nur geringe Reste erhalten geblieben. Rund 1600 marmorne Sessel für Badende und Zuschauer standen einmal in diesen Thermen. Weit über hundert große Skulpturen wurden hier gefunden, dazu eine Fülle von Säulen, Gesimsstücken, Platten aus edlem Gestein, Schalen und Wannen.

Versuchen wir uns die Eindrücke vorzustellen, die ein Badegast im 3. Jh. beim Besuch der Thermen haben konnte. Sie mögen auch Blouet und Iwanoff bei ihren Rekonstruktionszeichnungen inspiriert haben, die großartige Aneinanderreihung von Räumen und Sälen aller Art, kunstvoll sich überschneidende Gewölbestrukturen, eindrucksvolle Durchblicke mit Lichtzuführungen in unterschiedlichen Höhen, prunkvolle Säulenarkaden und Pfeilerkapitelle, üppige Wandverkleidungen mit schmückenden Nischen und Skulpturen, leuchtend bunte Mosaikflächen und Marmorplattenbeläge auf den Fußböden der Säle, Hallen und Gänge, auf den Wänden und den sphärischen Gewölbeflächen.

Der auf der Südwestseite gelegene Flügel des Umfassungsgebäudes umgrenzt das Stadion mit seinen Zuschauertribünen, die

Sportplätze für gymnastische Übungen im Freien und die schattenspendenden parkähnlichen Gartenanlagen, die sich rings um das zentrale Gebäude, die eigentlichen Thermen, zogen. Die Umfassungsbauten boten in ihren zahlreichen, teilweise weitläufigen Flügelbauten Platz für Vortragssäle, für Lehrveranstaltungen, Diskussionen und Bibliotheken, für Gaststätten, Läden und Verwaltungsräume. An der nordöstlichen Umfassungsmauer befand sich eine Zisternenanlage mit 64 Raumzellen in zwei Reihen und zwei Stockwerken, die mehr als 80 000 m³ Wasser faßte. Diese Gebäude müssen auch Wohnungen oder Schlafräume enthalten haben.

Ein Heer von Bediensteten und Fachleuten aller Art bevölkerte diese Bereiche der Thermen, die mit dem komplizierten unterirdischen Gangsystem des Hauptgebäudes, den Bedienungshöfen, dem Kanal- und Rohrnetz der Wasserversorgungsanlage, den Magazinen für Heizmaterial und vor allem auch mit den unzähligen Präfurnien der Heizung in Verbindung standen. In den Ruhestunden der Thermen mußten eilige Reparaturen und Kontrollen der technischen Einrichtungen vorgenommen werden, war zu säubern und Heizmaterial anzuliefern.

In diese Substruktur, in die der Badebesucher keinen Einblick hatte, war auch die größte uns bekannt gewordene Kultstätte der Stadt Rom für den kleinasiatischen Gott Mithras eingefügt.

Machen wir nun anhand unseres Grundrißplans in Gedanken einen Rundgang. Auf der Nordseite lagen die vier säulengeschmückten Haupteingänge, auf der Ost- und Westseite je zwei weitere. Durch kleine Räume (f und c), in denen sich die Plätze der Aufseher befanden, gelangten die Badegäste in das *apodyterium* (A), das aus mehreren unterschiedlich großen, teilweise zweigeschossigen Räumen bestand. Von hier aus ging man in das *frigidarium* (F) oder zur *natatatio* (N) oder in die Räume (B) für Spiele und Gymnastik. An das *frigidarium* schloß sich das relativ kleine, aber schön gestaltete *tepidarium* (T) an, das weniger als Aufenthaltsraum, eher als Wärmeschleuse diente. Der große

Z 67

X. Kaiserthermen des Caracalla, Diokletian und Constantin

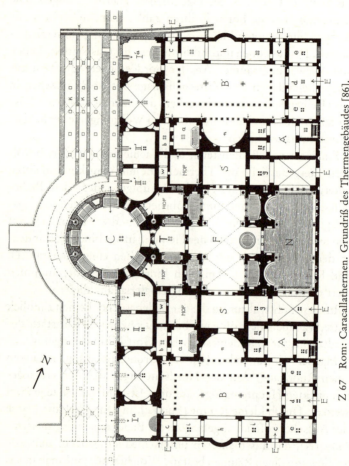

Z 67 Rom: Caracallathermen. Grundriß des Thermengebäudes [86].

Die Caracallathermen

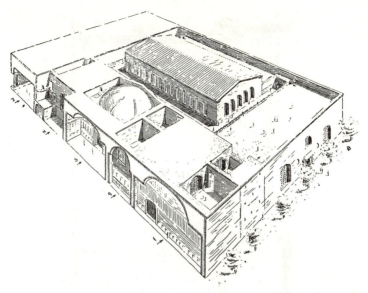

Z 68 Rom: Caracallathermen. Rekonstruktion der rechten Seite
mit Basilika Thermarum (B) und den Sonnenterrassen (Z 67, 69) [86].

Kuppelraum des *caldarium* (C) sprang weit aus der Südfront des Gebäudes vor, um in seinen Fenstern soviel wie möglich die Strahlung der Sonne aufzufangen. Vom *caldarium* erreichte man links und rechts die ebenfalls überwölbten Säle I, II und III, die unterschiedlichen Badeprozeduren dienten und die sowohl im Feuchtigkeitsgehalt der Raumluft als auch der Temperatur differierten. Von dort aus konnte der Gast zu Sport und Spiel in die basilikal bedeckten Sporthallen (B) gelangen, von denen wiederum ein Weg über die halbrunden Exedren (n) in den Bereich des Kaltbads oder der Umkleideräume (A) führte.

Das Obergeschoß der Caracallathermen bildete ein ganzes System großer Terrassen, verbunden mit kleinen Hofterrassen. Über hölzerne Treppen konnten von den Höfen aus die Vorrichtungen für Lüftung, Wasserregulierung und Wäschetrocknung

X. Kaiserthermen des Caracalla, Diokletian und Constantin

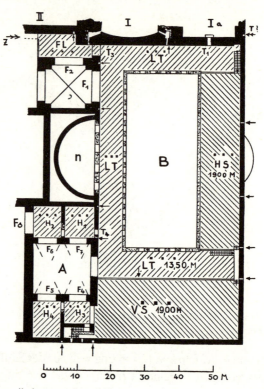

Z 69 Caracallathermen. Grundriß des Terrassengeschosses, rechte Seite [86].

in den oberen Stockwerken bedient werden. Der Badegast gelangte über die Treppen in den *apodyterien* auf die Sonnenterrassen VS und HS. Durch eine Trennwand in 3 m Entfernung von der Außenmauer wird ein eigenes Treppenhaus gebildet. Es erhält Licht von schräg ansteigenden Fenstern in der Außenmauer. Die Treppe selbst ist zweiarmig. Ihre Stufen sind auf ansteigendes Tonnengewölbe gelegt, das Steigungsverhältnis annähernd 22/25. Auf der Höhe des Apodyteriumgeschosses (13,50 m über Fußboden) ist eine Verbindung mit den dort liegenden Terrassenhöfen H3 und H4 hergestellt. Die Terrassen haben einen Niveauunterschied von 5,5 m. Vordere und hintere Sonnenterrasse (VS und HS) liegen 19 m über Erdgeschoßfußboden, mit Laufterrasse (LT) über den Säulengängen der Sporthallen (B) aber nur 13,50 m, ebenso wie die kleineren Flächen H_1, H_2 und FL.

Die Caracallathermen sind in jüngster Zeit wieder zum Leben erwacht. In den dreißiger Jahren waren Archäologen und einige wenige interessierte Besucher in den weiten, dachlosen Hallen zwischen den riesigen Mauermassen weitgehend unter sich. Heute finden in den Sommermonaten unter freiem Himmel regelmäßig Opernaufführungen statt. Tribünen sind im Rund des großen *caldarium* für die Zuschauer aufgebaut, das *tepidarium* dient als Bühne, für Menschen mit Geschichtsbewußtsein eine lebendige Verbindung mit der Vergangenheit, auf der wir alle beruhen.

Die Diokletiansthermen

Die Thermen des Diokletian waren die größten und auch in der Ausstattung vermutlich reichsten der kaiserlichen Badepaläste. Seit der Eröffnung der Caracallathermen im Jahre 216 waren neue Prachtanlagen dieser Art nicht mehr entstanden. Da immer größere Teile nicht nur der wohlhabenden Bevölkerung, sondern gerade auch der Masse des Volkes diese Luxuseinrichtungen der Spätzeit frequentierten, war ein solcher Bau in einer anderen Stadtgegend als derjenigen der bestehenden Thermen notwendig geworden. Mit Geschick hatte man sich in der 6. augusteischen Region – heute in unmittelbarer Nähe des Hauptbahnhofs „Roma Termini" gelegen – ein Gelände ausgesucht, das keine großen Substruktionen für die Anlage der riesigen *palästra* erforderte und das ferner nicht allzu viele kostspielige Enteignungen oder Abtragung großer Bauten notwendig machte. Die Regierung mußte für die Errichtung und Ausstattung solcher Anlagen und für deren Wasserversorgung gewaltige Summen aufwenden. Sie hielt diese Gelder für gut angelegt: für die

T 31 b
T 34
T 35
T 74

X. Kaiserthermen des Caracalla, Diokletian und Constantin

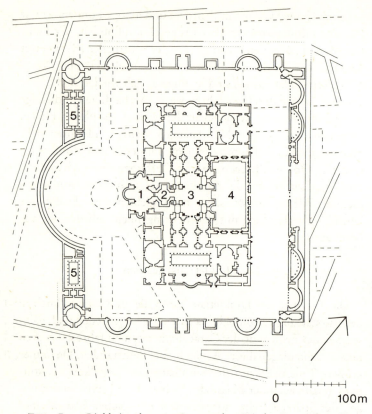

Z 70 Rom: Diokletiansthermen, Gesamtanlage [Rieche, Das antike Italien aus der Luft, 1978].

psychologische Beeinflussung der Massen, auf die auch eine autoritäre Regierung nicht verzichten kann. Trophäen, Bildwerke und Inschriften in den Thermen erinnerten die Besucher, die sich der vielen Annehmlichkeiten dieser Einrichtungen erfreuten, daß die Macht der Herrscher ihnen dieses Glück verschaffte und erhielt. Einige Fragmente der Einweihungsinschrift sind gefunden worden und heute im Thermenmuseum (Museo Nazionale

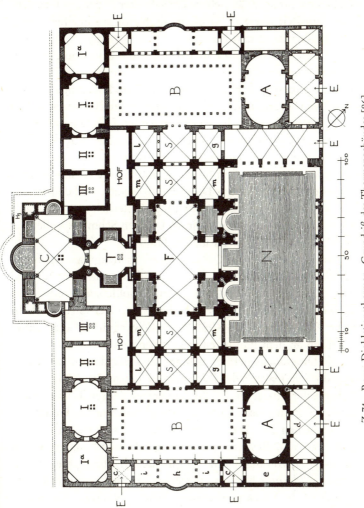

Z 71 Rom: Diokletiansthermen. Grundriß des Thermengebäudes [86].

X. Kaiserthermen des Caracalla, Diokletian und Constantin

Romano) ausgestellt. Als die Inschrift noch an den fast intakten Gebäuden prangte, schrieb sie ein gelehrter Pilger aus Deutschland (zur Zeit Karls des Großen) ab. Sie ist uns in einer Handschrift überliefert und lautet in der Übersetzung:

„Die Herren *(domini)* Diocletianus und Maximianus, die älteren unbesiegten Augusti, Väter der Imperatoren und Caesaren, und die unbesiegten Herren Constantius und Maximianus, Augusti, und Severus und Maximinus, die edelsten Caesaren, haben ihren lieben Römern die glückbringenden Diocletiansthermen geweiht, die Maximianus Augustus nach seiner Rückkehr aus Afrika unter dem Gewicht seiner Anwesenheit *(praesentia maiestatis)* plante und zu bauen befahl und die er dem Namen seines erhabenen Bruders Diocletianus weihte, nachdem er den Grund und Boden für ein so gewaltiges Unternehmen aufgekauft hatte und den Bau mit all seinem üppigen Schmuck vollenden ließ." (Corp. inscript. Latin. VI, 1130)

Die Arbeiten wurden 298 n. Chr. unter Maximian begonnen, als dieser aus Afrika zurückkehrte, und zwischen Mai 305 und Juni 306 beendet, als Maximian und Diokletian bereits abgedankt hatten. Nach Angaben aus dem Mittelalter soll eine erhebliche Zahl – angeblich 40 000 – zu Zwangsarbeit verurteilter Christen an dem Bau beteiligt gewesen sein.

Die Diokletiansthermen nehmen ein Gelände von 130 000 m^2 ein, die Seitenlängen des Rechtecks betragen 376 × 361 m. Das Schema der Anlage entspricht demjenigen der seit Trajan errichteten Kaiserthermen. Unterschiede bestehen in der Gestaltung der einzelnen Säle. Das Kerngebäude, in dessen riesigen Hallen sich etwa 3000 Besucher gleichzeitig aufhalten konnten, ist auf allen Seiten von den Umfassungsbauten deutlich getrennt.

Das *caldarium* hatte im Gegensatz zu dem entsprechenden Rundsaal der Caracallathermen einen rechteckigen Grundriß. Die basilikal bedeckten Sporthallen (B) haben auf allen vier Seiten überwölbte Umgänge, durch die sich die großen Besucherzahlen besser verteilen ließen. Die an die Sporthallen anschließenden Säle des Frigidariumsbereichs als auch die exedraähnlichen Räume zwischen den Eingängen an der Außenfront sind auf die Umgänge (B) hin konzipiert.

Die Ruine des *caldarium*, die noch bis ins 17. Jh. weitgehend erhalten war, erstreckte sich zu ihrem größten Teil auf die heutige Piazza Esedra. Die letzten Mauern einer Rundapsis sind zusammen mit dem Mauerwerk des *tepidarium* in den Eingangsraum der Kirche Santa Maria degli Angeli hineinkomponiert, die Michelangelo 1561 entwarf. Das *frigidarium* der Thermen bildet das heutige Kirchenschiff, 90,80 m lang, 27 m breit, 28 m hoch und mit gewaltigen Kreuzgewölben im Mittelschiff überdeckt. Jeder, der in diesem Raum gestanden hat, wird einen lebendigen Eindruck von der großen Thermenanlage, ihrer Raumgröße und ihrer Raumkomposition bewahren.

T 35

In den Ecken des antiken *frigidarium* waren vier Kaltwasserpiscinen angeordnet. Die südliche Rückfront des *frigidarium* ist die architektonisch großartig gestaltete, in Kurve und Gegenkurve der Nischenarchitektur üppig gegliederte Natatiowand. Sie ist noch erhalten und kann vom Museo Nazionale aus, das in den ebenfalls weitgehend erhaltenen südlichen Nebenräumen des *frigidarium* untergebracht ist, besichtigt werden.

Man vermutet, daß die *natatio*, das große Schwimmbecken, mit einer leichten Dachkonstruktion versehen war, die das Becken nicht nur vor Regen, sondern auch vor zu starker Sonneneinstrahlung schützte.

Auch von diesen Thermen besitzen wir Zeichnungen und Bauaufnahmen von Renaissancearchitekten wie Palladio. Die Zeichnungen des Anonymus Destailleur sind wegen ihrer Genauigkeit und ihren zahlreichen Maßangaben besonders wertvoll.

T 31 b
T 34

Die Constantinsthermen

Die gewaltigsten römischen Ruinen Deutschlands stehen in *Trier*. Sie wurden bis zu den Grabungen nach dem Ersten Weltkrieg als Kaiserpalast interpretiert. Karl Friedrich Schinkel schrieb in einem Brief vom 23. April 1826 an seine Frau Susanne: „Dies sind ebenso große Anlagen wie die zu Rom gewesen. Es stehen enorme Mauermassen, die aber eine sonderbar verwickelte Architektur (fast byzantinisch) gehabt haben. Von der Heizungsanlage ist noch viel übrig."

Die Übersiedlung Kaiser Constantins d. Gr. von Trier nach Byzanz und der Ausbau jener Stadt zur neuen Kaiserresidenz Konstantinopel scheinen für die Baumaßnahmen der Residenzstadt Trier, in der nun Constantins Sohn, Constantin II., als Herrscher zurückblieb, zunächst nicht günstig gewesen zu sein. In der Folgezeit haben politische und wirtschaftliche Gründe die Fortführung des Baus der Kaiserthermen zum Stillstand gebracht. So geriet der Rohbau allmählich in Verfall. Erst geraume Zeit später erfuhr das Gebäude unter Valentinian I. (364–375 n. Chr.) eine tiefgreifende bauliche Umgestaltung und damit eine andere Zweckbestimmung. Der Kern der neuen palastartigen Anlage war nun der Dreikonchensaal des ehemaligen *caldarium* mit dem Rundbau des *tepidarium* als Vorhalle.

Die Erbauung der Kaiserthermen steht im Zusammenhang mit der Erhebung Triers zur Kaiserresidenz im Jahre 293 n. Chr. Sie bilden die südliche Begrenzung des mit Monumentalbauten besetzten kaiserlichen Palastbezirks, der sich von Dom und Liebfrauenkirche aus in südlicher Richtung erstreckt und als Kernstück den gewaltigen Ziegelbau der constantinischen Palastaula (die sog. Basilika), eine Repräsentationshalle des Kaisers, umfaßt.

Z 83 Im Gegensatz zu den *Constantinsthermen in Rom* gehörten
Z 82 die *Constantinsthermen in Trier* und *Arles* zu den Palastbädern, d. h. sie werden nicht der allgemeinen Benutzung offen gewesen

Die Constantinsthermen

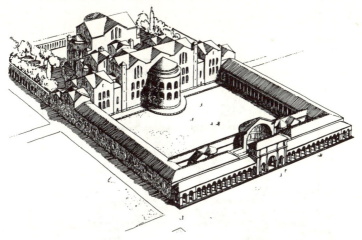

Z 72 Trier: Kaiserthermen. Rekonstruktion [134].

sein. Öffentliche Thermen waren in *Trier* die *Barbarathermen*, die Mitte des 2. Jh. erbaut wurden.

Die *Kaiserthermen* bilden überdies den glanzvollen östlichen Abschluß der von der Römerbrücke über das Forum führenden Mittelachse des römischen Straßensystems, des *decumanus maximus*. Von diesem großen Bau ist im östlichen Teil noch das aufgehende Mauerwerk des *caldarium* (C) erhalten. Lagen von Kalksteinquadern in rhythmischem Wechsel mit horizontalen Ziegelbänken charakterisieren die sorgfältig gearbeitete Verblendung des römischen Mauerwerks, dessen Kern gegossen ist.

Der Zugang zu den Kaiserthermen erfolgt heute von der Ostallee her, d. h. von der Rückseite des Bauwerks aus, wo es in römischer Zeit sicher keinen Zutritt für Badegäste gegeben hat. In breiter Flucht erstreckt sich der gesamte Bäderpalast von Osten nach Westen und bedeckt eine Fläche von rund 250 m Länge und 145 m Breite. Der Grundriß zeigt eine zur Längsachse vollkommen symmetrische Anordnung der Räume. Das *caldarium* (C), das normalerweise bei jedem Thermenbau an der

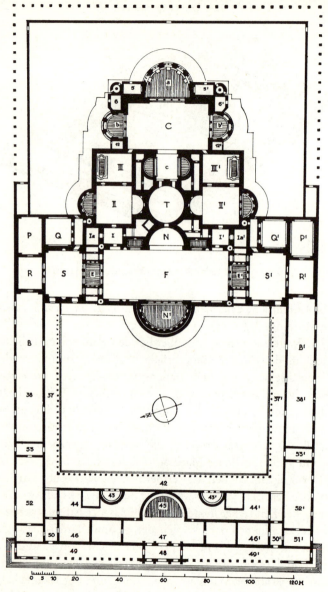

Z 73a   Trier: Kaiserthermen. Gesamtanlage. Erdgeschoß [134].

Südseite liegt (so auch bei den *Barbarathermen* in *Trier*), um dem Raum eine möglichst intensive Sonnenbestrahlung und damit ein Höchstmaß von Wärme zuzuführen, befindet sich bei den *Kaiserthermen* ausnahmsweise an der Ostseite. Diese ungewöhnliche Abweichung der Orientierung hängt vermutlich mit der städtebaulichen Planung zusammen, um in der kaiserlichen Residenzstadt an dieser Stelle einen monumentalen Abschluß der west-östlichen Straßenachse zu schaffen. In der Hauptachse der Anlage folgen, von Osten nach Westen aneinandergereiht, das *caldarium* (C), *tepidarium* (T), *frigidarium* (F) und die *palästra*. Im Westen schließen die Thermen mit einer prunkvollen Fassade ab.

Von den Räumen 47 über 45 gelangte man in die *palästra*, die im Osten durch das *frigidarium*, auf den drei anliegenden Seiten durch die Kolonnaden des Nord-, West- und Südflügels begrenzt wird. Die Säle C, T, F umklammernd, liegen in streng symmetrischer Anordnung zu beiden Seiten der Hauptachse die Räume I, II, III und P, Q, R, S sowie einige Lichthöfe. Während die Wandelhallen S noch zum *frigidarium* gehören und mit ihm eine organische Einheit bilden, sind P und R als Auskleideräume bzw. Garderobe anzusprechen, Q wohl als Abortanlage. Die Räume I, II, III, teils mit Wannen ausgestattet (II und III), waren für den intensiveren Badebetrieb bestimmt (Reinigen, Schwitzen, Ölen, Abreiben, Massieren des Körpers).

Die Benutzungswege für die Badegäste waren durch alte Tradition und bestimmte Regeln festgelegt. Nach dem Umkleiden in den Garderoberäumen P und R wollte man möglichst direkt in die Vorbereitungsräume I und II und dann in den Raum III gelangen. Von dort führte der Weg durch einen schräg einmündenden Zugang in das *caldarium* (C), eine große, ehemals überwölbte Dreikonchenanlage mit Warmwasserschwimmbecken in den Apsiden. Der Aufenthalt im *caldarium*, das in seiner Architektur, seiner besonders betonten Lage im Gesamtgrundriß und in seiner Ausstattung als die Krönung der Anlage gedacht ist,

X. Kaiserthermen des Caracalla, Diokletian und Constantin

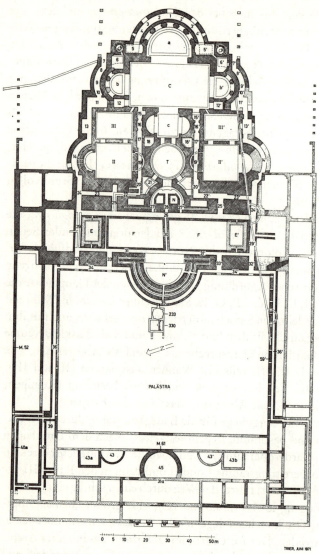

Z 73 b Trier: Kaiserthermen. Grundriß des Untergeschosses
mit den Bedienungsgängen [Reusch, Trier–Kaiserthermen, 1977].

war der Höhepunkt für den Benutzer des Bades. Um von hier aus in das Kaltwasserschwimmbad (F) zu gelangen, mußte man das kleine Warmwasserbad c für Einzelbäder durchschreiten und dann den kreisrunden Kuppelraum T passieren, der mit seiner lauen Warmluft den Körper langsam abkühlte und auf die Temperatur im Kaltbad vorbereitete.

Dieser Saal F ist der größte Raum des Bäderpalastes. Seine Ausmaße entsprechen etwa denen der Palastaula. Von T her eintretend, befindet man sich zunächst in einer halbrunden Apsis (N) an der Ostseite. Ihr Fußboden war von unten her erwärmt, um den schroffen Gegensatz zwischen Warm- und Kaltbad zu mildern. Rechts und links von N sind zwei rechteckige Wannen in die Ostwand eingebaut. Gegenüber, in der Westwand, liegt das große, halbrunde Kaltwasserschwimmbecken (N). An den beiden Schmalseiten von Saal F befinden sich die Wannenbecken E und E'. Sie waren von unten her zu erwärmen.

Von F aus führte der Weg an den Becken vorbei in die Säle S und von dort in die Garderoberäume P und R oder in die *palästra*. Dieser Hof war auf drei Seiten von Säulenhallen umgeben, während an der Ostseite, parallel zum *frigidarium,* keinerlei Spuren auf Kolonnaden hindeuten. Hier bildet der riesige Saal des *frigidarium* (F), dessen halbrundes Schwimmbecken N' tief in die *palästra* vorspringt, den östlichen Abschluß. Die Westseite des Saales stand auf einem schweren, treppenförmig abgestuften Sockel, einer Art Terrassenmauer, mit deren Hilfe das natürliche, nach Westen gerichtete Geländegefälle ausgeglichen wurde. Die Säulenhallen im Norden und Süden der *palästra* haben auf ihrer Rückseite die großen Säle 38 und westlich anschließend in derselben Flucht den Raum 53 und teilweise auch noch Raum 52. An der Westseite ist der Säulengang durch zwei halbrunde und zwei rechteckige Nischen *(exedren)* gegliedert, die sich nach Osten zur *palästra* hin öffnen. Die dichtgedrängte Aufeinanderfolge der verschiedenen Gebäudeteile innerhalb der gesamten Thermenanlage wurde durch kleine Innenhöfe aufge-

X. Kaiserthermen des Caracalla, Diokletian und Constantin

lockert. In einigen dieser Höfe befanden sich auch *präfurnien* für die Fußbodenheizung der Räume. Treppenhäuser bzw. Treppentürme führten auf die hochgelegenen Dächer. Das Wasser wurde von dem gegenüberliegenden Petrisberg, wo die Ruwerleitung ein großes Becken speiste, über zwei Aquädukte in die Thermen geleitet.

Z 73 b Ein verzweigtes, teilweise zweistöckig ausgebautes unterirdisches System von Bedienungsgängen, wie solches bei keiner antiken Thermenanlage in diesem Umfang freigelegt worden ist, war für den ungestörten Ablauf des Badebetriebes in diesem großen Bad notwendig. Die Kellergänge, die nur in dem äußeren Ringkellergang 1–14 und längs der *palästra* durch Lichtschlitze spärlich beleuchtet wurden, dienten in 1–14 zur Versorgung der *präfurnien*, zum Transport und zur Aufstapelung von Brennmaterial für die Heizung u. a. m. Ihr Fußboden liegt mehr als 3 m unter den Fußböden der darüber befindlichen Badesäle, mit denen sie keinerlei Verbindung hatten. Dieser Niveauunterschied war notwendig, um mit der Feuerung unter die Fußböden der Säle gelangen zu können. Außen umschließt ringförmig ein großer, gewölbter Kellergang 1–14 die ganze Anlage mit Ausnahme der Räume P, Q, R und S. Im östlichen Teil des Bauwerkes liegen die Öfen besonders dicht gedrängt nebeneinander.

Für das Gebäude, das sich auch stark in die Breite ausdehnt, genügte aber der äußere Ringkellergang allein nicht. Ein sich stark verästelndes Gangsystem dringt in die inneren Bezirke der Thermen vor, wie z. B. die Gänge 15–20 mit den Innenhöfen 18 und 21, ferner die Gänge 22–23. Diese Bedienungsgänge hatten keine Lichtschlitze. Hier mußte man sich wohl mit künstlicher Beleuchtung behelfen wie Fackeln, Kienspänen oder ähnlichem. Im Westteil des Gebäudes dagegen befinden sich wegen des großen Palästraplatzes weitaus weniger Kellergänge als im Ostteil.

Ein besonderes Kanalisationssystem sollte unter den Bedienungsgängen die Abwässer der Badesäle nach Westen in einen zur Mosel hinführenden Hauptkanal ableiten. Zu diesem Zweck wurden die Kellergänge in nahezu doppelter Höhe ausgeführt, so daß sich in ihrer unteren Hälfte überwölbte Kanäle einbauen ließen, während darüber die Bedienungsgänge lagen. Diese doppelgeschossige, unterirdische Anlage ist aber nicht fertig geworden, wie der unvollendet gebliebene Einbau der Abwässerkanäle in den Gängen zeigt.

Die Thermen blieben als Badeanlage unvollendet und wurden in den 60er Jahren des 4. Jh. nach einem neuen Plan umgestaltet.

XI. BÄDERBAUTEN UND BADEWESEN NACH TRAJAN

Das Römische Reich im 2. und 3. Jh.

Die Thermen in den großen Städten übten, wie wir sahen, immer stärker neben ihrer eigentlichen Funktion der Körperreinigung und -entspannung soziale Aufgaben aus – Spiel, Sport, Zusammensein, Gedankenaustausch. Sie wurden dadurch auch ein Instrument der Massenbeeinflussung durch die Herrscher des Reichs. Sie waren das großzügigste Geschenk der Kaiser an die Einwohner des Imperiums, der bis in unsere Tage reichende großartige Ausdruck der technischen und raumgestaltenden Leistungsfähigkeit der römischen Zivilisation.

Auch der heutige Mittelmeermensch, so verschieden er damals und heute in Abstammung, Geschichte und Sprache ist, lebt gern außerhalb der Wohnung und bewegt sich, redet, spielt und beobachtet auf Straßen und Plätzen. Die riesigen Kommunikationszentren der Thermen kamen dieser Lebensweise entgegen.

Das Imperium wurde im 2. Jh. n. Chr. von hervorragenden Persönlichkeiten regiert – Trajan (98–117), Hadrian (117–138), Antoninus Pius (138–161), Marc Aurel (161–180). Die fähigen Männer aus den Provinzen, zunächst die Spanier, werden Führer des Reichs, der Einfluß der Italiker tritt zurück. Die Kontinuität der Herrscherfolge wird durch Adoption fähiger Nachfolger gewahrt. Marc Aurel, der Philosoph auf dem Thron, hat mit seinem leiblichen Sohn Commodus (180–192) weniger Glück. Auch die Nachfolger aus der Familie des Nordafrikaners Septimius Severus (aus Leptis Magna) (193–211) und seiner syrischen Frau Julia Domna vermögen keine Dynastie von Dauer zu begründen.

Im 2. Jh. n. Chr. erreichte das Imperium seine größte räumliche Ausdehnung. Das bedeutete in dem riesigen Gebiet die einzigartige Rechtssicherheit durch die *Pax Romana,* ferner weitläufige Handelsbeziehungen nach innen und nach außen sowie freizügigen Gedankenaustausch, erleichtert durch die allgemeine Amtssprache des Lateinischen (die freilich erst unter Diokletian alleinige Amtssprache auch im Osten des Reichs wird) und durch die „Zweitsprache" des Griechischen, von den Gebildeten im ganzen Reich verstanden und im Osten weitgehend Verkehrssprache (die *koine*).

Um das Zusammenwachsen und den Zusammenhalt des Reiches hat sich Hadrian besonders bemüht. Während seiner Regierungszeit (117–138 n. Chr.) bereist er alle Regionen des Reichs, überall zahlreiche Bauten errichtend und damit besonders *Athen* und Griechenland auszeichnend. Von seinen Zeitgenossen wird er „der Grieche" genannt. In *Rom* erneuert er das Pantheon, das *Forum des Augustus,* die *Thermen des Agrippa,* zahlreiche *Tempel* und andere Gebäude, schließlich baut er das *Mausoleum Adriani* – die *Engelsburg* – und die *Villa Adriana* bei *Tivoli.*

Letztere bot dem rastlos reisenden Kaiser in seinen letzten Lebensjahren nur eine relativ kurze Zeit der Rast (Baubeginn 126 n. Chr.). Geplant war sie nicht eigentlich als privater Zufluchtsort, sondern als eine Art „Reichsausstellung" (wie sie Stewart Perowne nennt) – man könnte sagen als eine Art „Disneyland", eine große Gartenstadt, die jene Gebiete des Reiches im kleinen darstellen sollte, die dem Kaiser am besten gefallen hatten. Vorgesehen war ein riesiges Gebiet, so groß wie drei Viertel der Grundfläche Roms selbst. Davon ist heute etwas weniger als ein Viertel erhalten.

T 66a

Außer dem Palast mit seinen Nebengebäuden, seinen Kasernen, Theatern und Bädern sind Nachbildungen berühmter Gebäude Athens (Likaion, Prytaneion, Poikile) und von Landschaften entstanden, z. B. des Tempetals in Thessalien oder des Kanopus, des alten Hafens des Nildeltas. Originalkunstwerke und hochwertige Kopien vor allem griechischer Meisterwerke schmückten die zahlreichen Gebäude. Dadurch wurde die Hadriansvilla jahrhundertelang der ergiebigste Fundort für die Räuber von Statuen und Portraitköpfen in Italien.

Für unsere Arbeit sind die Thermenbauten unter Hadrians und seiner Nachfolger Regierung wichtig. Wir erwähnten die Erneuerung der *Agrippathermen* in *Rom*. Im Judenaufstand in Alexandria und Cyrene (113/115 n. Chr.) erleiden diese Städte schwerste Schäden. Hadrian läßt sie wiederaufbauen. Eine Inschrift in *Cyrene* kennzeichnet den von ihm veranlaßten Bau eines großen, für Männer und Frauen getrennten Bades. In Cyrene hat man auch ein hellenistisches Bad mit sehr gut erhaltenen griechischen Sitzbadewannen gefunden. Auf Grabungen an Thermen in *Alexandria* wurde auf S. 33 hingewiesen. In anderem Zusammenhang sind Anlagen geschildert (die Bäder in der römischen Stadtkultur S. 204), die zeitlich zum Teil in das 2. Jh. n. Chr. fallen.

T 52 b

Der Versuch, zeitliche Entwicklungstendenzen bei der Thermengestaltung herauszuarbeiten, stößt auf mancherlei Schwierigkeiten. Wir müssen bedenken, daß Fund und Freilegung von Badeanlagen sehr selten auf Systematik beruhen, wie z. B. in *Pompeji* und *Herculaneum,* sondern fast immer auf dem Zufall. Bei vielen Objekten ist die Entstehungszeit nicht eindeutig festzustellen. Viele Grabungen müssen aus materiellen Gründen eingeschränkt oder gar unterlassen werden, so wichtig sie auch für diese Fragen sein mögen.

Wir haben uns bemüht, die vorliegenden Ergebnisse für einen gewissen Überblick zu ordnen. Dabei stellt sich heraus: Eine zeitliche Entwicklung läßt sich nur in bezug auf Größe, Zahl, Luxus und Raffinesse der technischen Ausstattung innerhalb des 2. und 3. Jh. erkennen, mit stark steigender Tendenz im 2. Jh. Das Maß der Zunahme anhand der genannten Kriterien ist in den einzelnen Reichsteilen entsprechend ihrer jeweiligen politischen Bedeutung sehr unterschiedlich.

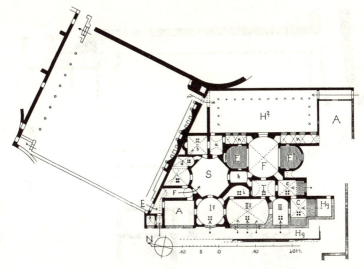

Z 74   Villa Adriana (Tivoli): Kleine Thermen. Der Raum (S) diente wohl
zu Spiel und Begegnung [134].

Abgesehen von den verschiedenen Grundrißtypen (s. S. 38) lassen sich unterschiedliche Gestaltungsformen und Raumbildungen zu den folgenden Gruppen zusammenstellen:

In der *Domus Aurea des Nero* sind die ersten Zeichen einer Raumgestaltung festzustellen, die wir heute als „barock" bezeichnen. Auch in Bädern des 1. Jh. wie in den Thermen von *Vindonissa (Windisch*, Schweiz) und *Aventicum (Avenches)* sind vor allem bei der Wandbehandlung ihrer Prunkräume ähnliche Tendenzen zu finden. Doch erst in der *Villa des Hadrian* kommt diese Gestaltungsweise zum vollen Durchbruch. Ein besonders eindrucksvolles Beispiel sind die kleinen Bäder dieser Villa. In Kurve und Gegenkurve schwingen die Wände gegeneinander und tragen die in kunstvoller Weise entsprechend gestalteten Gewölbe. Diese Badeanlage ist nur ein Teil der „barocken" Gebäude der Villa, vor allem derjenigen der „piazza d'oro", die je-

T 66–67

XI. Bäderbauten und Badewesen nach Trajan

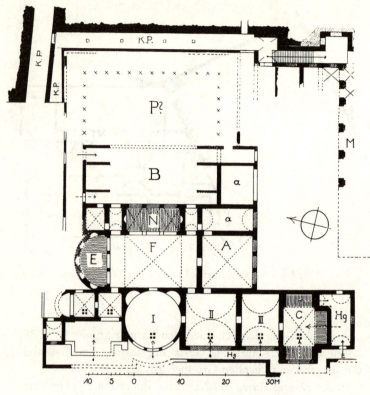

Z 75   Villa Adriana: Große Thermen [134].

dem Barock- und Rokokobaumeister zur Ehre gereicht hätten. Die verspielte Leichtigkeit der Architektur wird in den großen Thermenanlagen nicht wieder erreicht. Aber eine schwingende Bewegung bei der Wandgestaltung der Räume verbirgt auch hier die lastende Schwere der Wölbungsbauten.

Diese barock anmutende Gestaltung der Grund- und Aufrisse finden wir seit Hadrian bei Thermen in fast allen Teilen des Reichs, auch in den Einzelräumen wie im *caldarium* mit seinen

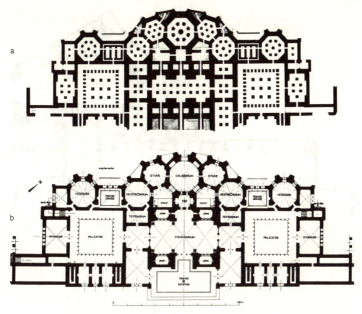

Z 76 Karthago (Tunesien): Antoninus-Thermen.
a) Untergeschoß, b) Obergeschoß [145].

Nischen (Apsiden) für die Warmwasserwannen, in zahlreichen *tepidaria* und *laconica*.

Ein bedeutender Thermenkomplex aus dieser Zeit, der erst nach dem Zweiten Weltkrieg freigelegt wurde, sind die *Antoninusthermen* in *Karthago*. Wenn vielleicht auch in einer späteren Phase – die Thermen sind sehr lange benutzt worden – ein Teil der beheizten Räume aus Geld- und Materialmangel reduziert wurde, so ist der große, symmetrisch doppelte, quadratische Saal mit *porticus* („Peristylhof") sicherlich die geschlossene Sporthalle gewesen, die wir bei den großen Kaiserthermen an entsprechender Stelle finden. Der Palästrahof befand sich in den Antoninusthermen auf der Terrasse in halber Höhe zwischen dem Unter- und dem repräsentativen Obergeschoß.

T 62 a
T 62 b

XI. Bäderbauten und Badewesen nach Trajan

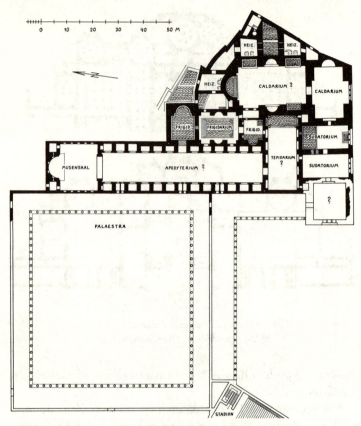

Z 77   Milet: Faustinathermen [132].

Die „barocke" Gestaltung des Grundrisses in den Warmbaderäumen erinnert an die Bauten der *Hadriansvilla*. Hier müssen vor allem die großen unterheizten Schwimmbecken hervorgehoben werden, die in den *Kaiserthermen* in *Rom* in dieser Art nicht festzustellen waren. Der Reichtum der afrikanischen Provinzen findet bei solchen Bauten seinen besonderen Ausdruck.

T 61 b   Die *Faustinathermen* in *Milet* wurden laut Inschrift von Fau-

Z 78   Djemila (Cuicul), Algerien: Teil des Stadtplanes. 9 große Thermen,
18 severisches Forum, 3 Rundbau (Baptisterium) mit zugehöriger kleiner
Badeanlage [144].

stina II., der Frau des Marc Aurel, gestiftet. Die Anlage fügt sich
nicht dem hippodamischen Stadtplan ein. Die große *palästra*
mißt 77,50 × 79,40 m. Das *apodyterium* bestand aus einer langen Halle, die man von der *palästra* her betrat. An diese Halle
schloß sich der sog. Musensaal an. In den Nischen dieses Raumes
waren jene Statuen der Musen aufgestellt, die sich heute im
Museum von Istanbul befinden.

Die großen Thermen in *Djemila* (Algerien), dem antiken   T 56a
Cuicul – ein Ort, der sehr romantisch in den Bergen Kabyliens   T 57

liegt –, sind von dem Baumeister geschickt in den Stadtplan gefügt. Was hier aus Platzmangel an Weitläufigkeit der Raumfolgen fehlt, ist durch eine besonders liebevolle Raum- und Wandgestaltung ergänzt. Die Bäder wurden zur Zeit des Commodus Ende des 2. Jh. erbaut.

Nordafrika besitzt wohl die größte Anzahl von Thermen desjenigen Typs, den Krencker [134] als den kleinen Kaisertyp im Gegensatz zum großen Typ der stadtrömischen Thermen bezeichnet. Als Beispiele nennen wir die Thermen von *Cherchel (Caesarea)*, die *Nordthermen* von *Timgad*, die beiden großen Thermen von *Lambaesis*, die großen Thermen von *Cyrene*, *Bulla Regia*, *Bougrara*, von *Oudna* und *Utica*, die großen und kleinen Thermen von *Madaurus* und die Thermen von *Thysdrus* (*El Djem*, Tunesien). Zu erwähnen sind auch kleinere Bäder wie die zentral um das *frigidarium* angeordneten, einfallsreich gestalteten Räume der Thermen in *Thaenae* bei *Sfax*, Tunesien) oder die der Ostthermen in *Cherchel*, sowie der «bains des chasseurs» genannten Bäder in *Lambaesis*.

T 39b
Z 60
Z 61
T 61a

T 52a

Zu Prunkanlagen in phantasievoller Auflockerung eines starren Schemas gehören große Bäder wie die Süd- und Ostthermen in *Timgad*. Man kann sie als erweiterte Ringtypen bezeichnen.

Am Fuß der Zitadelle von *Ankara*, in der Nähe des Tempels des Augustus, hat man in den letzten Jahrzehnten große römische Thermen freigelegt, die aus der Zeit des Caracalla stammen und vor allem in ihren Heizgeschossen und Bedienungsräumen sehr gut erhalten sind. Ankara besitzt ein extremes Klima: sehr kalte Winter werden von kurzen, sehr heißen Sommermonaten abgelöst. Auf diese Bedingungen haben Architekt und Ingenieure Rücksicht genommen. Eine gute Vorstellung von der Anlage erhält man durch die Zeichnungen des Architekten M. Akok [65].

T 65a
T 65b

Aus der ersten Hälfte des 2. Jh. n. Chr. stammen vermutlich die kürzlich freigelegten Bäder im antiken Stadtgebiet von *Odessos* (*Varna*, Bulgarien). Diese Thermen gliedern sich in zwei Ab-

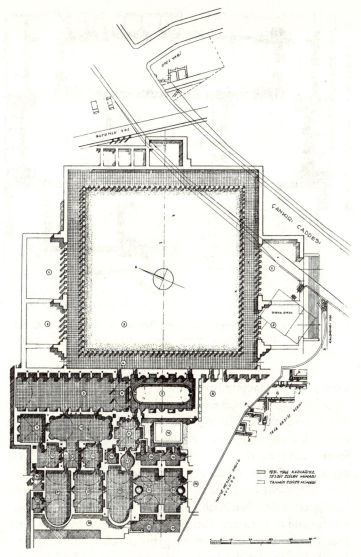

Z 79 Ankara: Große Thermen. Vogelschau der Gesamtanlage [65].

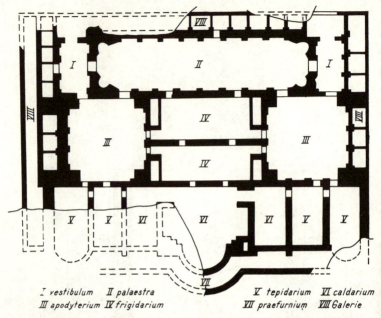

Z 80 Odessos (Varna), Bulgarien: Große Thermen. I vestibulum, II Basilika Thermarum, III apodyterien, IV frigidarien, VIII Galerie, V tepidarium, VI cadarien VII Präfurnien [78].

teilungen. Die Hauptsäle reihen sich symmetrisch um die Nordsüdachse. Durch zwei monumental gestaltete Eingänge an der Nordseite betrat der Badegast zuerst den kleinen Vorraum, an dem sich auch der Eingang zu den Toiletten befand. Über vier Steinstufen ging er in die Eingangshalle hinunter. Diese war durch breite Türen mit der *palästra*, einem großen Saal, verbunden. Hier hielten sich die Besucher längere Zeit auf, tauschten Neuigkeiten und Nachrichten aus. Sie besprachen Handelsgeschäfte und diskutierten über Fragen der Politik. In erster Linie aber diente dieser Raum wohl gymnastischen Übungen und sportlichen Spielen der Jugend, wie sie auf einem Relief im Archäologischen Museum von Varna dargestellt sind. Von dieser

Stätte bewegten gesellschaftlichen Lebens ging es in die Eingangshalle zurück und von dort in das *apodyterium*. Vor dem Bade legten die Besucher hier ihre Kleider ab und konnten sich nach dem Baden vermutlich auf hier aufgestellten Liegen ausruhen.

Die Eingänge zu den eigentlichen Baderäumen waren wahrscheinlich niedrig und schmal. Das *frigidarium* bestand aus zwei parallel angelegten und durch eine Quermauer getrennten Sälen zwischen zwei *apodyteria*. Die Säle sind 30 m lang und 10 m breit. Den Fußboden bedeckten bunte Marmorplatten. Auch die Wände waren mit solchen Platten verkleidet. Durch Öffnungen in den hohen Kuppeln und Gewölben fiel das Tageslicht in die weiträumigen Säle. An den Schmalseiten des Kaltbades waren rechteckige, 70 cm tiefe Becken eingebaut, in die man über zwei Stufen hinabstieg. Die Warmbaderäume bestanden aus sieben symmetrisch angeordneten Räumen, die alle durch Türen miteinander verbunden waren. Jeder Durchgang war monumental gestaltet. Schwellen, profilierte Rahmen und Sturzsteine verliehen der Konstruktion die Festigkeit, die bei dem hohen Gewicht von Wänden und Gewölben notwendig war. In den Pfosten sind noch heute die Löcher zu erkennen, in denen die Türangeln saßen. Auf der gegenüberliegenden Seite findet man schmale Anschlagleisten für die Türen in den Stein eingetieft und Löcher für die Riegel ausgestemmt. Auf diese Weise war jeder Saal zugfrei verschließbar.

Diese Bäder besaßen vier *tepidarien* mit jeweils einem Becken. Diese Übergangsräume konnte man alle direkt von den *apodyterien* her betreten. In die mittleren drei Räume gelangte man entweder durch die *tepidarien* oder vom *frigidarium* aus. Das *caldarium* bildet den zentralen Raum der Anlage mit einer Apsis im Süden.

Erwähnenswert ist noch die Ausbildung der Hypokaustenanlage: An den Wänden entlang trugen kleine Ziegelsäulen den Fußboden, während dieser in der Mitte von 1,20 m hohen Tonröhren gestützt wurde.

Dieser ganze Thermenkomplex ist außen von einer unterirdischen, überwölbten Galerie umgeben. Über dieser lagen Einzelräume, vermutlich Läden, denn sie standen nicht mit den Thermen, sondern mit der Straße in Verbindung. Die Kanalisation ist noch gut erhalten. Sie bestand aus einem ungefähr 300 m langen System überwölbter Gänge, die 0,70–2,50 m hoch und 0,60 bis 1 m breit waren.

Im 4. Jh. wurden diese Thermen verlassen. Der Grund dafür ist bisher noch unbekannt. In der 2. Hälfte des 5. Jh. n. Chr. stürzten Deckengewölbe und Kuppeln während eines Erdbebens ein. [78]

T 54– 55
Z 62

Die großen Thermen von *Leptis Magna* (s. S. 211) erinnern an den Typ, der für die meisten kleinasiatischen Anlagen charakteristisch war und dort allgemein als *gymnasium* bezeichnet wurde. In der Archäologie wird heute häufig der Name „Thermengymnasium" verwendet. Diese Grundrißgestaltung hat sich hier in einem Kernbereich des Hellenismus, in dem in erster Linie Griechisch gesprochen wurde, aus der vorhandenen Tradition entwickelt und gegenüber dem offiziellen römischen Kaisertyp durchgesetzt. Beispiele für diese Entwicklung sind das

Z 22
T 20
Z 31

Hafengymnasium in *Ephesos*, die *Capitothermen* in *Milet*, das *Gymnasium mit Thermen* in *Pergamon* und die Anlage von *Salamis auf Zypern* (s. S. 55). Charakteristisch ist ein großer Peristylhof mit zahlreichen, üppig ausgestatteten Sälen für Vorträge, Theateraufführungen und anderen Vorführungen, manchmal

T 51

auch für religiöse Einrichtungen (z. B. *Sardes*, Kaiserkult und Synagoge). Die Thermen besitzen langgestreckte Hallen, wohl tonnenüberdeckt, sowie rechteckige Badesäle in symmetrischer

Z 63
T 59a

Anordnung. Besonders hervorzuheben sind das *Vediusgymnasium* in *Ephesos* (erbaut zur Zeit des Antoninus Pius), das *Ostgymnasium* in *Ephesos*, die *Thermen* von *Alexandria Troas*, das

Z 27
Z 46
T 46a

erst kürzlich untersuchte *Thermengymnasium* in *Aizanoi*, die *Heilbäder* von *Hierapolis (Pamukkale)* und das *Gymnasium* in *Sardes*, von dem ein Teil rekonstruiert wurde.

Das Römische Reich im 2. und 3. Jh. 255

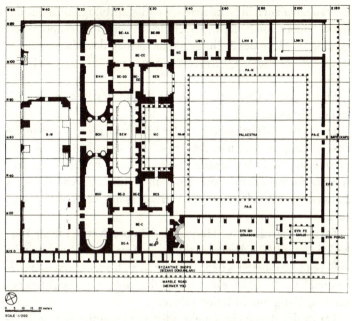

Z 81   Sardes: Große Thermen mit Synagoge [201].

In der Spätzeit werden die kaiserlichen Palastbäder zu einem eigenen Typ entwickelt. Wir verweisen auf die Bäder der „kaiserlichen" Villa bei *Piazza Armerina* (s. S. 193). Man könnte hier auch die *Constantinsthermen* in *Trier* und *Arles* einordnen. Vor kurzem wurden Villenkomplexe großer Ausdehnung auf *Sizilien* entdeckt, über deren Ausgrabungen aber noch keine Berichte vorliegen.   Z 55 Z 73 Z 82

Die räumliche Expansion des Reiches bringt immer wieder Krieg an den Grenzen, vor allem an der Donau und in Mesopotamien. Im 3. Jh. n. Chr. entwickelt sich fast ein Dauerkampf an allen Grenzen: in Mesopotamien, in Britannien, in Nordafrika, an Donau und Rhein. Der Limes hatte das Reich im Norden Britanniens (Hadrianswall, Antoninuswall) jenseits von Rhein und

Donau, aber auch in Nordafrika (wo die Luftbildarchäologie ihn in der Sahara von heute wiederentdeckte) und in Mesopotamien geschützt. Mitte des 3. Jh. gehen die östlich des Rheins gelegenen Teile der Provinz Germania superior und die Provinz Dacia verloren.

Das 3. Jh. n. Chr. schwächt die Kräfte des Reiches in vielfacher Hinsicht.

Da ist die „Militäranarchie" der Soldatenkaiser, wie man die Feststellung genannt hat, daß zwischen 235 und 284 n. Chr. 20 Herrscher durch den Senat in Rom als Kaiser bestätigt wurden, wie das formal noch immer der Brauch war, während mehr als 20 weitere Bewerber um diese Bestätigung vergeblich nachsuchten.

Da sind die mit diesen Herrschaftskämpfen verbundenen Bürgerkriege, die Überbeanspruchung der Staatsfinanzen durch die äußeren und inneren Kriege und der Ausfall an Steuern und „Liturgien" (s. S. 123), die wiederholte Münzverschlechterung, die langfristig zur Inflation führte.

Da ist der Bruch eines mehr oder minder einheitlichen Weltbildes des Heidentums durch das Eindringen und Erstarken der Kulte aus Kleinasien (Mithras sol invictus), Ägypten und das Christentum.

Da ist die Bevölkerungsstagnation, ja Verminderung durch die Unruhen der Zeit und schwere Seuchen, wie die 252 aus Äthiopien eingeschleppte Pest, die auch den Kaiser nicht verschont (Claudius II.). Ein Teufelskreis bildete sich. Der steigende äußere Druck auf die Grenzen zwang zu kontinuierlicher Heeresvermehrung. Aber die von Diokletian gewünschte Verdoppelung der Heeresverbände war bei stagnierender Bevölkerung, bei den hohen Menschenverlusten durch Seuchen und innere und äußere Kriege und wegen der fehlenden Geldmittel nicht durchführbar. Die Dämme an den Grenzen brachen. Welcher Schock muß es für die Menschen damals gewesen sein, als Rom, die mehr als tausendjährige Stadt, der Sitz des Kaisers und des Papstes, 410 n. Chr. von dem Westgoten Alarich gestürmt und geplündert wurde.

Westrom in der Spätzeit (4. und 5. Jh.)

Am Ende des schlimmen 3. Jh. bringen die illyrischen Kaiser (268–325 n. Chr.) eine machtmäßige Erholung für das Reich. Aurelianus muß zwar die Provinz Dacien aufgeben, kann aber die aus dem Norden bereits in Italien eingedrungenen Barbaren wieder vertreiben. Er sichert Rom mit einer Mauer (273 n. Chr.), die freilich 137 Jahre später Alarich von der Eroberung der Stadt nicht abhalten kann. Der Reichskult des *sol invictus*, von ihm dekretiert, soll den Bewohnern des Reichs einen einigenden Glauben bringen.

Seine Nachfolger Tacitus, Probus und Carus schlagen die immer heftiger und erfolgreicher anstürmenden „Barbaren" an den Grenzen zurück. Diokletian gelingt eine Neuordnung des Reichs, das verwaltungsmäßig in vier Regionen mit 12 Diozesen (unter der Leitung von *vicarii*) gegliedert wird. Die lateinische Sprache wird als Amtssprache nun auch im Osten des Reiches eingeführt. Diese „Tetrarchie", Viererherrschaft, hat als Hauptorte *Mailand, Trier* und *York (Eburacum), Sirmium* und *Nikomedia* (in Bithynien). Sie wird unter Constantin I. mit etwas anderer Einteilung erneuert und führt schließlich 395 n. Chr. zur Reichsteilung.

Constantin I. kommt 312 n. Chr. zur Alleinherrschaft. Aus dem Prinzipat wurde seit Augustus immer mehr ein Dominat, ein Herrscher-Untertan-Verhältnis, das im Cäsaropapismus auch den Herrschaftsanspruch über Gedanken und Glauben einschließt. Umformung der Willensbildung, von Verwaltung und Organisation der Reichsbehörden, verbunden mit Dezentralisation und mit der Trennung der zivilen und militärischen Gewalt der Provinzstatthalter, stärken die Widerstandskraft des Reichs.

XI. Bäderbauten und Badewesen nach Trajan

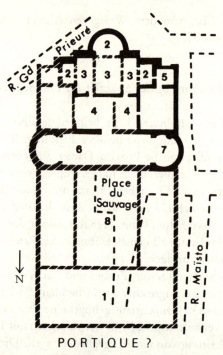

Z 82 Arles (Provence): Große Thermen, «Palais de Constantin». Interpretation der Räume: 2 piscina, 3 caldarium, 4 tepidarium, 5 Heizanlage, 6 frigidarium, 7 Badebecken. Schwarz angelegte Mauern noch sichtbar [119].

Z 73 Die rangmäßige Erhöhung einiger Städte wie *Trier* und *Arles* erklären die bedeutenden Ausmaße und die Gestaltung von Bauten wie den *Constantinsthermen* in diesen Städten. Auch in *Rom* ließ *Constantin Thermen* bauen. Sie waren im 16. Jh. noch soweit vorhanden, daß Palladio und andere Architekten von ihnen Zeichnungen anfertigen konnten. Außer Palladios Zeichnungen, einer Skizze von Peruzzi, Grundrissen von Serlio und eines unbekannten italienischen Architekten (in der Albertina in Wien) besitzen wir einen Stich von Du Perac. Erhebliche Teile der Grundmauern mußten Anfang des 17. Jh. dem Bau des Palais

Westrom in der Spätzeit (4. und 5. Jh.)

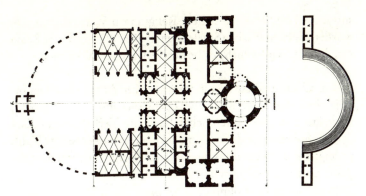

Z 83   Rom: Konstantinsthermen, nach Palladio [134].

Rospigliosi weichen. Bei Erdarbeiten an der Via Nazionale kamen weitere Mauerreste der Thermen zutage, die nach Vermessung dem Straßenbau zum Opfer fielen. Anhand dieser Unterlagen läßt sich sagen: Der Grundriß dieser Thermen ist langgestreckt. Krencker bezeichnet einen großen überkuppelten Rundraum als *caldarium*. Nach Norden zu findet sich ein kleinerer Zentralraum *(tepidarium?)*, daran anschließend eine überdeckte Halle mit einem angrenzenden Hof. Die Lage des *frigidarium* oder der *natatio* läßt sich nicht zweifelsfrei bestimmen, ebenso die weiteren angezeigten Räume, teilweise mit oktogonalem Grundriß. Der Bauplatz neben dem Sonnentempel des Aurelian (s. S. 257) war offenbar sehr beschränkt. Die einzige heute sichtbare Spur der Constantinsthermen sind die Skulpturen der Rossebändiger auf dem Quirinalsplatz.

Constantin starb zwar als getaufter Christ, aber er wie sein erster Nachfolger haben das Amt des Oberpriesters der bisherigen heidnischen Staatsreligionen, des *pontifex maximus*, nicht abgelegt. Die nichtchristlichen Beamten besetzen nach wie vor einen Großteil der führenden Stellen im Reich. So war der nichtchristliche Kaiser Julianus Apostata (360–363 n. Chr.) keine Einzelerscheinung unter den Führungskräften des Reichs. Erst Theodosius I. erklärte 391 die christliche Religion zur Staatsreligion. 394 wurden die olympischen Spiele abgeschafft. 395 wurde das Reich geteilt, um, wie es hieß, es besser verteidigen zu können.

Wie sah es um diese Zeit in *Rom* aus? Ein Auszug aus dem Inventarium der Stadt Rom zur Zeit Constantins I. (312–337) zeigt die hohe Zahl öffentlicher Bäder im Verhältnis zur Zahl der Wohnhäuser und verrät manche andere interessante Zahl; es zeigt uns das Verhältnis der Zahl der Wohnhäuser zu dem der Bäder und anderer Einrichtungen:

- 46 602 einfache Wohnblöcke *(insulae)* mit mehreren Wohnungen
- 1 790 aufwendige Wohnhäuser,
- 290 Lagerhäuser,
- 856 öffentliche Bäder,
- 1 352 Brunnen
- 254 Backöfen,
- 46 Bordelle,
- 104 öffentliche Latrinen,
- 7 Feuerwachen und 14 Bereitschaftsposten,
- 2 300 Ölverteilungsstellen.

Die Kaiser Gratian (375) und Valentinian (364–378) gaben ein Edikt zum Schutz der antiken Bauwerke heraus, in dem es hieß: „Keiner der Präfekten der Stadt und der übrigen Beamten in leitender, einflußreicher und angesehener Position sollte an der Errichtung neuer Gebäude in der ehrwürdigen Stadt Rom teilnehmen; er widme sich der Sorge um die alten Baudenkmäler. Wer es unternehmen will, neue Bauten in der Stadt zu errichten, der mag dies tun auf eigene Kosten mit eigenen Mitteln, ohne das vorhandene Alte zu beeinträchtigen, ohne die Fundamente der Monumentalbauten zu gefährden, ohne Steine aus öffentlichen Bereichen wegzunehmen, ohne Marmorstücke aus den Ruinen ausgeplünderter Tempel sich anzueignen."

Die Schilderung des Besuches Constantins II. (340–361) in

Rom gibt ebenfalls ein eindrückliches Bild der Stadt zur Zeit dieses Ostkaisers: „Nach seinem Einzug in Rom, der Heimstatt des Reiches und aller Tugenden, kam der Kaiser zur Rednertribüne. Da setzte ihn das Forum, das die ehemalige Macht so deutlich erkennen läßt, in Erstaunen. Nach welcher Seite er auch den Blick wandte, blendete ihn die Menge der Wunderdinge ... Dann besichtigte er zwischen den Gipfeln der sieben Hügel die Teile der Stadt an den Hängen und in der Ebene, sowie die Wohnviertel in den Vororten und glaubte, daß das, was er zuerst gesehen hatte, alles andere übertreffe: Der Jupitertempel auf dem Capitol, der den anderen Tempeln so überlegen war, wie die göttlichen Dinge den weltlichen überlegen sind; die Thermen so groß wie ganze Provinzen; das riesige, ganz mit Travertin belegte Amphitheater, dessen Größe das menschliche Auge kaum zu fassen vermag, das ein ganzes Wohnquartier ausfüllende Pantheon mit einer Kuppel von eindrucksvoller Höhe."

Decimus Magnus Ausonius, geboren ca. 310 n. Chr. in Bordeaux (Burdigala), war Grammatik- und Rhetoriklehrer. Er wurde 365 n. Chr. Erzieher des Thronfolgers Gratian in Trier, 378 Präfekt von Gallien, also oberster Verwaltungsbeamter einer der vier Reichsregionen. Nach der Ermordung Gratians 383 zog er sich auf sein Landgut zurück. Er ist Verfasser zahlreicher Gedichte, darunter eines über die Schönheiten der Mosel (Mosella). Etwas überschwenglich begeistert er sich an einer Therme am Flußrand:

„Preis' ich die Bäder, die dicht an dem Flußrand sorglich
gewölbet,
Rauchen, wenn Mulciber, was er entschöpft umschlossenem Glutraum,
wälzet als prasselnde Flamme durch wohlumschlossene
Gemächer,
Durch aussterbende Glut aufwirbelnd gebundene Dämpfe?
Manche schon hab ich gesehen, die, ermattet vom häufigen
Badschweiß,

Wannen verschmähten zum Bad und frostige Fischteichwasser,
Um sich der fließenden Welle zu freuen und, alsbald von dem Flußbad
Wohlig, die kühlende Flut mit plätscherndem Schwimmen zu teilen."

Die Schilderung eines reichen Privatbades durch *Apollinaris Sidonius* zeigt in mancher Einzelheit den Wandel der Anschauungen im 5. Jh. n. Chr. Sidonius, geboren ca. 430 n. Chr. in Lyon (Lugdunum), widmet seinem Schwiegervater, dem weströmischen Kaiser Avetius, einen Panegyrikus, wird 470 Bischof von Clermont-Ferrand, das er 471–474 gegen die Westgoten verteidigt und wo er, der Verfasser zahlreicher Gedichte, 486 stirbt. Die Schilderung der Badeanlage lautet: „Das Bad schmiegt sich im Südwesten an den Fuß eines bewaldeten Felsberges; und wenn der schlagreife Wald über den Bergrücken hin gefällt wird, dann stürzen die herabgleitenden Holzhaufen gleichsam freiwillig in die Mündung des Ofens. Hier erhebt sich nun der Saal der kochenden Wasser, der mit dem folgenden, zur Salbung bestimmten an Raumausdehnung übereinstimmt, abgesehen freilich von dem Halbrund des geräumigen Warmwasserbeckens. In diesem aber sprudelt der Strom des heißen Wassers durch die Hohlwand, eingezwängt in Röhren aus biegsamem Blei. In dem unterheizten Raum ist heller Tag und Überfluß an eingefangenem Licht...

Darauf dehnt sich der Saal des Kaltbades aus, der ohne Unbescheidenheit mit der Schwimmanlage öffentlicher Badeanstalten wetteifern darf. Zunächst ist der Saal selbst in zweckdienlicher Weise als Viereck von genau bemessener Weiträumigkeit gestaltet, daß er, ohne daß die Dienerschaft sich im Wege steht, ebensoviel Badesessel aufnehmen kann, wie das halbrunde Becken des Warmbades Personen zu fassen pflegt. Und da die Spitze des Daches in Form eines Kegels gipfelt, hat der Baumeister die von den Winkeln her vierfältig zusammenlaufenden, vorspringenden

Rippen mit Hohlziegeln eingedeckt und je zwei sich gegenüberliegende Fenster so eingesetzt, daß sie am Rande der Wölbung hängen, um dem Blick der Hinaufsehenden die kunstvolle Decke zu enthüllen. Die untere Gestaltung der Wände begnügt sich mit dem Schimmer der geglätteten Fläche. Hier stellt sich nicht durch nackte, wenn auch schön gemalte Körper eine schamlose Geschichte zur Schau, die zwar der Kunst, aber nicht dem Künstler zur Ehre gereicht; hier gibt es keine Schauspielergestalten, die, lächerlich in Kleidung und Mienenspiel, ein Ausstattungsstück des Philistion in bunten Farben vortäuschen; auch keine Kämpfergestalten aus der Palästra, die sich, glattgeölt, in verzwickten Stellungen im Faust- oder Ringkampf üben, sondern nur wenige Versinschriften werden den eintretenden Leser verweilen lassen. Und solltest du Marmor suchen, so haben hier allerdings nicht Paros, Karystos und Prokonnesos, auch nicht die Phryger, Numider und Spartaner Platten ihrer verschiedenfarbigen Felsen versetzt, ... aber wenn wir auch nicht mit der Starrheit ausländischen Marmors protzen, so zeigt doch meine Hütte und mein bescheidenes Haus die Kühle einheimischen Gesteins.

An diese Basilika schließt sich draußen als Anhängsel ein Schwimmbassin oder, wenn ich mich griechisch ausdrücken soll, ein *Baptisterium* von Osten her an, das über 20 000 Liter faßt. Hierhin öffnet sich denen, die ausgewaschen aus der Hitze kommen, die zwischenliegende Wand in bogenförmigen Unterbrechungen zu einem dreifachen Zugang. Und nicht Pfeiler stehen dazwischen, sondern Säulen, die ja erfahrene Baumeister den Königsschmuck der Bauten genannt haben. In dies Schwimmbassin also führt eine Leitung, die im Bogen an den äußeren Seiten des Beckens herumgeht, das dem Berggipfel entzogene Wasser; sechs Wasserspeier lassen es aus Löwenköpfen hervorströmen.

Wenn hier den Hausherrn der Schwarm der Gäste und der Diener umsteht, müssen die Leute sich in die Ohren schreien, weil man von dem Lärm des herabstürzenden Wassers die ausgetauschten Reden nicht verstehen kann."

Die Einstellung der Menschen zum Badeleben, zum Körperlichen hat sich gewandelt. „Hier stellt sich nicht durch nackte, wenn auch schön gemalte Körper eine schamlose Geschichte zur Schau, die zwar der Kunst, aber nicht dem Künstler zur Ehre gereicht..." So dachte man in den früheren Jahrhunderten nicht. Aber: Der Bischof Sidonius scheut sich nicht, im lateinischen Text das Wort „baptisterium" für ein Schwimmbassin zu gebrauchen und hat offensichtlich an einer schönen Badeanlage und ihrer Ausstattung Gefallen. Umbruch der Zeiten, Änderung der Sitten und Gebräuche deutet dieser Bericht an.

Je nach den politischen Verhältnissen in den einzelnen Provinzen des Weströmischen Reiches begann der langsame Verfall des luxuriösen Badelebens. Die *balnea* und auch die kleineren Heilbäder blieben sicherlich noch bis weit in das 6. Jh. und in beschränktem Umfang sogar bis ins 7. Jh. im Betrieb.

Bei den großen Anlagen mußte häufig wegen Mangel an Wasser, Heizmaterial und Bedienungspersonal der Betrieb stark verringert oder ganz eingestellt werden. Bei manchen Thermen, wie z. B. in *Trier*, wurde eine Funktionsänderung durch Umbau erreicht.

Allmählich erlosch auch das Interesse an derartigen Badeanlagen, weil nun den Menschen völlig anderer Art und Herkunft das Verständnis fehlte. Die stattlichen Gebäude verfielen zusehends. Als ungeschützte Ruinen, jedermann zugänglich, wurden sie ihres kostbaren Materials und der Inneneinrichtungen beraubt. Dieser Prozeß der Plünderung zog sich bis in die Neuzeit hinein fort. Naturkatastrophen (z. B. Erdbeben) ließen die Gewölbe einstürzen, oder durch Absenkung von Küsten verschwand ein Teil der Thermenanlagen im Meer.

Byzanz und Ostrom

330 n. Chr. hatte Constantin I. *Byzanz* als *Constantinopolis* zur neuen Hauptstadt des Römischen Reichs geweiht. Diese Verlegung der Hauptstadt von Rom an den Bosporus entsprach der Verlagerung der Gewichte des Geschehens und der Hauptfronten des äußeren Abwehrkampfes, die in den Balkanprovinzen, in Armenien und Syrien lagen.

Constantin selbst hatte für das Christentum optiert. Dieser Glaube war in Syrien, Kleinasien und Ägypten bereits vor seiner staatlichen Anerkennung stark. Die östliche Reichshälfte war wirtschaftlich überlegen, und Constantinopel hatte für sich die außerordentliche Gunst der Lage an der Kreuzung des Landhandelsweges vom Donaubecken zum Euphrat und der seestrategisch so wichtigen Meerengen zwischen Schwarzem Meer und Mittelmeer.

Die Wahl von Byzanz zur neuen Reichshauptstadt wirkte sich wie eine Synthese zwischen römischer Herrschaftsordnung, griechischem Christentum und hellenistisch-orientalischer Kultur aus, wie eine Klammer zwischen Ost und West, wenigstens noch im 4. Jh. n. Chr. Byzanz (Constantinopolis) wurde die Hauptstadt eines mehr als tausendjährigen Reiches. Seine Lage wirkte bis in die Gegenwart häufig als ein dominierendes Agens in der Politik der jeweiligen Epoche.

Im Stadtplan Constantins war Byzanz wie das alte Rom in 14 Stadtregionen gegliedert, mit einem Capitol, einem Senat, mit Kaiserforen, die die große Triumphstraße, die Mese, verband. Im Zentrum der Stadt standen die Gebäude des Senats, des Kaiserpalastes, die Kasernen der Garderegimenter, die großen Bäder, das Hippodrom und die Sophienkirche.

Kennzeichnend für die Entwicklung des Römischen Reiches – vor allem in der Spätzeit – ist, daß immer wieder hervorragende Persönlichkeiten die Lage stabilisierten. Nach Constantins I. Tod (337) kamen wieder schlimme Zeiten. Julianus Apostata fiel im Feldzug gegen die Sassaniden (363) und Valens in der Schlacht bei Adrianopel (378) gegen die Goten, ein schwerer Schock für das Reich. Theodosius I. bannte die Gotengefahr und stellte die Reichseinheit durch die Überwindung rebellierender Gegenkaiser wieder her. Die kulturellen Leistungen seiner Epoche hat man die „Theodosianische Renaissance" genannt. Als Theodosius 395 in Mailand starb, wurde auf Grund seines politischen Testaments das Reich in zwei Verwaltungseinheiten (*pars Orientis* und *pars Occidentis*) unter der Herrschaft seiner Söhne Arcadius und Honorius geteilt, eine Teilung der Herrschaft, nicht des Reiches. Aber diese Verwaltungseinheiten haben sich rasch zu selbständigen Reichen entwickelt. Das Oströmische Reich erwies sich auf Grund seiner demographischen und wirtschaftlichen Lage als das stärkere und länger dauernde. Die damalige Grenzziehung hatte Folgen, die über Jahrtausende wirkten. So unterlag der größte Teil des slawischen Balkans byzantinischem und nicht römischem Kultureinfluß.

Menschliche Gewohnheiten und Sitten ändern sich nicht von heute auf morgen. So wurde trotz Christianisierung unter Führung des Kaiserhauses auf ein üppiges Baden weiter Wert gelegt. Die Thermen von *Constantinopolis* wetteiferten in Größe und Ausstattung mit denjenigen Roms aus dessen Glanzzeit. Leider hat sich von dieser Pracht nichts mehr erhalten. Selbst die Grundmauern der Thermen konnten kaum noch festgestellt werden, weil sie in islamischer Zeit überbaut wurden.

Die *Thermen des Zeuxippos*, zwischen Hippodrom und Sophienkirche gelegen, entstanden bereits Ende des 2. Jh. n. Chr. Sie wurden unter Constantin I. erneuert, aber 532 durch Brand zerstört. Sie waren durch ihre zahlreichen Statuen und Kunstwerke aus Italien, Griechenland und Kleinasien berühmt. Diese Kunstwerke wurden von Christodoros um 500 n. Chr. in einer Schrift ausführlich beschrieben.

In den byzantinischen Stadtbezirken zeugen zahlreiche *balnea* von der Bedeutung des Bades als körperliches Reinigungsmittel.

Man benutzte die alten römischen Bauten weiter und baute sich neue Bäder nach eigenem Geschmack und Bedarf.

Freilich änderte sich das geistige Klima. Das hatte seinen Einfluß auf die Lebensgewohnheiten und auf die Vorstellungen von Lebensqualität. Zwischen 325 und 451 wird die christliche Lehre und ihre Dogmen, Glaubensbekenntnis und Christologie, sowie das Verhältnis des Bischofs von Rom zu dem von Byzanz in den vier Konzilen von Nicaea (325), Konstantinopel (381), Ephesos (431) und Chalkedon (451) festgelegt. Schon die Wahl der Städte ist interessant.

Die Probleme des Glaubens müssen die damaligen Zeitgenossen sehr bewegt haben. Dies zeigt ein Bericht des Bischofs Gregor von Nyssa aus dem Jahre 382 [22]: „Die Stadt *(Constantinopel)* ist voll von Leuten, die unbegreifliche und unverständliche Dinge reden, auf allen Straßen, Markthallen, Plätzen und Kreuzungen. Gehe ich in einen Laden und frage, wieviel ich zu zahlen habe, dann bekomme ich zur Antwort einen philosophischen Vortrag über den gezeugten oder nicht gezeugten Sohn des Vaters. Erkundige ich mich in einer Bäckerei nach dem Brotpreis, so antwortet mir der Bäcker: ‚Der Vater ist ohne Zweifel größer als der Sohn', und frage ich in den Thermen, ob ich ein Bad bekommen kann, dann versucht mir der Bademeister zu beweisen, daß der Sohn ohne Zweifel aus dem Nichts hervorgegangen sei."

Christliche Taufkirchen (Baptisterien) und jüdische Bäder (Mikwe)

Wir schilderten die Entstehung des antiken Badewesens aus seinen sakralen Wurzeln (s. S. 2 ff.). Auch am Ende der Antike schaffen religiöse Vorstellungen und sakrale Riten neue Bauaufgaben. Davon zeugen die vielen Baptisterien. Das Untertauchen im Taufbecken hat die sakrale Bedeutung symbolischer Reinigung. In den frühen Zeiten des Christentums wurde eine vorhergehende körperliche Reinigung in einem einfachen Bad gefordert. An verschiedenen Stellen sind in unmittelbarer Nähe von Taufkirchen solche *balnea* gefunden worden, z. B. in *Djemila* oder in *Riva S. Vitale* (südliches Tessin).

Auch gibt es Beispiele, daß christliche Kirchen auf den Fundamenten von Thermen entstanden. Nach der Überlieferung wurde der Stadtheilige von *Thessalonike*, Demetrios, der in seinen jüngeren Jahren ein hoher römischer Würdenträger war, im Jahre 306 unter Kaiser Maximian in den Heizgewölben der öffentlichen Thermen eingekerkert und erlitt dort den Märtyrertod. Eine kleine Kirche wurde über den Bädern errichtet, die später durch die große Demetriosbasilika ersetzt wurde. Nach einem gewaltigen Stadtbrand während des Ersten Weltkriegs wurden bei der Wiederherstellung der Kirche im Bereich ihres Untergeschosses und im Kern der Basilika Mauerreste einer großen Thermenanlage aus dem 2. bis 3. Jh. entdeckt, die eine unmittelbare Verbindung zum Stadion hatte, wie es die Legende berichtet.

Auf den Grundmauern einer römischen Therme wurde in *Enns-Lorch*, dem antiken *Lauriacum*, die St. Laurentiuskirche errichtet. Lauriacum wurde Ende des 2. Jh. der Standort der Legio II Italica.

In *Sofia* wurde ebenfalls eine christliche Kirche, die alte Georgskirche, auf den Grundmauern einer Thermenanlage errichtet.

Das jüdische *Ritualbad, die Mikwe*, hat durch alle Jahrhunderte hindurch seine Bedeutung gewahrt (s. S. 36 *Masada*). In *Friedberg* in Hessen ist aus dem Mittelalter ein Judenbad als eine religionsgeschichtliche und architektonische Kostbarkeit vollständig erhalten geblieben. Vor einiger Zeit hat man ähnliche Anlagen in der Nähe des Rathausplatzes in *Köln* und in der Altstadt von *Speyer* freigelegt. Auch in *Worms* ist eine Mikwe (von 1185/86) erhalten geblieben.

Bella Chagall gibt von dem Vorgang und der Bedeutung der Mikwe eine eindrucksvolle Schilderung. In ihren Erinnerungen schildert sie, wie sie in Witebsk mit ihrer Mutter zum Bad fährt: „Auf der Straße steht der Schlitten, der uns zum Bade fährt. Der Kutscher, immer derselbe – er hat seinen Warteplatz unserm Haus gegenüber –, weiß, daß Mama jeden Donnerstag um die gleiche Zeit zum Badehaus fährt." Mutter und Tochter werden eingeseift, gerieben und geknetet und mit lauwarmem Wasser überschüttet. Zum Schluß seufzt die Badefrau erleichtert: „So, jetzt glänzt du wie ein Diamant, Babuschka!".

Bella schreibt weiter: „Nachdem Mama dies hinter sich gebracht hat, hebt die alte Badefrau den Kopf und sagt leise: ‚Alta, jetzt gehen wir ins rituelle Bad.' Mama hält den Atem an, als hätte die Alte ein Geheimnis ausgeplaudert. Beide Frauen erheben sich langsam, richten sich auf, seufzen tief, als seien sie im Begriff, das Allerheiligste zu betreten. Die Umrisse ihrer weißen Gestalten verschwimmen im Dunkeln. Ich fürchte mich, in dieses Bad hinüberzugehen. Man muß einen heißen Raum durchqueren, wo auf langen Bänken gemarterte Wesen liegen. Sie werden mit Birkenreisern gepeitscht, auf denen Wassertropfen glitzern, und stöhnen, als würden sie auf glühenden Kohlen geröstet. Die Hitze dringt mir in den Mund, schnürt mir das Herz zusammen. Das ist die Hölle für solche, die viel gesündigt haben, sage ich mir, laufe schnell hinter Mama her ins rituelle Bad und bin nun in einem Raum, so düster wie in einem Gefängnis.

Auf einem kleinen Steg steht die alte Badefrau, hält ein brennendes Licht und ein leinenes Tuch. Mama – mir ist angst um sie – steigt schweigend die glitschigen Stufen hinunter, immer tiefer ins Wasser hinein, bis es ihr an den Hals reicht. Als die Alte einen Segen spricht, zuckt Mama wie eine Verurteilte zusammen. Sie schließt die Augen, hält sich die Nase zu und taucht ganz im Wasser unter wie – Gott behüte – für ewige Zeiten.

‚K o o scher', ruft die Alte mit der Stimme eines Propheten. Ich zucke zusammen wie vom Donner gerührt, stehe bebend da und warte. Gleich wird von den schwarzen Balken der Decke ein Blitz niederfahren und uns alle töten. Oder aus der steinernen Wand werden sich Fluten ergießen und uns alle ertränken.

,K o o scher', ruft die Alte abermals. Wo ist meine Mutter? Ich höre kein Rauschen mehr. Da plötzlich, als scheide sich das Wasser des Teichs, taucht der Kopf meiner Mutter aus der Tiefe empor. Sie trieft und schüttelt sich, als käme sie vom Meeresgrund zurück. Ich kann es kaum mehr ertragen, zu warten, bis die Alte zu schreien aufhört, bis Mama nicht mehr untertauchen muß. Sie ist doch längst müde. Aus ihren Haaren, ihren Ohren rinnt Wasser.

,Gesundheit und langes Leben, Alta, möge es Ihnen wohl bekommen!' Nun lächelt auch die alte Badefrau. Ihre dürren Arme heben das Leintuch in die Höhe. Mama wickelt sich ein wie in weiße Flügel und lächelt wie ein Engel."

XII. DIE ISLAMISCHEN BÄDER

Omajadenschlösser

Das islamische Bad setzt von allen nachrömischen Badeeinrichtungen und -anlagen am getreuesten die römische Tradition fort, allerdings wieder mit enger ritualer Bindung, die den semitischen Völkern gemäß war, wie wir in der Entwicklungsgeschichte des Bades darstellten.

Für den Assimilationsprozeß zwischen römischem Erbe und den neuen sich formenden islamischen Staaten sind die zahlreichen Wüstenschlösser – oft Jagdschlösser – der Omajadenzeit von besonderer Bedeutung. Untersuchungen und Ausgrabungen in jüngster Zeit lassen uns ihre ursprüngliche Form rekonstruieren. Als Beispiele seien zwei genannt.

Khirbat al Mafjar (bei Jericho): Auf der Ostseite des Baukomplexes scheint ein offener Hof mit Arkaden gelegen zu haben, der eine größere Fläche einnimmt als der Palast selbst. Zu den angrenzenden Gebäuden gehört eine Moschee, ferner ein weiter Hof und ein vom Entwurf her großartiges, reich ausgeschmücktes Bad. Man findet solche dem Palast zugeordneten Badeanlagen nicht selten, wenn auch das Beispiel von Khirbat al Mafjar dadurch eine Sonderstellung einnimmt, daß es einen selbständigen, fast monumental zu nennenden Bau mit gewölbter, überkuppelter Halle und einem stattlichen Torturm bildet, der mit Skulpturen, unter anderem einer Figur, die den Kalifen selbst darstellen mag, geschmückt ist. Z 84

Quasr Amrah (südöstlich von Amman in der jordanischen Wüste): Unweit al Mushattah liegt der wesentlich kleinere, wohl nach 711 erbaute Palast. Das Schloß ist nur eingeschossig. An die T 76a

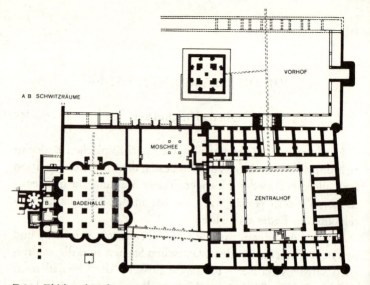

Z 84 Khirbat al Mafjar, Jordantal: Wahrscheinlich unter Hischam (739–743) erbaut. Wüstenschloß mit aufwendiger Badeanlage [24].

Empfangshalle grenzt ein Bad mit einem Kuppelraum an. Dieser Raum ist mit Tierkreisdarstellungen ausgemalt, die wohl mehr symbolische als schmückende Funktion haben.

Bäder in der osmanischen Türkei

Für den Moslem hat das Waschen und Baden eine besondere religiöse Bedeutung. Die strengen Vorschriften des Islam fordern vor dem Betreten der Moschee, vor dem Gebet und vor dem Lesen des Korans eine rituelle Reinigung, eine Waschung. Diese ist unter fließendem Wasser vorzunehmen. Fünfmal am Tag soll der Moslem das Gebet *(Namaz)* vollziehen. Er muß also auch fünfmal die sogenannte „kleine Waschung" vornehmen, d. h. Waschen von Händen und Unterarmen, Waschen des Gesichts,

Befeuchten eines Viertels des Kopfes und Waschen der Füße. Die Reinigung soll in einer bestimmten Reihenfolge durchgeführt werden, begleitet von Gebeten. Die geringste Unterlassung der vorgeschriebenen Regeln kann die Gültigkeit der Waschung aufheben. Eine „große Waschung" läßt sich nur in einem islamischen Bad vollziehen. Vorschrift ist, daß nicht der „kleinste Fleck" am Körper trocken bleiben darf. Nur fließendes Wasser ist dabei zu verwenden. Daher findet man in diesen Bädern *(hamam)* keine Badebecken.

Bäder mit Heizung in der Art der römischen Hypokausten- bzw. Kanalheizung sind in allen arabischen und in den sonstigen islamisch geprägten oder stark beeinflußten Ländern (z. B. Türkei, Indien, Pakistan) errichtet worden. Zahlreiche Bauten dieser Art, die aber nicht mehr als Bäder benutzt werden, kann man in den einst von den Moslems besetzten spanischen Gebieten und den ehemals osmanischen Ländern des Balkans antreffen.

Nach Berichten des Reiseschriftstellers Evliya Çelebi aus der Mitte des 17. Jh. soll es in *Istanbul* etwa 150 öffentliche Bäder gegeben haben. Diese dienten in erster Linie den zu vollziehenden religiösen Ritualen, erst in zweiter Linie der Kommunikation und Entspannung.

Zwei Arten des Bades wurden in der seldschukisch-osmanischen Architektur entwickelt: Das öffentliche Reinigungsbad *(hamam)* und das Heilbad *(kaplidscha)*. In der architektonischen Gestaltung weichen die beiden Arten kaum voneinander ab. Die Heilbäder (Thermalbäder) haben allerdings meist anstelle des unterheizten Fußbodens des *caldarium* ein großes rundes Tauch- und Schwimmbecken, mit Thermalwasser gefüllt. Ein ständiger Zu- und Abfluß ist gewährleistet. Neben dem *tepidarium* befinden sich meist Toiletten- und Enthaarungsräume. Die religiösen Vorschriften fordern die regelmäßige Entfernung der Körperhaare.

In *Bursa* bestand die Möglichkeit, den Betrieb einer mit Holz befeuerten Kanalheizung eines Bades, wie sie in der Antike ver-

T 75 wendet wurde, meßtechnisch zu untersuchen und dadurch gesicherte Erkenntnisse über Brennstoffverbrauch, Temperaturen der Rauchgase, Temperaturverteilung in den Baderäumen und Wirkungsgrade der Heizung zu gewinnen. Die Ergebnisse sind an anderer Stelle veröffentlicht worden [84]. Durch diesen Großversuch konnte die Wirkungsweise einer Bäderheizung, die auf antiken baulichen Grundlagen beruhte, untersucht und durch Messungen belegt werden. Dieser Versuch ergänzt Untersuchungen an Heizungen, die an rekonstruierten römischen Hy-
Z 52 pokausten-Heizungen, z. B. auf der *Saalburg* und in *Furfooz* (Ardennen), durchgeführt wurden.

Schauplatz unserer Versuche war das *„Feigenbaum"bad (Inçirli hamam)* aus dem 14. Jh., das romantisch in der Altstadt von *Bursa* liegt (s. S. 109).

Auch im osmanischen Reich beruhte wie im römischen der Bau großer Anlagen, wie z. B. von Bädern, auf Stiftungen. Der
T 75 a ältseste Bau in *Bursa,* das *Eski Kaplidscha* (altes Heilbad), war eine Stiftung Murads I. (1359–1389). Ein byzantinischer Thermalbau hatte sich früher an gleicher Stelle befunden. Vermutlich hatte dieser einen römischen Vorgänger.

T 75 b Das *Yeni Kaplidscha* (neues Heilbad) ist, wie eine Inschrift besagt, eine Stiftung des Großvezirs Rüstem Pascha, des Schwiegersohns Suleymans des Großen (1520–1566). An dieser Quelle von Gicht geheilt, wünschte Suleyman, daß um diese Heilquelle ein schöner Kuppelbau errichtet würde, ein Wunsch, dem der Schwiegersohn nachkam.

Der Hauptbaderaum hat einen oktogonalen Grundriß. Da es sich um ein Heilbad handelt, befindet sich ein großes, rundes Bassin in der Mitte. Das große Becken hat „siebzig Schuhe" im Umfang. Der Wasserstrahl der Hauptquelle, „drey Zoll" im Durchmesser, ergoß sich ehemals aus dem Rachen eines Löwen, der heute nicht mehr vorhanden ist. Bei dieser Anlage könnte man an den berühmten Löwenbrunnen von *Granada* denken.

In sieben Wänden des Oktogons sind Nischen eingefügt, in

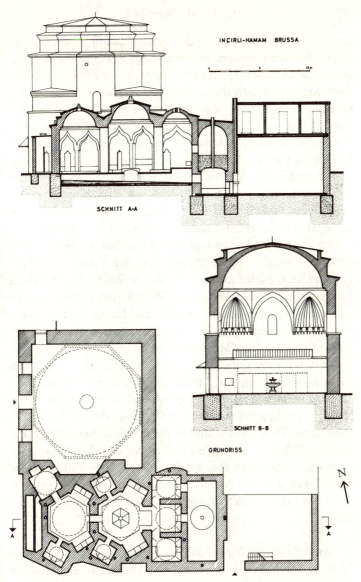

Z 85 Bursa (Prusa ad Olympum): Inçirli Hamam. a) Schnitt durch Eingangshalle (apodyterium), b) Schnitt durch Baderäume A–A, c) Grundriß [79].

denen sich kleine Wasserbecken mit Auslaufhahnen für das Thermalwasser befinden. Der achteckige Raum ist einem Quadrat einbeschrieben. Hinter den Ecknischen entstehen dadurch dreieckige Räume, die durch niedrige Türen an der hinteren Nischenwand erreichbar sind. Sie werden als Schwitzzellen benutzt. Bis zu einer Höhe von 2 Metern sind die Wände mit drei- und sechseckigen Kacheln bedeckt. In jeder Nische zeigen diese Fliesen ein anderes Muster. Die Nische gegenüber dem Eingang ist vollständig gekachelt, sie trägt auch die Stiftungsinschrift. Für den Baumeister war die Gestaltung der großen, meist überkuppelten Eingangshalle wesentlich. Anders als bei den römischen Anlagen wird im allgemeinen keine Symmetrie angestrebt.

Der Zutritt zu den Bädern war jedem Bürger ohne Unterschied des Standes und der Religion zu allen Tageszeiten offen. Es gibt Männerbäder und Frauenbäder, wobei die Bauten für die Frauen, ebenso wie in römischer Zeit, kleinere Abmessungen haben. Häufiger findet man, um Bau- und Energiekosten zu sparen, Doppelanlagen, wie sie schon Vitruv aus diesen Gründen vorschlägt. Eine dritte Möglichkeit ist die zeitliche Trennung der Geschlechter; die Vormittags- und Mittagsstunden stehen den Frauen, Nachmittag und Abend den Männern zur Verfügung. So wird in *Bursa* z. B. im *„Feigenbaum"bad* verfahren.

Es entspricht den Vorstellungen des Islam, daß sich in den Bädern häufig Denksprüche finden, die den Besucher an die Eitelkeit der Welt und die Vergänglichkeit der irdischen Güter erinnern sollen. So lautet eine Inschrift in der *Yeni Kaplidscha* in freier Übersetzung: „Auf Kleider sei nicht stolz, denn was ist wohl das Leben? Ein Saal, wo jeder muß des Leibes Kleid abgeben."

Am Ende unsrer Darstellung des Badewesens mag die äußerst lebendige Schilderung Helmuth von Moltkes in einem seiner Briefe aus der Türkei stehen. (Er stand von 1835 bis 1839 in türkischen Diensten.) Seine eigene Erfahrung faßt gleichsam zusammen, was die Menschen im Mittelmeerraum im Bade und durch das Bad erlebten. Moltke schreibt:

„Am Abend des zweiten Tages erreichten wir *Schumla*. Hunger, Kälte und Ermüdung nach vierzehnstündigem Ritt schüttelten mir die Glieder mit Fieberfrost, als ich in der Karawanserei abstieg, und die kurzen Steigbügel des Tartarensattels hatten meine Beine fast gelähmt. Man schlug mir vor, ins *Hamam* oder das türkische Bad zu gehen. Da ich von diesem Bad noch keine Vorstellung hatte, so schleppte ich mich mühsam dahin, um es wenigstens zu sehen. Wir traten in ein weites, hohes Gewölbe, in dessen Mitte ein Springbrunnen plätscherte, der mir die Kälte sozusagen anschaulich machte, welche in diesen Räumen herrschte. Ich verspürte nicht die geringste Versuchung, nur das kleinste Stück meiner Toilette abzulegen. Überdies sah ich durchaus keine Badewanne und dachte mit Schrecken an den Springbrunnen und seine Eiszapfen. Mit Erstaunen erblickte ich auf der hölzernen Estrade, welche rings das Gemach umgab, mehrere Männer auf Teppichen und Matratzen liegen, bloß mit einem dünnen Leinentuch zugedeckt, behaglich die Pfeife rauchend, und sich wie an einem schwülen Sommertag an der Kühle labend, die mir in diesem Augenblick so entsetzlich schien. Der Badewärter, der in unsern bedenklichen Mienen las, führte uns in ein zweites Gewölbe, in welchem schon eine ganz anständige Hitze war. Hier bedeutete man uns durch Zeichen, daß wir uns entkleiden möchten. Man wickelt sich ein halbseidenes blaues Tuch um die Hüften und bekommt ein Handtuch als Turban um den Kopf, von welchem angenommen wird, daß er nur aus Versehen nicht geschoren ist. Nach dieser Einkleidung schob man uns in eine dritte gewölbte Halle hinein, deren marmorner Fußboden so stark geheizt war, daß man ihn nur auf hölzernen Pantinen – *Galendschi* – betreten konnte.

Unter der Mitte der Kuppel, durch deren sternförmige, mit dickem Glas geschlossene Öffnungen das Tageslicht eindringt, erhebt sich ein zwei Schuhe hohes Plateau, mit Marmor, Jaspis,

Porphyr und Achat reich ausgelegt, auf welches man sich behaglich hinstreckt. Der *Telektschi* oder Badewärter schreitet nun zu einer ganz eigentümlichen Prozedur. Der ganze Körper wird gerieben und alle Muskeln gereckt und gedrückt. Der Mann kniet einem auf die Brust oder fährt mit dem Knöchel des Daumens das Rückgrat herab. Alle Glieder, die Finger und selbst das Genick bringt er durch eine leichte Manipulation zum Knacken. Wir mußten oft laut auflachen, aber der Schmerz nach dem mühseligen Ritt war verschwunden. Durch Klatschen in die Hände gibt der *Telektschi* das Zeichen, daß er mit seiner Operation fertig ist. Man begibt sich nun in die kleinen, noch stärker erwärmten Zellen, welche die große Halle umgeben. Hier sprudelt klares Wasser in Marmorbecken, und zwar nach Belieben aus zwei Hähnen warmes und kaltes. Der Patient wird nun demselben Verfahren unterworfen wie die türkischen Pferde beim Striegeln, indem nämlich der Wärter einen kleinen Sack aus Ziegenhaar – *Gebrek* – über die rechte Hand zieht und damit den ganzen Körper anhaltend überfährt. Dies ist allerdings eine gründliche Reinigung, und man möchte sagen, daß man noch nie gewaschen gewesen ist, bevor man nicht ein türkisches Bad genommen hat. Der *Telektschi* erscheint nun aufs neue mit einer großen Schüssel mit wohlriechendem Seifenschaum. Mittels einer großen Quaste aus den Fasern der Palmrinde seift er seinen Mann vom Scheitel bis zur Fußsohle, Haare, Gesicht, alles ein, und mit wahrem Vergnügen gießt man sich dann das kalte Wasser über Kopf, Brust und Leib. Jetzt ist man fertig. Statt der durchnäßten Tücher erhält man trockene, über dem Feuer erwärmte Tücher umgewickelt, einen Turban auf den Kopf und ein Laken über die Schultern; denn die größte Dezenz wird beachtet. B. und ich erkannten uns in dieser Maskerade kaum wieder und mußten einer über den andern lachen. Wir streckten uns nun in der Eingangshalle so behaglich hin, wie wir es von den Türken gesehen. Man schlürft einen *Scherbet,* Kaffee oder die Pfeife und empfindet die Kälte nur als angenehme Erfrischung. So innerlich durchwärmt ist der Körper. Die Haut fühlt sich äußerst glatt und geschmeidig an und es ist gar nicht zu beschreiben, wie erquickend und wohltätig ein solches Bad auf große Ermüdung wirkt. Nach einem köstlichen Schlaf setzen wir am folgenden Morgen unsern Ritt so frisch fort, als ob wir noch keine Anstrengungen gehabt hätten..."

GLOSSAR

Im Glossar sind einige römische, griechische und türkische Begriffe erläutert. Die in einigen Fällen angegebene Seitenzahl bezieht sich auf eine ausführliche Erklärung des Wortes im Text. Antike Orte sind nur ausnahmsweise hier aufgenommen, wenn eine Erläuterung nötig war.

aedicula: Nische, meist zur Aufnahme eines Götterbildes.
Aizanoi: etwa 54 km von Kütahyia, Türkei (in der antiken Provinz Phrygien).
alepterium: Raum für das Einölen des Körpers.
Alexandria Troas: von Antigonos, der als Diadoche Kleinasien beherrschte, südlich von Troja gegründet, war in der späteren Kaiserzeit eine wichtige Stadt.
Aphrodisias: im Vandalastal, Nebenfluß des Mäander (Büyük Menderes Nehri) bei Karacasu, Türkei.
apodyterium: Umkleideraum.
Apollonia: bei Kyrene (Libyen). Es gab mehrere Städte gleichen Namens.
Aquädukt: brückenartige Überführung einer Wasserleitung über ein (Fluß-)Tal.
aquarii: Sklaven, die für die Wasserversorgung arbeiten.
Arsameia: am Nymphaios Residenzstadt im assyrischen Königtum Kommagene, Osttürkei/Syrien.
Asklepieion: eine dem Heilgott Asklepios geweihte Kuranlage.

balnea, balaneion, balneae: Bäder. Beschreibung s. S. 41.
balnea aestiva: Bäder, die im Sommer,
balnea hiemalia: solche, die im Winter benutzt wurden.

Baptisterium: Taufkirche (christliches Ritualbad).
basilika: große Halle.
Bostra: das „Bosora" der Bibel, unter Trajan „Nova Trajana Bostra"; Karawanenkreuzungspunkt, Hauptstadt der Provinz „Arabia", heute Eski Scham, Haurangebiet, Syrien.
Bougrara: Gigthi, Golf von Gabès, Tunesien.
bouleuten: Ratsherren.
bouleuterion: Rathaus.
Bulla Regia: „colonia" in der Provinz Africa proconsularis seit Hadrian in der Nähe von Hammam Daradji, Tunesien.
Bursa, Brussa, prusa ad Olympum: Bursa, vor der Eroberung von Byzanz Hauptstadt der osmanischen Türkei (römische Provinz Bithynien).

caldarium: Warmbaderaum.
canabae (legionis): alles, was für die Bewirtschaftung des Lagergebiets einer militärischen Einheit und für die Bedürfnisse der Besatzung erforderlich ist (Budendorf der Marketender, Lagerkneipen, Händler, Prostituierte).
Carnuntum: Legionslager, Hauptstadt der Provinz „Pannonia Superior" zwischen Petronell und Deutsch Altenburg an der Donau, Österreich.
castellum (dividiculum): Wasserschloß, Verteiler einer Wasserleitung („Wasserturm"), s. S. 149.
cerona: Salbe zum Einreiben vor dem Ringkampf.
certamen binarum: Wettrennen zwischen zwei Wagen.
cinctus: eine Art Badehose, unter der toga.
Claudiopolis: Stadt in Bithynien, deren Lage noch nicht eindeutig identifiziert wurde.
clavus: Randbesatz der toga.
curator aquarum: Direktor der Wasserversorgung.

dalmatica: Ärmeltunika, die später als Priester- und Diakongewand benutzt wurde.

destrictarium: Raum zum Entfernen der Körperhaare, noch heute in den islamischen Bädern häufig zu finden.

diaulos: (griech.) rechteckig geführte, überdeckte Doppelbahn im gymnasion.

Dilmun: Altorientalisches Kultur- und Herrschaftsgebiet an der Küste und den Inseln des Persischen Golfs auf arabischer Seite, dessen Zentrum von G. Bibbit auf den Bahraininseln identifiziert wurde.

Dinogetia: römisches Kastell am rechten Ufer der unteren Donau, gegenüber des heutigen Galatz, Rumänien.

Dougga, Dugga, Thugga: ursprünglich punische Siedlung, später römische Stadt, in der Nähe von Teboursouk, Tunesien.

dromos: Laufbahn (paradromos): Doppellaufbahn der palästra.

Dura Europos: Diadochengründung (Seleukos) am mittleren Euphrat an einer wichtigen Straße. Karawanenknotenpunkt, später in der römischen Provinz Mesopotamia (Trajan), 272 n. Chr. geräumt. Heute Qualat es Salihiya, Syrien.

elaeothesium: Salbölkammer.
endromis: Sportstiefel.
ephebeum: Jünglingshalle am Gymnasium.
exedra: halbkreisförmiger oder polygonaler Ausbau.

familia aquarum: alle, die für die Wasserversorgung arbeiten.
follis: großer, weicher Ball.
frigidarium: Kaltbaderaum.

Gorsium: Straßenknotenpunkt in der Provinz Pannonia Inferior, etwa 50–60 km von der Donau, unter Maximian in Herkulia umbenannt, nach der Zerstörung 260 n. Chr. durch die Sarmaten wiederaufgebaut.

gymnasion (röm. Gymnasium): Sportanlage (Ringschule) zusammen mit einer oder zwei Laufbahnen (dromos, diaulos), diente auch der geistigen Schulung und Bildung, s. S. 75.

Hamam (hamam): öffentliches Bad in der Türkei.
harpaston: kleiner, harter Ball.
Heraclea: bei Bitolj, Jugoslawien. Es gab im Römischen Reich viele Städte dieses Namens.
Hierapolis: Pamukkale bei Denizli, Türkei. Es gab viele Städte dieses Namens im Römischen Reich.
himation: viereckiges Tuch aus Wolle oder Leinen.
hypokausis, hypokaustum: Unterflurheizung, s. S. 18.

insula: auf vier Seiten von Straßen umgebener Hausblock (meist Miethaus).

Kaplıça (Kaplidscha): türkisches Heilbad.

lacerna: fransenbesetzter offener Mantel, eine Sonderform des sagum (Umhang).
laconicum: Heißluftbad.
leitourgia: die Übernahme einer Leistung und deren Kosten für die Allgemeinheit durch Private.
lintea: Leintücher.
loutron: griechisch = Bad.
lupanar: Freudenhaus, Bordell.

Madaurus: numidisch-römische Stadt in der Nähe von Montesquieu, Algerien.
Magdalensberg (Bad): keltisch-römische Bergstadt bei St. Michael am Zollfeld (Kärnten), Österreich.
Mari: Stadt am mittleren Euphrat, heute Tell Hariri, Syrien. Wichtiger Außenposten der Handelsstraße Babyloniens zum Mittelmeer. Große Palastanlage und Archive, ausgegraben durch A. Parot.
Masada: Festung am Toten Meer, Israel.
meta(metae): die Wendemale des römischen circus, meist in Form von drei Säulen.

Mikwe: jüdisches Ritualbad.
Mohenjo Daro: Stadt der Harappakultur am Indus, Pakistan.
Mulciber: anderer Name des Vulcanus, Gott des Feuers.
munera: lateinisch für leitourgia (s. d.).

natatio: Schwimmbecken.
Nymphaeum: ursprünglich Heiligtum der Quellnymphen, in der römischen Kaiserzeit Bezeichnung für monumentale Brunnenanlagen.

Oea: in der „provincia Tripolitania" an der Küste gelegene antike Hafenstadt.
opus caementitium: Füllmauerwerk.
opus incertum: Bruchsteinmauerwerk (Vitruv 2, VIII, 1–10).
opus mixtum: Mauerwerk aus Bruchsteinen und mehrfachem Ziegeldurchschuß.
opus musivum: Mosaikfußböden.
opus reticulatum: Netzmauerwerk aus würfelartigen Bruchsteinen.

palaestra: rechteckiger, von Säulengängen eingefaßter Hof mit verschiedenen Anbauten. Ausführlich s. S. 75, 85, 91.
pallium: Überwurfmantel, bei Frauen palla genannt.
pavimentarii: Estrichverleger.
peculium: Übertragung von Verwaltung, Nutzung oder beschränkter Verfügung von und über Besitz durch Unfreie.
pelota: Schlagballspiel.
peristyl: offener Hof, meist von einem Säulengang umzogen.
Petra: alte Nabatäerhauptstadt in der jordanischen Wüste.
piscina natatoria: natatio, Schwimmbecken.
praefurnium, propnigeion: Feuerstelle, lateinisch, griechisch. Ausführlich s. S. 19 ff., 155 ff.

Sabratha: phönizisch-römische Hafenstadt, von Justinian zur Festung ausgebaut, ca. 80 km westl. Tripolis, Libyen.
sapo, saponarius: ausführlich s. S. 106 ff.
schola labri: apsisartige Nische mit Wasserbecken (Vitruv 5, 10, 4); labrum: Becken, meist Waschbecken mit vollem, nach außen gebogenem Rand aus Erz oder Marmor.
sella: Sessel.
Sirmium: Hauptstadt von Illyricum, Verkehrsknotenpunkt an der Save, heute Sremsca Mitrovica, Jugoslawien.
situla: Eimer.
strigilis: metallenes Schabegerät.
subligaculum: Schurz unter der toga.
subucula: Unterhemd.
subura: stark bevölkertes, ärmliches Viertel im antiken Rom.
sudatorium (concamerata sudatio): Heißluftbad (= laconicum).

tegula mammata: Warzenziegel zur Bildung der Wandhohlräume über den Hypokausten, s. S. 21.
tepidarium: mäßig warmer Raum, s. S. 99.
tessellae (opus tesselatum): Stein- oder Glaswürfel zur Herstellung von Mosaiken (opus musivum).
tesserae: Würfel.
testudo: Kupfergefäß in Form eines Schildkrötenpanzers zur Wassererwärmung, s. S. 153.
Teurnia: Stadt in Noricum am Drauufer, heute St. Peter im Holz bei Spittal (Kärnten), Österreich.
thete: Tagelöhner.
therma loutra: griechisch Warmbäder.
tholos: Rundbau.
tintinnabulum: Glocke zum Anzeigen der Badezeiten.
toga: das Gewand des römischen Bürgers (vermutlich etruskischen Ursprungs).
trigon: Ballspiel zu dritt.

trochus: Metallreifen zum Spiel.
tubuli: Wandheizungsröhren, s. S. 21.
tunica: ärmelloses Woll- oder Leinenhemd, Untergewand.

Utica: an der Mündung des Medjerda (antik Bagradas), heute etwa 10 km von der Küste Tunesiens.

xystos: überdachte Laufbahn im Gymnasium, s. S. 76.

Zaghouan am Djebl Z.: Quellheiligtum, Tunesien. Beginn der Wasserleitung nach Karthago.

LITERATURVERZEICHNIS

Allgemeine Werke zur Geschichte und Kunst

(1) F. Altheim, Gesicht vom Abend und Morgen, Fischerbücherei Nr. 79, Frankfurt 1955.
(2) F. Altheim, Die Krise der alten Welt, Berlin 1943.
(3) F. Altheim, Reich gegen Mitternacht, rde Bd. 5.
(4) Archaeologia Mundi (Nagel Verlag München, Genf, Paris): insbesondere die Bände Rumänien, Zypern, Anatolien, Byzanz, Griechenland, Kreta, Rom, Syrien.
(5) G. F. Bass, Archaeology Under Water. Dtsch.: Bastei-Lübbe Nr. 64021.
(6) Bottéro/Cassin/Vercoutter, The Near East: The Early Civilizations, London 1967.
(7) E. Brunner-Traut, Die alten Ägypter, Stuttgart 1974.
(8) J. Burckhardt (Text), Das antike Rom, Bern 1948.
(9) H. Busch/G. Edelmann (Hrsg.), Römische Kunst (Monumente alter Kulturen), Frankfurt 1968.
(10) Byzanz (Monumente großer Kulturen), Wiesbaden 1976.
(11) J. Carcopino, Rom, Leben und Kultur in der Kaiserzeit, Stuttgart 1977.
(12) J. Charbonneaux/R. Martin/F. Villard, Das hellenistische Griechenland (Die griechische Kunst, Bd. IV), München 1977.
(13) F. Coarelli/P. L. Nervi, Rom (Monumente großer Kulturen), Wiesbaden 1974.
(14) L. Deuel, Flug ins Gestern. Das Abenteuer der Luftarchäologie, München 1977.
(15) P. M. Duval, Gallien, Leben und Kultur in römischer Zeit, Stuttgart 1979.
(16) F. M. Feldhaus, Die Technik, ein Lexikon der Vorzeit, der geschichtlichen Zeit und der Naturvölker, München 1970.
(17) M. I. Finley, Die Sklaverei in der Antike, München 1981.
(18) M. I. Finley, Die antike Wirtschaft. dtv Bd. 4277.
(19) Fischer Weltgeschichte, Bd. 2: Die altorientalischen Reiche I.
(20) Fischer Weltgeschichte, Bd. 3: Die altorientalischen Reiche II.
(21) Fischer Weltgeschichte, Bd. 4: Die altorientalischen Reiche III.
(22) Fischer Weltgeschichte, Bd. 6: Der Hellenismus und der Aufstieg Roms.
(22a) Fischer Weltgeschichte, Bd. 9: Die Verwandlung der Mittelmeerwelt.

Literaturverzeichnis

(23) Führer zu vor- und frühgeschichtlichen Denkmälern, Bd. 1–41.
(24) E. Grube, Welt des Islam (Schätze der Weltkunst), Gütersloh 1968.
(25) Haeder/Reichow, Lexikon der Heizungs-, Lüftungs- und Klimatechnik, Berlin 1971.
(26) H. W. Haussig, Kulturgeschichte von Byzanz, Stuttgart 1959.
(27) A. H. M. Jones, The Greek City from Alexander to Justinian, Oxford 1967.
(28) E. Kirsten/W. Kraiker, Griechenlandkunde I, II. Heidelberg 1967.
(29) Kunst der Welt (Schweizer Verlagshaus, Zürich): insbesondere die Bände Spätantike und frühes Christentum; Hellenismus; hellenisierter Orient.
(30) J. G. Landels, Die Technik in der antiken Welt, München 1979.
(31) H. Lewandowski, Römische Sittengeschichte, Wiesbaden o. J.
(32) H. Licht, Sittengeschichte Griechenlands, Wiesbaden o. J.
(33) Ministero della pubblica istruzione, direzione generale delle antichitá e belle arti (Istituto poligrafico dello stato), Rom:
   a) A. Maiuri, Capri
   b) G. V. Gentili, Die kaiserliche Villa bei Piazza Amerina
   c) A. Maiuri, Die Altertümer der phlegräischen Felder
   d) G. Mancini, Die Villa Hadrians und die Villa d'Este
   e) P. C. Sestieri, Paestum
   f) P. Romanelli, Der Palatin
   g) A. de Agostino, Fiesole
   h) A. Maiuri, Herculaneum
   i) A. Maiuri, Pompeji
   k) G. Calza/G. Becatti, Ostia
   l) S. Aurigemma, Die Diocletiansthermen und das Nationalmuseum in Rom
   m) G. Pesce: Il Museo Nazionale di Napoli
(34) A. Momigliano, Hochkulturen im Hellenismus, München 1979.
(35) A. Neuburger, Die Technik des Altertums, Leipzig 1921.
(36) Der Kleine Pauli, Lexikon der Antike, bearb. und hrsg. von K. Ziegler und W. Sontheimer, München 1964.
(37) G. Picard, Rom (Große Kulturen des Altertums), Genf 1975.
(38) Pleticha/Schönberger (Hrsg.), Die Römer, Gütersloh 1977.
(39) J. A. H. Potratz, Die Kunst des alten Orient, Stuttgart 1961.
(40) Propyläen Kunstgeschichte (Berlin 1977):
   a) B. Brenk, Spätantike und frühes Christentum;
   b) Th. Kraus, Das römische Weltreich.
(41) Propyläen Weltgeschichte, hrsg. von Golo Mann und Alfred Heuss, Berlin 1961.
(42) Recknagel/Sprenger, Taschenbuch für Heizung, Lüftung, Klimatechnik, München 1968.

(43) W. Sandermann, Das erste Eisen fiel vom Himmel. Die großen Erfindungen der frühen Kulturen, München 1978.
(44) D. und R. Whitehouse, Lübbes archäologischer Weltatlas, Bergisch-Gladbach 1976.
(45) H. Wimmer/M. Vilimková, Africa Romana, Baden-Baden o. J.
(46) I. M. Wissel/B. Cichy, Rom, Veduten des 14.–19. Jahrhunderts, Rom 1959.
(47) R. Wood/M. Wheeler, Römisches Afrika, München 1968.
(48) W. Zinserling, Die Frau in Hellas und Rom, Stuttgart 1972.

Ausstellungskataloge

(49) Rom in Karthago, Katalog der Ausstellung des Römisch-Germanischen Museums in Köln Okt.–Dez. 1964.
(50) Römer am Rhein. Katalog der Ausstellung des Römisch-Germanischen Museums Köln April–Juni 1967.
(51) Römer in Rumänien. Katalog der Ausstellung des Römisch-Germanischen Museums Köln und des Historischen Museums Cluj, Februar–Mai 1969.
(52) Historische Schätze aus der Sowjetunion, Katalog der Ausstellung in der Villa Hügel Juni–August 1967.

Antike Schriftsteller

(53) Aristophanes, Sämtliche Komödien, dtsch. von L. Seeger, hrsg. von H. J. Newiger, dtv Bd. 2084, München 1980.
(54) Herodot, Historien I–V, München, Goldmann TB 751, 767, 777, 787, 797.
(55) Flavius Josephus, Der jüdische Krieg, Goldmann KL 110.
(56) Juvenal, Satiren (übersetzt von H. C. Schnur), Stuttgart 1969.
(57) Martial, Epigramme (übersetzt von R. Helm), Zürich 1957.
(58) Pausanias, Beschreibung Griechenlands, Zürich/Freiburg 1967.
(59) Petronius, Satyrica (Lat.-dtsch. von K. Müller und W. Ehlers), München 1978.
(60) Plinius der Jüngere, Briefe, übersetzt von Kasten, München 1968.
(61) Polybius, Historien, übersetzt von Drexler, Zürich/Freiburg 1961.
(62) Sueton, Leben der Caesaren (übersetzt von A. Lambert), dtv Nr. 6005, München 1972.
(63) Vitruvius, Zehn Bücher über Architektur, übersetzt von F. Reber, Stuttgart 1865.

Spezialwerke

Die Bibliographie über Thermen bis zum Jahre 1929 ist in dem angegebenen Werk von D. Krencker enthalten. – Eine Aufstellung aller seit 1953 erschienenen Aufsätze über Thermen ist in der Bibliothek des Deutschen Archäologischen Instituts in Rom unter dem Stichwort „Thermen" vorhanden.

(64) E. Akurgal, Ancient Civilizations and Ruins of Turkey, Istanbul 1973.
(65) M. Akok, Ankara Şehrindeki Roma Hamami. Türk Arkeoloji Dergisi XVII. 1. Ankara 1968.
(66) Y. Allais, Djemila, Paris 1938.
(67) P. Auberson/K. Schefold, Führer durch Eretria, Bern 1972.
(68) S. Aurigemma, Villa Adriana, Tivoli 1970.
(69) D. Baatz, Das Badegebäude des Limes-Kastells Walldürn. In: Saalburg-Jahrbuch XXXV, 1978.
(70) D. Baatz, Römische Bäder mit hölzernen Apodyterien. In: Archäol. Korrespondenzblatt 1973. H. 3.
(71) A. Balil, Casa y urbanismo en la España antigua (Studia archaeologica Bd. 28), Universidad de Valladolid 1974.
(72) J. Baradez, Tipasa, Algier 1952.
(73) A. Berthier, Tiddis, Algier 1951.
(74) A. Berthier, Les villes d'or, villes, musées d'Algérie, Algier 1953.
(75) G. Bibby, Dilmun, Die Entdeckung der ältesten Hochkultur, Reinbek 1973.
(76) R. Birley, Vindolanda, eine römische Grenzfestung am Hadrianswall, Bergisch-Gladbach 1978.
(77) W. Böcking, Die Römer am Niederrhein, Frankfurt 1978.
(78) B. Böttger/B. Döhle/K. Wachtel, Bulgarien – Eine Reise zu antiken Kulturstätten, Berlin 1971.
(79) E. Brödner, Die technische Ausrüstung islamischer Bäder im Vergleich mit antiken Thermenanlagen. Techn. Gesch. Bd. 42 (1975) Nr. 3.
(80) E. Brödner, Einige Bemerkungen zur Heizung der Aula Palatina in Trier. In: Germania 34 (1956) Heft 3/4.
(81) E. Brödner, Bericht über Grabungsfunde eines Bades. In: F. K. Dörner, Arsameia am Nymphaios. Bericht über die Grabungskampagne 1965. In: Istanbuler Mitteilungen 16 (1966).
(82) E. Brödner, Zur Entwicklungsgeschichte des Bades. In: Antike Welt 1977 Nr. 4 und 1978 Nr. 1.
(83) E. Brödner, Heizung und Klimatisierung in großen römischen Bauten, ein Überblick über den Forschungsstand. Techn. Gesch. Bd. 47 (1980). Nr. 2.

Literaturverzeichnis

(84) E. Brödner, Heizungstechnische Untersuchungen an islamischen Bädern in Brussa. In: Bericht über die 25. Tagung der Koldewey-Gesellschaft in Speyer 1969, Kevelaer 1969.

(85) E. Brödner, Zwei römische Metallbehälter aus Künzig (Niederbayern). In: Germania 38, 1960. Heft 3/4.

(86) E. Brödner, Untersuchungen an den Caracallathermen, Berlin 1951.

(87) E. Brödner, Untersuchungen an den Heizungsanlagen der römischen Thermen in Nordafrika. In: Germania 36 (1958) Heft 1/2.

(88) E. Brödner, Untersuchungen an frühen Hypokaustenanlagen. Techn. Gesch. Bd. 43 (1976), Nr. 4.

(89) M. Bucovalá, Histria (Bericht des Museums in Constanza).

(90) G. Cadogan, Palaces of Minoan Crete, London 1976.

(91) F. Coarelli (Hrsg.), Lübbes archäologischer Führer Pompeji, Bergisch-Gladbach 1979.

(92) Colonia Ulpia Traiana. 4. Arb. Ber. Grabung. u. Rekonstrukt. d. Archäolog. Parks Xanten, Rhein. Landesmuseum Bonn, 1980.

(93) B. Cunliffe, The Roman Bath, Oxford 1969.

(94) B. Cunliffe, Fishbourne, Rom in Britannien, Neue Entdeckungen der Archäologie, Bergisch-Gladbach 1971.

(95) J. Delorme, Gymnasion, Paris 1960.

(96) E. Diez, Die Sprache der Ruinen, Wien 1962.

(97) S. Dimitriou/G. Klammet, Die türkische Westküste, Frankfurt/Wien 1976.

(98) L. Dodi, L'urbanistica romana in Britannia, Mailand 1974.

(99) W. Drack, Der römische Gutshof bei Seeb (Archäologische Führer der Schweiz), Zürich 1972.

(100) A. Dumoulin, Guide archéologique de Vaison-la-Romaine, ed. du syndicat d'initiative Vaison-la-Romaine.

(101) H. Eschebach, Die städtebauliche Entwicklung des antiken Pompeji und die Baugeschichte der Stabianer Thermen, Heidelberg 1970.

(102) H. Eschebach, Neue Forschungen in Pompeji, Recklinghausen 1972.

(103) H. Eschebach, Die Gebrauchswasserversorgung des antiken Pompeji. In: Antike Welt 10. 1979, H. 2.

(104) H. Eschebach, Die Stabianerthermen in Pompeji, Berlin 1979.

(105) W. H. van Esveld, De balneis lavationibusque grecorum, Amersfoort 1908.

(106) R. Etienne, Pompeji, Stuttgart 1974.

(107) D. Fabian, Bäder, Handbuch für Bäderbau und Badewesen, München 1960.

(108) P. Faure, La vie quotidienne en Crète au temps de Minos (1500 av. J. C.), Paris 1973, dtsch. Stuttgart 1976.

(109) Ph. Filtzinger/D. Planck/B. Cämmerer (Hrsg.), Die Römer in Baden-Württemberg, Stuttgart 1976.
(110) K. de Fine Licht, Untersuchungen an den Trajansthermen zu Rom (Analecta Romana Instituti Danici VII), Kopenhagen 1974.
(111) L. Foucher, Thermes Romains des environs d'Hadrumete. Institut national d'Archeologie et Arts, Tunis 1958.
(112) F. de Franciscis, Die pompejanischen Wandmalereien in der Villa von Oplontis, Recklinghausen 1975.
(113) P. R. Franke/M. Hirmer, Römische Kaiserporträts im Münzbild, München 1968.
(114) G. Fusch, Hypokaustenheizungen, Diss. Hannover 1910.
(115) R. Ginouvès, Balaneutiké, Thèse, Paris 1952.
(116) R. Ginouvès, L'etablissement thermal de Gortys d'Arcadie, Paris 1959.
(117) A. E. van Griffen/W. Glasbergen, Thermen en Castella te Heerlen-Coriovallum, Sonderdruck 1948.
(118) P. Griffo, Sulle orme della civiltà Gelese, Agrigento 1958.
(119) G. Grossi, Arles, notre Rome Gauloise, Avignon 1975.
(120) W. Haberey, Die römischen Wasserleitungen nach Köln, Bonn 1972.
(121) M. Hammond, The City in the Ancient World, Cambridge (Mass.) 1972.
(122) H. Hartmann, Die Plains- und Prärieindianer Nordamerikas. Veröffentlichungen des Museums für Völkerkunde, Bd. 22, Berlin 1973.
(123) D. E. L. Haynes, A Short Historical and Archaeological Introduction to Ancient Tripolitania, Tripolis 1946.
(124) W. H. Heinz, Römische Bäder in Baden-Württemberg, typologische Untersuchungen, Diss. Tübingen 1979.
(125) J. Hilton Turner, Sergius Orata. In: The Classical Journal 43, 147, 486/7.
(126) W. Hoepfner, Das Pompeion, Athen 1971.
(127) W. Huber, Hypokausten. Saalburg Jahrbuch 15/1956.
(128) Jordan/Hülsen, Topographie der Stadt Rom im Altertum. Berlin 1907.
(129) S. Karwiese, Der Ager Aguntinus, eine Bezirkskunde des ältesten Osttirol, Lienz 1975.
(130) J. Keil, Führer durch Ephesos (Österreichisches Archäologisches Institut) Wien 1964.
(131) J. Kleine (Hrsg.), Führer durch die Ruinen von Milet, Didyma, Priene, Ludwigsburg 1980.
(132) G. Kleiner, Die Ruinen von Milet, Berlin 1968.
(133) H. Klengel, Zwischen Zelt und Palast, Wien 1972.
(134) D. Krencker/E. Krüger/H. Lehmann/H. Wachtler, Die Trierer Kaiserthermen, Augsburg 1929.
(135) F. Kretzschmer, Bilddokumente römischer Technik, Düsseldorf 1958.

(136) F. Kretzschmer, Die Entwicklungsgeschichte des antiken Bades und das Bad auf dem Magdalenenberg, Düsseldorf 1961.
(137) Fr. Krischen/A. v. Gerkan, Thermen und Palästren. In: Milet. Ergebnisse der Ausgrabungen, hrsg. von Th. Wiegand, Bd. 1, H. 9, Berlin 1928.
(138) E. Krüger, Die Barbarathermen. Führungsblätter des Landesmuseums Trier Nr. 1.
(139) E. Kunze/H. Schleif, 4. Bericht über die Ausgrabungen in Olympia, Berlin 1944.
(140) H. O. Lamprecht, Opus cementitium, wie die Römer bauten, Düsseldorf o. J.
(141) R. Laur-Belart, Führer durch Augusta Raurica, Basel 1966.
(142) R. Laur-Belart, Die Thermen von Vindonissa, Zürich 1931.
(143) W. Lepik-Kopaczynska, Remarques sur le Genèse et l'êvolution du chauffage central dans l'antiquité (resumè). In: Archeologia VII, 1955.
(144) L. Leschi, Djemila, Algier 1953.
(145) A. Lézine, Les thermes d'Antonin à Carthage, Tunis 1969.
(146) A. Lézine, Thuburbu Maius, Tunis 1968.
(147) G. Lilliu, La civiltà dei Sardi, dal neolitico all'età dei nuraghi, Turin 1972.
(148) M. Lindner, Petra und das Königreich der Nabatäer, München 1974.
(149) L. S. de Lucena Parades, Granada, León 1972.
(150) A. Mallwitz, Olympia und seine Bauten, München 1972.
(151) H. Manderscheid, Die Skulpturenausstattung der kaiserzeitlichen Thermenanlagen (Monumenta artis Romanae), Berlin 1981.
(152) G. Marshall, Mohenjo Daro and the Indus Civilization, London 1931.
(153) A. G. McKay, Houses, Villas and Palaces in the Roman World, London 1975.
(154) H. Metzger, Nachrichten aus dem Wüstensand (eine Sammlung von Papyruszeugnissen), Zürich 1974.
(155) Meusel, Die Verwaltung und Finanzierung der öffentlichen Bäder zur römischen Kaiserzeit, Diss. Köln 1960.
(156) Helmuth von Moltke, Briefe aus der Türkei, Köln 1968.
(157) H. V. Morton, Die Brunnen von Rom, Frankfurt a. M. 1970.
(158) R. Naumann, Aizanoi. Bericht über die Grabungen und Untersuchungen 1978. In: Archäol. Anzeiger 1980.
(159) R. Naumann, Architektur Kleinasiens von ihren Anfängen bis zum Ende der hethitischen Zeit, Tübingen 1971.
(160) E. Netzer, The Hasmonean and Herodian Winter Palaces at Jericho. In: Israel Exploration Journal Vol. 25, 1975.
(161) I. Nielsen/T. Schiøler, The Water System in the Baths of Mithras in Ostia. Analecta Romana Instituti Danici IX.
(162) K. Ohr, Die Basilika in Pompeji, Dissertation Karlsruhe 1973.

(163) P. Orlandini/D. Adamestanu, Guide to Gela, Mailand 1965.
(164) Th. Papadakis, Epidauros, München 1972.
(165) A. Parrot, Le Palais (mission archéologique de Mari), Paris 1958.
(166) St. Perowne, Hadrian, Sein Leben und seine Zeit, München 1977.
(167) E. Pfretschner, Die Grundrißentwicklung der römischen Thermen, Straßburg 1909.
(168) G. C. Picard, Tunesia. In: American Journal of Archaeology, Vol. LIV, Nr. 2 (April 1950).
(169) K. Sz. Pòczy, Städte in Pannonien (Pannoniai Vàrosok, dtsch. von V. Nagy), Budapest 1976.
(170) S. R. Rao, The Excavations at Lothal, 1956–1957.
(171) H. Rolland, Glanum, notice archéologique, 1977, Saint Rémy en Provence, direction des fouilles.
(172) E. Rupp, Bautechnik im Altertum, hrsg. von der Deutschen Heraklith AG, Simbach/Inn.
(173) F. Salviat, Entremont antique, Aix-en-Provence 1973.
(174) M. Schede, Die Ruinen von Priene, Berlin 1934.
(175) A. Schenk Graf v. Stauffenberg, Trinakria, Sizilien und Großgriechenland, München 1963
(176) A. und B. Schmid, Die Römer an Rhein und Main, Frankfurt 1972.
(177) A. Schmidt-Colinet, Archäologische Forschungen in Libyen. In: Antike Welt 10, 1979, H. 2.
(178) A. Schober, Die Kunst von Pergamon, hrsg. vom Österreichischen Archäologischen Institut, Innsbruck–Wien 1951.
(179) G. Schween, Die Beheizung der Stabianerthermen in Pompeji, Dissertation Hannover 1938.
(180) R. Scranton, Corinth, Vol. I, part III: Monuments in the lower Agora, Princeton 1951.
(181) Ch. Simonett, Führer durch das Vindonissa-Museum, Brugg 1947.
(182) Führer durch das Regionalmuseum Xanten, Köln 1978.
(183) J. W. Sperling, Thera and Therasia, Ancient Greec Cities Bd. 22, Athen 1973.
(184) L. Sprague de Camp, Die Ingenieure der Antike, Düsseldorf–Wien 1964.
(185) E. Swoboda, Carnuntum, seine Geschichte und Denkmäler, Wien 1953.
(186) R. M. Swoboda, Die Ruinen von Carnuntum. Wien 1973.
(187) J. Szilágyi, Aquincum, Budapest und Berlin 1956.
(188) B. Tamm, Neros Gymnasium in Rom, Stockholm 1970.
(189) Ch. M. Ternes, Die Römer an Rhein und Mosel, Stuttgart 1975.
(190) D. Thode, Untersuchungen zur Lastabtragung in spätantiken Kuppelbauten. Studien zur Bauforschung Nr. 9. Hrsg. von der Koldewey-Gesellschaft, Darmstadt 1975.

(191) A. Véran, Le palais de Constantin à Arles, Aix 1904.
(192) U. Vogt-Göknil, Osmanische Türkei, München 1966.
(193) E. Vorbeck/L. Beckel, Carnuntum, Rom an der Donau, Salzburg 1973.
(194) J. und H. Wagner/G. Klammet, Die türkische Südküste, Frankfurt–Wien 1977.
(195) Ph. Ward, Touring Libya (the Eastern and the Western Provinces), London 1969.
(196) I. Weiler, Der Sport bei den Völkern der alten Welt, Darmstadt 1981.
(197) M. Wheeler, Altindien und Pakistan, Köln 1959.
(198) M. Wheeler, The Indus Civilization, Cambridge 1953.
(199) R. J. A. Wilson, Roman Remains in Britain, London 1975.
(200) Y. Yadin, Masada, Hamburg 1967.
(201) G. Yüğrüm, Sart Harabeleri Rehberi (Guide to the excavations at Sardis) Türk Tarih Kurumu, Basimevi Ankara 1973.

REGISTER

Die Ortsnamen sind in der Regel (nicht immer) primär in der antiken Bezeichnung aufgeführt; in Klammern steht der heutige Name oder der in der Nähe liegende heutige Ort, sowie der heutige Staat. In einigen Fällen wird auf eine nähere Erläuterung im Glossar verwiesen. Die römischen, griechischen und türkischen Begriffe werden ausschließlich im Glossar aufgelistet und erklärt.

Aachen T 46 b
Abortanlagen 116 ff. 153. T 14
Achill 118
Agrigentum (Agrigento, Sizilien) T 40 a
Agrippa, Marcus 146
Aguntum (Lienz, Osttirol) 27. 56. T 15 a
Aigina (Griechenland) T 4
Aizanoi (Türkei) [vgl. Glossar] 254. Z 27
Akok, M. 250
Alarich 257
Alberti, L. B. 141 ff.
Alexander Severus 146. 232
Alexandria (Ägypten) 33. 131. 244. T 52 a
Alexandria Troas (südl. Troja, Türkei) [vgl. Glossar] 254
Amphiareion (Griechenland) 163. T 5 b
Anemurion (Anamur, Türkei) 35. Z 10
Ankara (Türkei) 33. 103. 119. 250. Z 79. T 65
Anonymus Destailleur 24. 132. 220. 222. 233. T 19. 31 b. 34

Antoninus Pius 176. 209. 215. 216. 242. 254
Aphrodisias (Türkei) [vgl. Glossar] 34. 113. T 58
Apollinaris 189
Apollodoros 71 f.
Apollonia (bei Kyrene, Libyen) [vgl. Glossar] 33
Appius Claudius Caecus 145
Aquädukt 145 ff. Z 40. T 22
Aquincum (Budapest, Ungarn) 27. 190. Z 53. T 15 b. 16 a
Arcadius 266
Aristides, P. Ailios 198
Aristophanes 113
Aristoteles 13
Arles (Provence), Constantinsthermen 29. 31. 151. 152. 234. 255. 258. Z 34. 82
Arsameia am Nymphaios (Kommagene) [vgl. Glossar] 21. 131. T 38 a
Asklepiades 174
Aspendos (Antalya, Türkei) T 64 b
Athen 243
–, Pompeion 80 ff. Z 29
Augst s. u. Augusta Raurica
Augusta Raurica (Augst bei Basel) 27. 52. 159

Augustus 41. 150. 257
Aurelian 222. 257
Ausonius, Decimus Magnus 261 f.
Aventicum (Avenches, Schweiz) 27. 56. 180. 245
Avetius 262 ff.

Baatz, D. 183
Babylon 130
Badenweiler 167 f. Z 44. T 45
Bajae (Italien) 16. 29. 114. 163 ff. T 26 a. 27
Baptisterium 263. 264. 267 f.
Bath (England) 29. 168. Z 45. T 44
Baumaterial u. -konstruktion 139 ff. 165 f. T 7 a
Belisar 222
Benignus, Quintus Candidus 152
Berlin T 37 a
Bethlehem (Israel) 52. T 7 b
Blouet, G. A. 26. 221. 224. T 70
Böttger, B. 168
Bône s. u. Hippo Regius
Bosco Reale (Italien) 190
Bostra (Eski Scham, Syrien) [vgl. Glossar] 36
Bougrara (Gigthi, Tunesien) 250
Bourbon, Charles v. 25
Boutron, F. T 72
Brödner, E. 27
Bulla Regia (bei Hammam Daradji, Tunesien) [vgl. Glossar] 33. 250. T 61 a
Bursa (Prusa ad Olympum, Türkei) [vgl. Glossar] XI. 67. 68. 108 f. 120. 273 ff. Z 85. T 75
Byzanz s. u. Constantinopel

Caesar 199
Caesarea (Cherchel, Algerien) 250. Z 34. 36. T 39 b

Cales 16
Calvisius 187
Canae Z 34
Capri (Italien), Villa Jovis 43 ff. Z 17
Caracalla 222
Carnuntum (Petronell/Deutsch Altenburg, Österreich) [vgl. Glossar] 27. T 16 b
Carus 257
Cassius Dio 50. 71
Cato 122
Çelebi, Evliya 273
Celsus, Aulus Cornelius 64 f. 108. 174
Chagall, Bella 269
Chalkedon 267
Cherchel s. u. Caesarea
Christodoros 266
Cicero 122
Cimiez (bei Nizza) 29
Claudiopolis 69. 70
Claudius 146. 256
Colonia Ulpia Traiana (Xanten) 28
Commodus 123. 242. 250
Conimbriga (bei Coimbra, Portugal) 29
Constanţa s. u. Tomis
Constantin I. 27. 234. 257. 259. 260. 265. 266
Constantin II. 234. 260 f.
Constantinopel (Istanbul) 265 ff.
Constantius 232
Coriovallum (Heerlen, Niederlande) 52. 180. Z 20. T 26 b. 47
Cornelius, Gnaeus 163
Cuicul (Djemila, Algerien) 33. 152. 249 f. 268. Z 32. 34. 36. 78. T 56 a. 57
Cyrene (Kyrene, Libyen) 31. 33. 132. 244. 250

Debrecen (Ungarn) 74
Délorme, J. 75
Delos 13. 131
Demetrios 268
Devrant (Frankreich) Z 32
Dinogetia (a. d. Donau, Rumänien) [vgl. Glossar] 28. 182
Diokletian 27. 222. 232. 256. 257
Djebel Oust (bei Zaghouan, Tunesien) 33. 157. 170. T 25
Djemila s. u. Cuicul
Domitian 56. 90. 182
Doppelfeld, O. 179
Dougga (Dugga, Thugga, bei Teboursouk, Tunesien) [vgl. Glossar] 33. 152f., 204f., Z 56. T 63 a
Drack, Walter 195
Du Perac 258
Dura Europos [vgl. Glossar] 36
Duschen 6. T 37 a

Eburacum (York, England) 257
Elba (Italien) 158
Elbœuf, Fürst v. 24
El Djem s. u. Thysdrus
Elea (Velia, südl. von Paestum, Italien) 29. T 53 a
Elis (Griechenland) 84f.
Ephesos (Türkei) 33. 67. 103. 213ff. 267
–, Hafengymnasium 56. 254
–, Ostgymnasium 254. T 59 a
–, Scholastikiathermen 40. 114f. T 59 b. 60
–, Vediusgymnasium 213 ff. 215. 254. Z 32. 63
Epidauros (Griechenland) 84. 177. T 3 b
Eretria (Eubäa, Griechenland) 79f., Z 28. T 3 a

Eschebach, Hans 11
Eumenes II. 176

Faesulae (Fiesole bei Florenz) 23. 52. T 9
Fiesole s. u. Faesulae
Faustina 248f.
Fine Licht, Kjeld de 70f.
Fishbourne (bei Chichester, England) 29. 190. Z 54
Flavia Papiana 215
Florenz 224
Fontana, Domenico 57
Franciscis, Alfonso de 190
Frankfurt a. M. 182. 183
Friedberg (Hessen) 268
Frontinus, Sextus Julius 151
Furfooz (bei Dinant, Belgien) 156. 274. Z 52
Fusch, G. 27. 159

Galen 108. 148. 174. 175 ff.
Gallienus 205
Gallus 186
Gela (Sizilien) 23
Geld 120 ff. 122 ff. 201 f.
Gerasa (Djerad, Jerash, Jordanien) 36. T 7 a. 50 b
Ginouvès, R. 10. 27
Glanum (St. Remy, Provence) 23
Glas 136f. T 76 b
Gorsium (Jugoslawien) [vgl. Glossar] 27
Gortys (Arkadien) 10. 12. 15. 23. T 5 a
Granada 274
Gratian 260. 261
Gregor v. Nyssa 267

Hadrian 18. 99. 124. 199. 242. 243
Hadrianswall (Schottland) 112

Hamam 272 ff.
Heerlen s. u. Coriovallum
Heizungsanlagen XI. 4. 10. 12. 18 ff. 21 f. 26 f. 89. 96 ff. 108 f. 119 ff. 155 ff. 158 ff. 273 ff. T 12 b. 15 a. b. 16 a. b. 17. 24 a. b. 47 a. 48 a. b. 50 a. 60 b. 62 a. 65 a. b. 66 b. 80 b
Heraclea (bei Bitolj, Jugoslawien) [vgl. Glossar] 28. T 24 a
Herculaneum 23. 24 f. 29. 61 f. 159. 161. 244
–, Forumsthermen 23
–, Palästra T 11
–, Stadtthermen 61
–, Villa dei Papiri 25
–, Vorstadtthermen 61 f. 134. T 36 a
Herodes d. Gr. 21. 52 f.
Herodot 13
Hierapolis (Pamukkale, Türkei) [vgl. Glossar] 35. 171 f. 254. Z 46. T 46 a
Hieron II. 131
Hiltbrunner, O. 174
Hippias 94. 96
Hippo Diarrhytus (Bizerta, Tunesien) T 41 b
Hippokrates 13. 174
Hippo Regius (Bône, Algerien) 33
Histria (Schwarzmeerküste, Rumänien) 28
Hofmann, W. 17
Homer 4. 118
Honorius 266
Horaz 158. 166
Huber, W. 117
Huelsen, C. 26

Istanbul (s. a. Constantinopel) 273
Italica (bei Sevilla) 29
Iwanoff 26. 221. 224. T 29

Jakobi 27
Jerash s. u. Gerasa
Jericho (Israel) 52 f. Z 21
Josephus, Flavius 53
Julia Domna 242
Julianus Apostata 259. 265
Juvenal 73. 127. 129

Kaiseraugst (Schweiz) T 17
Kaplidscha 272 ff.
Karthago (bei Bizerta, Tunesien) 33. 40. 90. 98. 102. 247. Z 76. T 62
Kavalla T 22 a
Kertsch 23
Khamissa s. u. Thubursicum Numidarum
Khirbat al Mafjar (bei Jericho) 271. Z 84
Kjustendil s. u. Pautalia
Kleidung 110 ff.
Köln 28. 136. 139. 141. 151. 268
Körperreinigung u. -pflege 6. 64 f. 76. 106 ff. 135. T 37
Kos (Griechenland) 163. 172 f. Z 47
Krell 27
Krencker, Daniel XI. 26. 39. 101. 102. 135. 219. 250. 259
Kretschmer, F. 27
Künzig (Bayern) T 79. 80 a

Lambaesis (bei Batna, Algerien) 33. 207
–, Jägerbäder 39. 250. Z 34. 61
–, Lagerthermen 182. Z 49 a. b
Lampen 137 ff. T 77
Lanciani 220
Laurentum 99
Lauriacum (Enns-Lorch, Österreich) 268
Leptis Magna (bei Homs, Libyen) 31. 33. 152 f. Z 32. 34

–, Große Thermen (Hadrians-) 40. 101. 211 ff. 254. Z 36. 62. T 54 b. 55. 56 b
–, Jagdbäder 213. T 54 a
Lienz s. u. Aguntum
Livius 86. 163
Lucilius 46
Lugdunum (Lyon) 148. Z 40
Lukianus 94 ff. 126
Lyon s. u. Lugdunum

Madaurus (bei Montesquieu, Algerien) [vgl. Glossar] 250. Z 36
Magdalensberg (Kärnten) [vgl. Glossar] 27
Mailand 257
Mainz s. u. Moguntiacum
Maiuri, A. 61
Maleachi 106
Marc Aurel 176. 242. 249
Marcius Rex, Quintus 145
Mari, Palast 2
Martial 50. 62 f. 92. 126 f. 128. 166 f.
Masada (Israel) [vgl. Glossar] 36. 52. 268. Z 13. T 8
Maximianus 232
Maximianus Herculeus 190
Maximinus 232
Megara Hyblaia (Sizilien) 23. T 38 b
Merida (Spanien) 29
Michelangelo 233
Mikwe 268 ff.
Milet (Türkei) 33. 54 ff. Z 22
–, Capitothermen 254
–, Faustinathermen 133. 248 ff. Z 32. 34. T 61 b
Minori (Italien) T 23 b
Mithraskult 120. 225
Moguntiacum (Mainz) 180
Moltke, Helmuth v. 276
Morgantina (Sizilien) T 23 c

Mosaik 45. 56. 91. 97. 116. 130 ff. 133 ff. 170. 192 ff. Z 66. T 14 b. 25 b. 38 a. b. 39 a. b. 40 a. b. 41 a. b. 42. 43
Moses 3 f.
München T 37 b
Murad I. 274

Neapel 132
Neckarburken 159
Nerja (bei Granada, Spanien) 30
Nero 50. 51
Nicaea 69. 70. 267
Nikomedia (Bithynien) 68 f. 257
Nîmes (Frankreich) 148 f.
Noxa (Sardinien) T 39 a
Numisius Vitalis, L. 206

Odessos (Varna, Bulgarien) 28. 250 ff. Z 80
Oea (Libyen) [vgl. Glossar] 31
Olympia, griechische Bäder 8 f. 23. 75. 82. Z 1. 2. 3
–, Heroon 15. T 6 a
Olynth (Griechenland) 130
Oplontis (Torre Annunziata bei Neapel) 62. 133. 190
Ostia antica (bei Rom) 29. Z 32. 34
–, terme dei cisiari T 13 b
–, Forumsthermen T 13 a. 14 a
–, Neptunsthermen 56. 132. T 40 b
Oudna s. u. Uthina
Oued Athmenia Z 36

Paestum (Italien) 29. T 6 b
Palladio 24. 48. 218. 219. 220. 222. 233. Z 18. 83
Palmyra (Syrien) 31
Paris 29. 31. 132. Z 9
Paul III., Papst 224
Paulin 26

Pausanias 84f.
Pautalia (Kjustendil, Bulgarien) 28. 157. 168. T 24 b
Pella (Griechenland) 130
Pergamon (Bergama, Türkei) 33. 67. 74. 83f. 131. 163. 175f. 254. Z 31. 48. T 20
Perge (bei Antalya, Türkei) 33
Perowne, Stewart 243
Peruzzi 258
Petra (Jordanien) [vgl. Glossar] 31. 36. T 2 a. 49
Petronius 123. 125f.
Pfretschner, E. 26
Piazza Armerina (Sizilien) 110. 112. 116. 132. 133. 161. 190 ff. 255. Z 55. T 14 b. 42. 43. 50 a
Pindar 96
Piranesi 24. 143. Z 39. T 74
Platon 6
Plautius, Gaius 145
Plinius d. Ä. 131. 137. 146 ff. 159
Plinius d. J. 66 ff. 99. 186 ff.
Plutarch 124
Pompeji 17. 23. 25. 29. 56 ff. 86. 98. 133. 150. 161. 244. T 80 b
–, Heilbäder des Crassus Frugi 61
–, Casa del Fauno 21. 23. T 12 a
–, Villa der Julia Felix 60. 114f. T 48 a
–, Forumsthermen 58. 134. Z 23. T 12 b
–, Haus des Menander 61. 190
–, republikanische Thermen 61
–, Sarnobäder 61
–, Stabianerthermen 11. 15f. 23. 59. 134. Z 5. 24. 36. 38. T 36 b
–, Thermen der Regio VIII, Insula 5: 23
–, Zentralthermen 56. 60. Z 25
Poppaea 62
Priene (Türkei) 82f.

Priscianus, Theodorus 108
Probus 257
Properz 114
Ptolemaios 199
Puzzuoli (bei Neapel, Italien) 140
Pylos (Peloponnes, Griechenland) T 2 b

Quasr Amrah (bei Amman, Jordanien) 271f. T 76 a

Reusch, O. 28
Riva S. Vitale (Tessin) 268
Rom 29. 40. 41. 114. 145 ff. 199 f. 218. 260 f.
–, Agrippathermen 42 f. 218. 243. 244. Z 16. 64
–, Augustus-Forum 243
–, Thermen des Aurelian 220
–, Caracallathermen IX. 25. 90. 91. 98. 99. 102. 120. 162. 209. 220 ff. Z 33. 34. 36. 65. 66. 67. 68. 69. T 28 b. 29. 30. 31 a. 32. 33. 70. 71
–, Cloaca Maxima 153 f.
–, Constantinsthermen 234. 258 f. Z 34. 36. 83
–, Deciusthermen 220
–, Diokletiansthermen 25. 90. 98. 102. 132. 162. 229 ff. Z 33. 34. 36. 70. 71. T 31 b. 34. 35. 74
–, Thermen des Domitian 220
–, Domus Aurea 51. 72. 220. 245. Z 19
–, Forum Romanum 25
–, Thermen des Gordianus 220
–, Hadriansmausoleum (Engelsburg) 243
–, Helenathermen 220
–, S. Maria degli Angeli 233. T 35
–, Minerva medica Z 34

–, Nerothermen (Alexandrine) 48 ff. 72. 218 f. Z 18. 34
–, Palast auf dem Palatin 90
–, Pantheon 165. 176. 243
–, Ponte Fabricio 143. Z 39
–, Thermen des Severus 220
–, Titusthermen (Thermen des Vespasian) 51. 56. 72. 219 f. Z 19. 34
–, Trajansforum 18. 25
–, Trajansthermen 18. 51. 66 ff. 85 ff. 132. 220. Z 19. 26. T 18. 19
–, Wasserquellen 145 ff.
Rostovtzeff 198
Rüstem Pascha 274
Rufus 174

Saalburg (bei Bad Homburg v. d. H.) 156. 160. 274
Sabratha (westl. Tripolis, Libyen) [vgl. Glossar] 31. 33
Saint Père-sous-Vezelay (Yonne) 29
St. Remy s. u. Glanum
Sala Colonia (bei Rabat, Marokko) 33
Salamis (Zypern) 35 f. 254. Z 12. T 21
Salona 28
Samos (Griechenland) 30
Sardes (Türkei) 34. 254. Z 81. T 51
Schinkel, K. F. 234
Schleif, H. 8
Schumla 277
Schwangau (Bayern) 133
Scipio 47
Seeb (Schweiz) 195 ff. Z 56
Segovia (Spanien) 30
Seneca 46. 47. 62. 64. 99. 123. 137. 167
Septimius Severus 205. 209. 221. 242
Sergius Orata 22 f.
Serlio 258
Side (Türkei) 33. 35. Z 11. T 64 a

Sidonius, Bischof 264
Sidonius, Apollinaris 262
Sirmium (Sremsca Mitrovica, Jugoslawien) 257
Skulptur 1. 25. 46 f. 61. 91. 95. 132 f. 212 f. 216. T 21 b. 33. 34. 35. 36 a. 49 b. 51. 61 b
Sötenich 141
Sofia 268
Soluntum (Soleis bei Palermo) 10. 23
Soranus 13
Soson 131
Speyer 268
Split (Jugoslawien) 28
Sport u. Spiel 1 f. 62. 76 ff. 89. 91. 92 f. 125. 167. 188. Z 32
Stabiae (Italien) 62
Statius, P. Papinius 62. 63 f.
Strabo 13. 146
Stukkaturen 133 f.
Subiaco 145
Sueton 41. 49. 51
Suleyman d. Gr. 274
Sulla 62

Tacitus 44. 50. 257
Tamm, B. 49
Teurnia (St. Peter im Holz, Kärnten) [vgl. Glossar] 27
Thaenae (Tene, Henschir Thina bei Sfax, Tunesien) 33. 40. 250. Z 36. T 48 b. 52 a
Thamugadi (Timgad bei Batna, Algerien) 207 ff. 250. Z 32. 34. 36. 59. 60
Tharros (Sardinien) 23. T 10
Theilenhofen 185
Theoderich d. Gr. 222
Theodosius I. 259 f. 266
Thermalbäder 4. 157. 163 ff.
Thessalonike (Griechenland) 268

Thuburbo Majus (bei Pont du Fahs, Tunesien) 138. 204 ff. Z 58
Thubursicum Numidarum (Khamissa, Algerien) 39 f. Z 15. 32. 36
Thugga s. u. Dougga
Thutmosis III. 136
Thysdrus (El Djem, Tunesien) 32. 33. 250. Z 36
Tiberius 44. 46. 64
Tiddis (bei Constantine, Algerien) 33
Timgad s. u. Thamugadi
Tipasa (westl. Algier, Algerien) 33. T 63 b
Tivoli, Villa Adriana 18. 103. 243 f. 245 f. 248. Z 36. 74. 75. T 66. 67
Tomis (Constanţa, Rumänien) 28. T 53 b
Trajan 18. 66 ff. 146. 151. 199. 207. 242
Trier 132. 234 ff. 257. 264. T 23 a. 76 b. 77. 78
–, Barbarathermen 119. 235. 237. Z 34. 36. T 72
–, Kaiserthermen (Constantinsthermen) 28. 31. 99. 135. 234 ff. 255. 258. Z 34. 35. 36. 72. 73. T 1. 68. 69. 73
Tritoli bei Bajae (Italien) T 28 a
Tunis 132
Turner, J. Hilton 23

Untereschenz (Thurgau, Schweiz) 112
Uruk 130
Uthina (Oudna, südl. Tunis, Tunesien) 250. T 22 b
Utica (südl. Tunis, Tunesien) [vgl. Glossar] 33. 250
Uzitta (Henchir el Makhceba, Tunesien) T 41 a

Varna s. u. Odessos
Vasio (Vaison-la-Romaine) 29. 117
Valens 266
Valentinian I. 234. 260
Vedius Antoninus, P. 215
Velia s. u. Elea
Verdes Z 34
Vindonissa (Windisch bei Brugg, Schweiz) 27. 52. 180. 245
Vipascum (Portugal) 120 f.
Vipsanius Agrippa, M. 151
Virunum (bei St. Veit, Kärnten) 27
Vitruv 16. 21. 76. 86. 103. 139 f. 143
Volubilis (bei Moulay Idris, Marokko) 33
Vouni (Zypern) 13

Walldürn 185. Z 51
Wandmalereien 25. 133. 135. 190. Z 38. T 56 b
Wannen 5 f. T 2 b. 3 a. 4 b. 5 b. 9 b
Wasserversorgung u. -entsorgung 5. 10. 26 f. 43. 51. 69. 145 ff. 152 ff. Z 40. 41. 42. T 10 a. 23. 62 b
Weber, C. 25
Weißenburg (Bayern) Z 50
Winckelmann, J. J. 159
Wood, John 168
Worms 268

Xanten s. u. Colonia Ulpia Traiana
Xenophon 41

York s. u. Eburacum

Zaghouan (Tunesien) [vgl. Glossar] 33
Zeiteinheiten der Römer 127 ff.
Zülpich 28

ABBILDUNGSNACHWEIS

Die Vorlagen entstammen dem Archiv der Autorin, ausgenommen die folgenden:

Alinari, Florenz: 32. 35. 42. 43
Ausgrabungen Augst-Kaiseraugst, Amt für Museen u. Archäologie des Kantons Basel-Land: 17
Bildarchiv Foto Marburg: 69
Dr. Harald Busch, Frankfurt: 1
Deutsches Archäologisches Institut, Rom: 56 b
Deutscher Kunstverlag, München: 37 b
H. Eschebach: 12 a. 12 b
Fototeca Unione, Rom: 18. 27 b. 28 a
Gabinetto Fotografico Nazionale, Rom: 33 a. 33 b
Gemeinde Heerlen: 26 b. 47 a. 47 b
Landesmuseum Trier: 23 a. 72. 73. 76 b. 77. 78
E. Richter, Rom: 66 a
Stiftung Preußischer Kulturbesitz, Staatl. Museen-Kunstbibliothek, Berlin: 19. 28 b. 29. 30. 31 a. 31 b. 34. 74
Foto Stober, Freiburg: 45

Bei den Textabbildungen (Z) verweist die jeweils in eckigen Klammern vermerkte Zahl auf die betreffende Nummer im Literaturverzeichnis als Quelle.

T 1 Trier: Kaiserthermen, caldarium, Blick vom Saal in die Südapsis.

T 2a   Petra (Jordanien): in die Felsen eingebaute nabatäische Bäder.

T 2b   Pylos (Peloponnes): Nestorpalast (Anfang 13. Jh. v. Chr.), Baderaum am Palasteingang mit tönerner, in eine Lehmmulde wärmeisolierend eingesetzter Badewanne. Wasserdichter Fußbodenbelag.

T 3a Eretria (Euböa): griechisch-hellenistischer Baderaum mit Wanne (links) und einfacher Hypokaustenanlage.

T 3b Epidaurus (Peloponnes): Waschbecken in einem griechisch-hellenistischen Bad.

T 4a Aigina: Aphaiaheiligtum mit einem kleinen Bad (Vordergrund). Der Tempel war Athena, der Nachfolgerin der alten Fruchtbarkeitsgöttin Aphaia, gewidmet.

T 4b Aigina: Aphaiaheiligtum. Die Badeanlage aus der Nähe: Sitzbadewannen, wasserdichter Fußboden, großes rechteckiges Wasserbecken.

T 5a Gortys (Arkadien): Blick auf den Eingang und die Baderäume.

T 5b Amphiareion von Oropos (Griechenland): Das Heiligtum des Heilgottes Amphiareos, an einer Quelle gelegen, diente als Kuranlage. Becken aus einer Badeanlage.

T 6a   Olympia: Tholosgebäude am griechischen Bad. Das sog. Heroon (5. Jh. v. Chr.) wurde als Heißluftbad identifiziert.

T 6b   Paestum: kürzlich freigelegtes frühes Reihenbad, im Vordergrund caldarium mit präfurnium.

T 7a Gerasa (Jordanien): Steingewölbe eines laconicum.

T 7b Herodion bei Bethlehem (Israel): Peristylhof, an dem die Thermen liegen.
Reihenbad mit überkuppeltem Rundlaconicum (ähnlich 7a).

T 8b Masada (Israel): die drei Terrassen des Nordpalastes. Auf der untersten Plattform ein elegant ausgestattetes Privatbad.

T 8a Masada (Israel): Kaltwasserbecken im öffentlichen Bad.

T 9a Faesulae (Fiesole, Italien): hellenistisch-römisches Bad. Blick auf Eingang und Hypokaustenräume.

T 9b Faesulae (Fiesole): Wanne und Fensterfront im frigidarium.

T 10a Tharros (Sardinien): gedeckter Wasserkanal in der gepflasterten Straße.

T 10b Tharros: Hypokausten der hellenistischen Bäder.

T 11a Herculaneum: Blick in die große Palästra.

T 11b Pompeji: alte samnitische Palästra am Isistempel.

T 12a Pompeji: tubuli und Hypokausten des unter der Casa del fauno freigelegten Bades, vermutlich vor Ende 2. Jh. v. Chr.

T 12b Pompeji: Kohlenbecken und Sitzbank aus den Forumsthermen.

T 13a Ostia: Blick auf die Forumsthermen.

T 13b Ostia: präfurnium und lavabum in einer Badeanlage (terme dei cisiari).

T 14a Ostia: öffentliche Latrine am Eingang der Forumsthermen.

T 14b Piazza Armerina (Sizilien): Mosaik in einer Latrine der Villa Herculia.

T 15a Aguntum (Lienz, Österreich): Hypokausten der großen Thermen.

T 15b Aquincum (Budapest): Kanalheizung in einer großen Villa (Hercules) in der Nähe der Stadt.

T 16a Aquincum: Blick auf die Heizungsanlage der Sporthalle.

T 16b Carnuntum (Petronell, Österreich): Hypokaustengeschoß eines größeren Baus, früher als Palast, neuerdings als Badeanlage interpretiert.

T 17   Kaiseraugst (Schweiz): die kürzlich freigelegten Thermen.

T 18 Rom: Trajansthermen, Blick in die große Exedra.

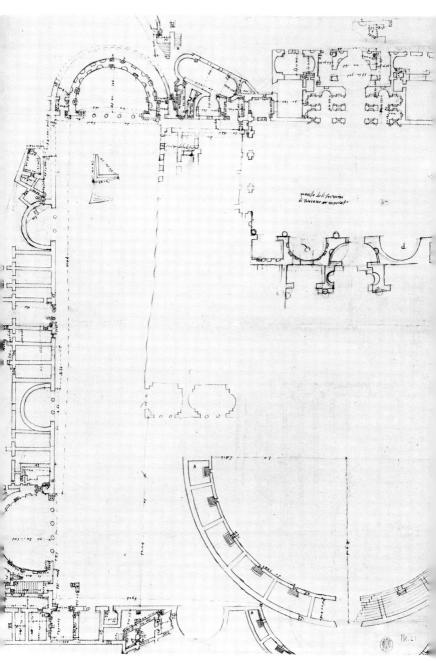

T 19   Rom: Trajansthermen, Skizzen des Anonymus Destailleur.

T 20a Pergamon: Blick auf das obere Gymnasium und die römischen Thermen.

T 20b Pergamon: römische Thermen, im Hintergrund die heutige Stadt Bergama.

T 21a Salamis (Zypern): Palästra des großen Thermengymnasium.

T 21b Salamis (Zypern): Wasserbecken bei der Palästra.

T 22a   Kavalla (Nordgriechenland): römischer Aquädukt, im 14. Jh. von den Osmanen restauriert.

T 22b   Uthina (Oudna, Tunesien): Reste des römischen Aquädukts.

23a Trier: Wasserleitung mit Revisionsklappe (Landesmuseum).

23b Minori (Italien): Rohrverteiler der sserleitung mit Absperrhähnen in der sog. Badevilla.

T 23c Morgantina (Sizilien): Tonrohre mit Öffnungen der griechisch-hellenistischen Wasserleitung.

T 24a Heraclea (Bitolj, Jugoslawien): Hypokausten der Thermen.

T 24b Pautalia (Kjustendil, Bulgarien): Hypokausten im Asklepieion.

T 25 a   Djebel Oust (Tunesien): Blick in die Ruinen der großen Heilbäder.

T 25 b   Djebel Oust: Mosaiken und Badebecken in den Heilthermen.

T 26 a   Bajae (Italien): kaiserlicher Badepalast an den Hängen der Hügelkette.

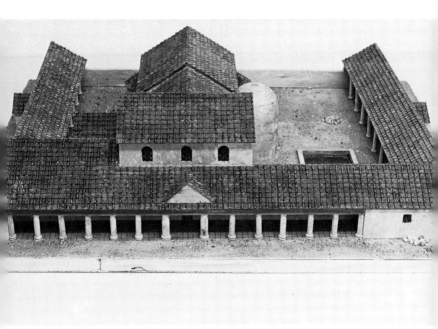

T 26 b   Coriovallum (Heerlen, Niederlande): Modell einer Rekonstruktion der römischen Thermen.

T 27a Bajae: sog. Dianatempel, ehemaliger Badesaal großer Thermen.

T 27b Bajae: Inneres des sog. Merkurtempels. Stich.

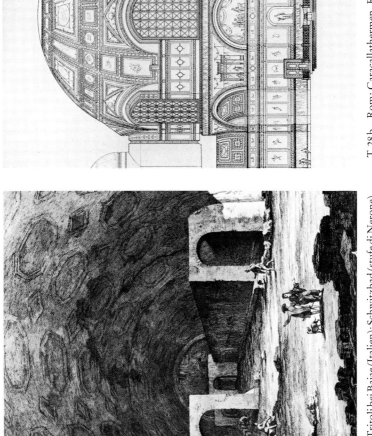

T 28a Tritoli bei Bajae (Italien): Schwitzbad (stufe di Nerone), nach einem Stich aus dem 18. Jh.

T 28b Rom: Caracallathermen, Rekonstruktionsversuch des Kuppelsaals des caldarium.

T 29 Rom: Caracallathermen, Rekonstruktionsversuch der natatio (Schwimmhalle) von Iwanoff.

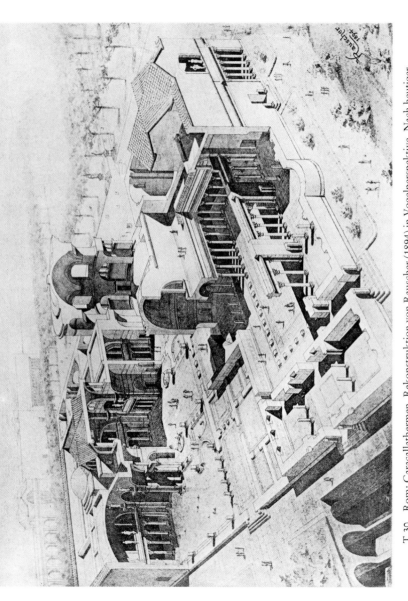

T 30 Rom: Caracallathermen, Rekonstruktion von Rauscher (1894) in Vogelperspektive. Nach heutiger Auffassung ist die Sporthalle (Palästra) im Vordergrund überdacht gewesen.

T 31a Rom: Caracallathermen, Gladiatorenmosaik in der westlichen Sporthalle (Palästra).

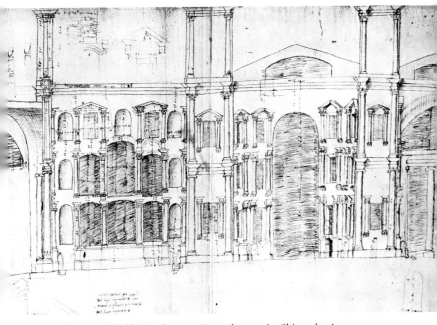

T 31b Rom: Diokletiansthermen, Front der natatio. Skizze des Anonymus Destailleur.

T 32 Rom: Caracallathermen, Luftaufnahme vom Kerngebäude.

T 33a, b   Rom: Komposit-Kapitelle aus den Caracallathermen.

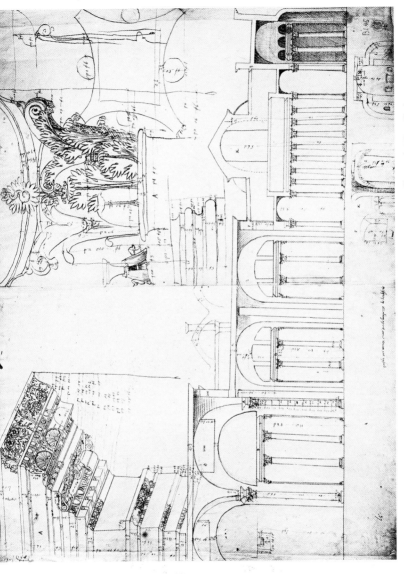

T 34　Rom: Diokletiansthermen, Skizzen des Anonymus Destailleur mit Einzelheiten.

T 35   Rom: Querschiff der Kirche Sta. Maria degli Angeli, einstmals Teil des frigidarium der Diokletiansthermen.

T 36a Herculaneum: Atrium der tiefgelegenen Vorstadtthermen (terme suburbane).

T 36b Pompeji: Stabianerthermen, Nordostecke des Frauencaldarium.

T 37a Frauen beim Duschen. Antikes Vasenbild (Staatl. Museen Berlin).

T 37b Frauen beim Waschen. Attisches Vasenbild (Staatl. Antikenslg. München).

T 38 a Arsameia (Kommagene): farbiges Mosaik in der hellenistischen Badeanlage.

T 38 b Megara Hybleia (Sizilien): Fußboden aus Cocciopesto, einer Terrazzoart, mit eingelegten tesserae.

T 39 a   Nora (Sardinien): Mosaikfußboden in den römischen Thermen.

T 39 b   Caesarea (Cherchel, Algerien): farbiger Mosaikfußboden in den Bädern.

T 40a Agrigentum (Agrigento, Sizilien): Fußboden aus Cocciopesto mit einem kunstvollen Muster aus eingelegten tesserae.

T 40b Ostia: Thermen des Neptun, in der Mitte des Schwarzweißmosaiks Neptun auf vierspännigem Gefährt.

T 41a Uzitta (Henchir el Makhceba, Tunesien): Mosaik-tesserae aus Marmor und Glas – aus einem kleinen Thermengebäude (Antiquarium Karthago).

T 41b Hippo Diarrhytus (Bizerta, Tunesien): farbiges Teilmosaik aus einem Privatbad (Bardomuseum). Das Gesamtmosaik zeigt zwei Pferde mit den Namen Diomedes und Alcides.

T 42 Piazza Armerina (Sizilien): Vestibül in der kaiserlichen Villa Herculia mit dem Mosaik des Polyphem.

T 43 Piazza Armerina: Ausschnitt aus dem „Raum der zehn Mädchen", eine bisher einzigartige Darstellung in römischer Zeit. Das Mosaik erinnert an Wandmalereien in Quasr Amrah (T 76a).

T 44　Bath (England): Antike und Mittelalter: im Vordergrund eins der Becken des römischen Heilbades, im Hintergrund die Abbey aus dem 16. Jh.

T 45　Badenweiler: Räume des römischen Heilbades.

T 46 a   Hierapolis (Pamukkale, Türkei): Thermen.

T 46 b   Aachen: rekonstruierter Portikus aus den Heilbädern in der Altstadt.

T 47a Coriovallum (Heerlen, Niederlande): Reihenbad, Blick auf Grundmauern und Hypokausten. Die Anlage ist überdacht und als Museum eingerichtet.

T 47b Coriovallum (Heerlen): Ziegelfußboden in den Thermen.

T 48a Pompeji: Thermen der Julia Felix, tubulierte Wand in einem der Baderäume.

T 48b Thaenae (Henschir Thina bei Sfax, Tunesien): mit Tonröhren tubulierte Wand in den Thermen.

T 49 a   Petra (Jordanien): Römische Überbauung der älteren Thermenanlage, Datierung noch nicht geklärt.

T 49 b   Petra (Jordanien): die Säulenfragmente aus der Badeanlage weisen nabatäische Formen auf.

T 50a Piazza Armerina (Sizilien): Heizungsanlage für die Bäder der kaiserlichen Villa.

T 50b Gerasa (Jerash, Jordanien): Blick vom Theater über die Stadt. In der Bildmitte (Hintergrund) die Hauptstraße, in deren Nähe sich zwei umfangreiche Thermen befinden.

T 51a Sardes (Türkei): Eingangshalle zu den großen Thermen, rekonstruiert unter Verwendung von gefundenen Teilen.

T 51b Sardes (Türkei): Ausschnitt aus der rekonstruierten Seitenfassade mit Gebälk und Säulen aus den Funden.

T 52a   Thaenae (bei Sfax, Tunesien): Blick auf die Thermen.

T 52b   Alexandria (Ägypten): Blick auf den freigelegten Teil der römischen Thermen.

T 53a   Elea (Velia, Unteritalien): Front eines Thermengebäudes, dessen vollständige Freilegung noch aussteht. Im Vordergrund links ein Tiefbrunnen.

T 53b   Tomis (Constanza, Rumänien): Freilegung eines Badepalastes am Hang, der vermutlich mit der in der Nähe gelegenen Hallenanlage in Verbindung stand.

T 54a   Leptis Magna (Libyen): Blick vom Rande der Ausgrabungen auf das Gelände der sog. Jagdbäder, die damals (1954) noch nicht rekonstruiert waren.

T 54b   Leptis Magna (Libyen): Palästra der großen Thermen. Im Hintergrund die reich gestaltete Wand des Nymphaeum.

T 55a Leptis Magna (Libyen): Kaltwasserbecken am frigidarium.

T 55b Leptis Magna (Libyen): Kaltwasserbecken in den großen Thermen mit Wasserzuleitungsanlage, deren Metallteile nicht mehr vorhanden sind.

T 56 a   Cuicul (Djemila, Algerien): Teilansicht der in den Bergen gelegenen antiken Stadt. Vorn links ein öffentlicher Brunnen, im Hintergrund kleinere Bäder.

T 56 b   Leptis Magna (Libyen): Jagdbäder, Kampfszenen aus der Arena mit Leoparden, von den Ausgräbern zunächst als Jagdszenen gedeutet (Wandgemälde).

T 57a Cuicul (Djemila, Algerien): Mauerkonstruktion für eine selbsttätig schließende Doppeltüranlage zwischen Kalt- und Warmbaderäumen.

T 57b Cuicul (Djemila, Algerien): Terrassen des Thermenobergeschosses.

T 58a   Aphrodisias (Türkei): Blick in das Innere der Warmbadesäle.

T 58b   Aphrodisias (Türkei): Großes Badebecken.

T 59a   Ephesos (Türkei): Ruinen des Ostgymnasium außerhalb der Stadtmauern.

T 59b   Ephesos (Türkei): Scholastikiathermen (um 100 n. Chr., umgestaltet und benannt nach einer Christin Scholastikia um 400 n. Chr.), großes Wasserbecken.

T 60 a Ephesos (Türkei): Scholastikiathermen und Hadrianstempel an den Hängen des Panayir Dağ. Rechts im Bild eine steil nach oben führende antike Straße.

T 60 b Ephesos (Türkei): Scholastikiathermen, Hypokaustengeschoß oberhalb der Präfurnien. Die Thermen sind mehrgeschossig (Hanglage).

T 61a Bulla Regia (Hammam Daradji, Tunesien): zweigeschossige Thermen.

T 61b Milet (Türkei): Faustinathermen, Kaltwasserbecken im Mittelteil des frigidarium, rechts wasserspeiender Löwe.

T 62a   Karthago (Tunesien): Antoninusthermen, Hypokaustenanlage zwischen Unter- und Obergeschoß.

T 62b   Karthago (Tunesien): Antoninusthermen, großer Abwasserkanal in der Mittelachse des Untergeschosses, der in das Meer entleert.

T 63 a Dougga (Tunesien): Thermen im Stadtzentrum, apodyterium in basilikaler Form zweigeschossig.

T 63 b Tipasa (westl. Algier, Algerien): große Thermen, eindrucksvolle Mauer- und Gewölbereste.

T 64 a   Side (Südküste Türkei): römische Thermen, durch Rekonstruktion in ein Museum umgestaltet.

T 64 b   Aspendos (Südküste Türkei): die Ruinen einer Thermenanlage dienen einer Bauernfamilie als Wohnung und Stallgebäude.

T 65a   Ankara (Türkei): Thermen (2. Jh. n. Chr.). Die riesenhaften Abmessungen der Hypokausten deuten auf die Größe der Thermen und das extreme Klima Anatoliens.

T 65b   Ankara: Thermen. Schornsteine in Verbindung mit dem Hypokaustensystem.

T 66 a Tivoli (Italien): Modell der Villa Adriana (Hadrians) aus der Vogelschau.

T 66 b Tivoli: Villa Adriana, Nordwestseite der großen Thermen mit den kürzlich freigelegten Bedienungsgängen und Warmwasserbereitungsanlagen.

T 67a Tivoli: Villa Adriana, große Thermen von Westen gesehen.

T 67b Tivoli: Villa Adriana, große Thermen, Blick auf die Palästrafront.

T 68 a Trier: Kaiserthermen, Blick von der Palästra auf die Ruinen des Hauptgebäudes.

T 68 b Trier: Kaiserthermen, die Außenmauer des caldarium im Obergeschoß, darunter Reste der Bedienungsgänge des Untergeschosses.

T 69   Trier: Kaiserthermen, Außenansicht der Apsis b des caldarium.

T 70 Rom: Caracallathermen, Rekonstruktion des frigidarium von Blouet.

T 71a Rom: Caracallathermen, Zustand des frigidarium zur Zeit von Blouet (um 1825).

T 71b Rom: Caracallathermen, westliche Sporthalle (Palästra), Zustand 1941. Die Figur im Foto zeigt die gewaltigen Dimensionen der mehrgeschossigen Anlage.

T 72 Trier: Barbarathermen, Rekonstruktionszeichnung der Südfassade von F. Boutron.

T 73: Trier: Kaiserthermen, Modell (Landesmuseum) des caldarium in der Längsachse geschnitten, im Vordergrund das Hypokaustengeschoß und die Bedienungsgänge.

T 74 Rom: Diokletiansthermen, Stich von Piranesi, Blick auf die erhaltene Längswand der natatio mit den Durchgängen zum frigidarium.

T 75a Bursa (Türkei): Eski Kaplidscha (das alte Heilbad), auf byzantinischen Grundmauern errichtet.

T 75b Bursa (Türkei): Yeni Kaplidscha (das neue Heilbad), 1525 zur Zeit Suleimans des Großen erbaut, mehrfach renoviert, heute noch in Betrieb.

T 76a Quasr Amrah (Jordanien): Wüstenschloß aus der Omajadenzeit mit einer nach römischem Muster gestalteten Badeanlage mit Hypokaustenheizung.

T 76b Trier: Landesmuseum, römische Glasgefäße, wie sie häufig in Bädern gefunden wurden.

T 77 Trier: Landesmuseum, römische Tonlampe mit Segelschiff. Lampen dieser Art wurden in großer Zahl in Baderäumen und Bedienungsanlagen gefunden.

T 78 Trier: Landesmuseum, Geschirr aus Metall, wie es auch in den Thermen zu vielerlei Zwecken verwandt wurde.

T 79a Künzig (bei Vilshofen, Bayern): kupfernes Becken aus einer Badeanlage, Zustand bei der Freilegung aus einer Ackerfurche.

T 79b Künzig (bei Vilshofen, Bayern): kupfernes Becken nach der Restaurierung.

T 80a Künzig (Bayern): testudo aus Bronze, in unmittelbarer Nähe des Kupferbeckens (T 79) im Acker gefunden.

T 80b Pompeji: Museum, metallener Ofen aus römischer Zeit für Beheizung mit Holzkohle.